취 업
역량과 가치로
디자인하라

신정수 지음

가림출판사

| 이 책을 쓰는 목적은 |

★ 취업은 해야겠는데 무엇을 어떻게 준비해야 하는지, 아는 것이 전혀 없어 방황하고 있는 학생들에게 준비할 것들과 방향을 알려준다.

★ 전공에 묶여서 이러지도 저러지도 못하는 학생들에게 명쾌하게 진로를 결정하는 방법을 알려준다.

★ 100% 합격할 수 있는 자기소개서 작성 비결을 지도한다.

★ 면접에 성공하는 노하우를 전수한다.

★ 선배들의 취업 성공스토리를 통해 자신감과 동기부여를 제공하고자 한다.

취업 특강에 출강해서 참석한 학생들에게 가끔 이런 질문을 한다.

'당신이 사장이라면 어떤 사람을 채용하겠는가?'

학생들이 대답한 것들을 정리해 보면 다음과 같다.

● 창의적인 인재

● 밥 값할 수 있는 인재

● 지원한 직무를 잘 아는 인재

● 용기 있고 도전정신이 있는 인재

● 어려움에 굴하지 않고 끝까지 밀고 나가는 인재

● 조직 속에 잘 융화되는 인간미를 지닌 인재

- 회사에 돈 벌어줄 아이디어를 제공하는 인재
- 성실하고 책임감 강한 인재
- 문제해결과 위기관리에 뛰어난 인재
- 리더십과 팔로우십을 지닌 인재
- 사람들과 소통이 가능한 인재

기업에서 어떤 사람을 원하고, 채용하는지 학생들도 잘 알고 있다. 그러나 그렇게 말한 학생들조차도 높은 스펙 만들기에 급급해 한다.

스펙(학점 & 토익점수) 높이기에 올인한다

집, 학교, 도서관, 영어학원에 올인하는 사람은 백수된다. 학교 밖으로 나가서 특별한 경험도 하고, 인턴이나 아르바이트를 통해서 사회와 기업도 이해하고, 본인이 뭘 잘할 수 있는지도 발견해야 한다. 스펙은 단지 진로를 결정할 때 방향을 가리킬 뿐이다.

기업은 여러분이 말한 것처럼 학점이 높고 토익점수가 만점이거나, 명문대학교를 졸업한 사람을 찾는 것이 아니다. 지원한 회사와 직무에 적합한 사람을 찾고 있을 뿐이다.

결론적으로 취업에 성공하기 위해서는 역량과 가치로 승부를 걸어야 한다

역량이란 지원한 부서의 업무 수행 능력을 말하며, 가치는 쓸모 있는 것으로 정의할 수 있다. 즉 지원사의 갈증요인을 해결할 수 있는 아이디어를 제공하는 것을 말한다.

역량과 가치를 지닌 인재란 '어떤 일이든 해낼 수 있는 쓸모 있는 힘을 지닌 인재'라 할 수 있다.

근거는 스펙보다 경험을 더 중요시 여긴다

오늘도 뉴스시간에 취업과 관련된 보도가 있었다. 스펙만 높이면 취업이 가능한가?

요즘 대학생들은 취업의 필수조건으로 높은 학점과 토익점수를 1순위로 꼽으면서 휴학을 하거나 또는 방학기간을 이용해서 해외 어학연수를 떠나는 사례가 늘고 있다. 대부분의 시간을 스펙 쌓기에 올인하고 있다. 이것이 정말 기업에서 원하는 요건일까?

롯데백화점 인사과장의 말이다.

'해외연수나 영어성적에 대해서는 전혀 묻지 않습니다. 동아리 회장의 경험 혹은 사회봉사 경험들, 본인이 직접 체험하고 체화한 역량들을 평가하는데 많은 주안점을 두고 있습니다.'

아남정보기술 인사팀장의 말이다.

'현재 채용의 흐름은 관련 분야의 경력과 경험을 중시합니다.'

500인 미만, 300여 기업의 인사담당자를 설문조사한 결과 90% 이상이 인턴, 아르바이트 등의 경력이 채용 시 주요 평가 요소라고 응답했다.

경력사항에 기술한 내용 중에서 가장 중요한 것은 지원한 부서와 관련된 인턴, 아르바이트 경험을 가장 중요하게 꼽는다.

성공적인 취업을 위한 방법

기업은 밥 값할 수 있는 인재를 선호하고, 기업에 돈을 벌어줄 창의적인 인재를 좋아한다. 따라서 학점과 토익점수는 커트라인만 넘기고, 기업이 원하는 역량과 가치를 발견하는데 집중해야 한다.

1. 직무적성검사를 통해 본인의 잠재력을 파악하라

학교와 학과를 성적에 의해 선택한 경우가 많다. 또는 비전을 보고 선택했지만 본인과 잘 맞지 않을 수 있다. 그러다 보니 취업에 성공한 85%의 사람들은 전공과 다른 업무를 하고 있다. 기업은 특별한 연구개발 분야를 제외하고는 대학에서 공부한 전공을 필요로 하지 않는다. 기업에서 필요한 지식으로 새로 가르치면 되기 때문이다.

직무적성검사는 본인의 잠재력을 파악하는 검사이다. 이것을 토대로 가장 잘할 수 있고, 잘 맞는 업무 분야가 뭔지를 우선 파악하고 진로를 결정하는 것이 중요하다. 채용 시 전공보다 잠재력을 더 중요하게 여기는 것은 전공과 지원 분야가 무관하더라도 높은 잠재력을 지닌 업무를 선택했을 경우, 폭발적인 에너지를 발산할 수 있다고 판단하기 때문이다. 반면에 전공과 관련된 부서에 지원했을지라도 잠재력이 낮은 순위에 해당된다면 폭발적인 에너지를 발산하지 못한다고 판단한다. 따라서 전공보다 더 중요한 것이 본인의 잠재력에 따른 업무 선택이라 할 수 있다.

2. 좋아하는 산업군을 결정하고 회사를 선정하라

좋아하는 분야를 선택하면 성과에 기여하고, 같은 산업군으로 이동하면 성공률이 높다.

왜 좋아하는 산업군을 결정해야 하는가?

가령 경영학을 전공하고 기획부를 지원한다고 가정해 보자. 지원자가 기계나 전자제품에 대해 관심이 없다면 기계나 전자제품에 대해 창의적이고 기발한 아이디어가 떠오르지 않을 뿐더러, 시장의 변화와 트렌드조차 읽어내지 못하기 때문에 회사에 도움을 줄 수 없다. 회사나 팀에 기여도가 낮을 수밖에 없다.

반면에 유통 분야에 관심이 많다면, 소비자들의 니즈 파악과 더불어 시장의 흐름과 판세를 읽고 대응할 수 있는 전략 제시도 가능하고, 시장을 선점할 수 있는 창의적인 아이디어도 제안할 수 있을 것이다. 왜냐하면 관심있고 좋아하는 분야이기 때문에 가능하다.

좋아하는 산업군을 결정하는 것에 이점은 또 있다

산업군을 결정하고 다양한 정보를 수집하는 것은 중요한 일이다. 물론 지원사 뿐만아니라 관련 경쟁사까지도 분석하게 된다. 이런 경우 지원 서류를 제출하게 되면 모두 연관성이 있어서 읽는 사람에게 호감을 얻게 된다.

예를 들면 은행권을 준비한 학생이 목표로 한 K은행에 지원한 후 L은행에 지원하면서 유사한 내용으로 서류를 작성하여도 읽는 사람에게는 같은 산업에 관한 내용이라서 좋은 평가를 받게 된다.

대부분의 학생들이 산업군을 결정하지 않고 마구잡이식으로 서류를 제출하기 때문에 실패한다.

3. 지원하는 회사의 산업군을 분석하고 지원사의 갈증요인을 찾아 내어 참신한 놀라움을 전할 수 있는 아이디어를 개발하라

지원사의 갈증요인을 해결하는 아이디어 제공은 취업성공의 방법이다.

지원 서류의 70% 정도는 자기 자랑과 PR을 하는데 급급해 있다. 지원 서류의 29% 정도는 경험과 직업관, 가치관을 전달하려 노력한다. 지원 서류의 1% 정도만 업무 수행 능력과 지원사에 도움이 되는 아이디어를 제공하려고 노력한다.

만약 당신이 급여를 주는 사장이라면 어떤 사람을 채용하겠는가?

학점만 높은 사람

학점도 높고 토익점수도 높은 사람

학점도 높고 토익점수도 높고 회화 능력이 우수한 사람

학점과 어학실력은 중간수준이지만 지원한 업무를 경험했고, 제품에 문제를 제기하고 대안을 제시하는 사람

회사 내에서 어학이 필요한 부서가 있다. 대부분의 기업들이 해외 파트너들과 비즈니스를 함으로써 해외 출장 또는 외국인을 접할 기

회가 많아진 것은 사실이다. 그러나 채용에 있어서 영어가 필수요건은 아니다. 다만 잘하면 가산점을 얻게 되고 남들보다 유리할 수는 있다.

당신이 선택한 것과 당신을 비교해 보라

당신은 지금 시간과 에너지를 어디에 집중시키고 있는가? 잘못된 선택을 하고 있다면 지금이라도 돌아가야 한다.

학점과 토익점수를 보는 기업이 있다. 이런 기업의 평균 커트라인은 학점 3.5점 정도, 토익점수는 750~800점 정도면 일반기업 어디라도 지원이 가능하다. 토익점수는 사실상 지원자들이 너무 많을 경우 1차 거르는 역할을 하는 정도다.

커트라인을 넘어섰다면 스펙 쌓기에 미련을 버리고 지원할 부서와 회사를 결정하고 지원 업무와 관련된 경험을 쌓고, 지원사가 경쟁하는 산업을 분석하고, 지원사의 갈등요인을 해결할 수 있는 아이디어를 연구하는데 집중하길 바란다.

필자가 취업에 성공시킨 대부분의 학생들은, 지원한 부서의 업무 파악과 수행 능력에 대해 구체적으로 기술하였다. 지원사의 산업과 갈등요인을 파악하고 대안을 제시할 아이디어를 연구해서 자기소개서에 제시하였다.

4. 학교 밖으로 나가서 경험하라

학교, 집, 도서관만 전전하는 사람은 취업하기 힘들다.

- 나보다 더 좋은 대학을 졸업하는 사람도 많다
- 나보다 학점 높고, 토익점수 높은 사람도 많다
- 나보다 외국어 잘하는 사람도 많다
- 나보다 잘생긴 사람도, 재능있는 사람도 많다.

그럼 나는 무엇을 어떻게 준비해야 성공할까?

⇒ **역량과 가치로 무장하라.**

이것이 답이다. 역량은 업무 수행 능력을 말한다. 그렇다면 다음의 물음에 솔직하게 답해 보자.

- 지원한 업무를 경험해 보았는가?
- 할 줄 아는 것이 무엇인가?
- 왜 우리가 당신을 채용해야 하는가?
- 당신을 채용할 세 가지 이유를 말해 보라?

신입사원으로 지원하면서 명쾌하게 답할 사람은 그리 많지 않다. 그래서 기업은 경력직에서 신입으로 이동하는 인재를 선호한다.

여러분은 대학 졸업예정자 47만 명과 경쟁하는 것이 아니다. 취업 재수생 100만 명과 중견기업에서 갈아타려는 경력직들과 같이 경쟁하고 있다. 그래서 열심히 공부만 한 사람은 취업하기 어렵다.

기업은 비용이 드는 사람은 채용하지 않는다

지원자가 지원한 업무를 모를 때는 비용이 든다. 사람이 붙어서 가르쳐야 한다. 시간과 비용, 인력이 붙어야 문제가 해결된다. 그래서 채용하지 않는다.

업무 경험은 학교 밖에서만 가능하다. 학점을 취득하는 것보다 더 중요한 것이 인턴과 아르바이트를 경험하면서 다양한 체험을 하는 것이다.

- 문서작성과 프레젠테이션 스킬도 중요하다.
- 전화를 받거나 인터넷으로 정보를 수집하는 것도 중요하다.
- 부서간 업무 교류 및 프로세스를 익히는 것도 중요하다.
- 직장 상사와 동료 간에 커뮤니케이션 스킬도 중요하다.
- 출근 복장과 태도, 매너도 중요하다.
- 문제를 해결해본 경험도 중요하다.
- 물건을 팔아보고 소비자와 시장경쟁을 이해하는 것도 중요하다.

이외에 더 많은 중요한 것들이 있지만 아쉽게도 학교에서는 경험하지 못하는 것들이 대부분이다.

취업하고 싶다면 학교 밖에서 이와 같은 것들을 꼭 경험하기 바란다.

5. 역량과 가치를 디자인하고 포장하라

한눈에 당신의 능력을 알아볼 수 있도록 작성하라.

여학생들은 평균 5~6년, 남학생들은 7~8년 대학생활을 한다. 그리고 취업을 위해 이력서와 자기소개서를 작성해서 희망하는 기업에 제출한다. 이렇게 제출된 서류는 1초에 걸러진다. 5~8년 공부했는데, 1초에 걸러진다면 얼마나 황당하고 억울한가. 그것이 현실이다.

'기회는 한 번이다.'

밥 값할 수 있는 인재, 면접장에 불러서 당신이 제출한 아이디어에 대해 이야기하고 싶어 안달을 낼 수 있는, 그런 스토리로 자기소개서가 작성되어야 한다.

- 자기 자랑 절대 하지 마라 → 똑같은 내용이군, 식상해 한다.
- 기업에서 사용하는 전문용어들을 사용하라 → 차별성을 인정한다.
- 할 수 있는 업무 능력을 구체적으로 세밀하게 작성하라 → 밥 값한다고 인정한다.
- 편지글처럼 장황하게 쓰지 마라 → 짜증나서 읽지 않는다.
- 읽는 사람의 스타일에 맞춰서 읽기 편하게 작성하라 → 그래야 읽어준다.
- 한눈에 당신의 능력을 알아볼 수 있도록 작성하라 → 그래야 면접장에 부를 가치가 있다.

이 책이 취업을 준비하는 학생들에게 자극을 줘서 하룻밤에 다 읽었으면 하는 바람을 가져본다. 또 이 책으로 인해 진로선택, 취업, 편입, 진학문제가 모두 해결되기를 바란다.

무엇보다도 취업에 성공할 수 있는 키워드를 발견하고 실천에 옮길 수 있는 자신감을 갖게 해줄 것이라고 믿는다.

이 책이 여러분이 찾는 길을 안내해줄 것이다.

2012년 8월
저자 신정수

차 례 | Contents

역량과 가치로 디자인하는 자기소개서 작성법 ━ 제 4 장

제 5 장

통하는 면접 스킬

취업 준비생들의 고민과 문제 해결 ─ 제 6 장

성공한 사람들의 전략과 취업 노하우 ─ 부록

제1장

히딩크 감독이 선발하는
11명의 주전 선수

제자 중에 인턴 경험도 있고, 학교생활도 충실하게 했으며, 자기소 개서도 클리닉을 받아 자신 있게 입사서류를 제출했으나 1차 서류심사에서 탈락하고 말았다. 필자를 찾아와서 탈락한 이유를 모르겠다고 하소연을 했다.

참 난감했다. 하루 종일 그 학생 일이 마음에 걸렸다. 새벽 2시쯤 되었을까? 히딩크는 11명의 주전 선수를 어떻게 선발할까? 잠자리를 박차고 일어나서 컴퓨터를 켜고 히딩크 감독이 선발하는 11명의 주전 선수를 포지션에 맞춰서 PPT 작업을 시작했다.

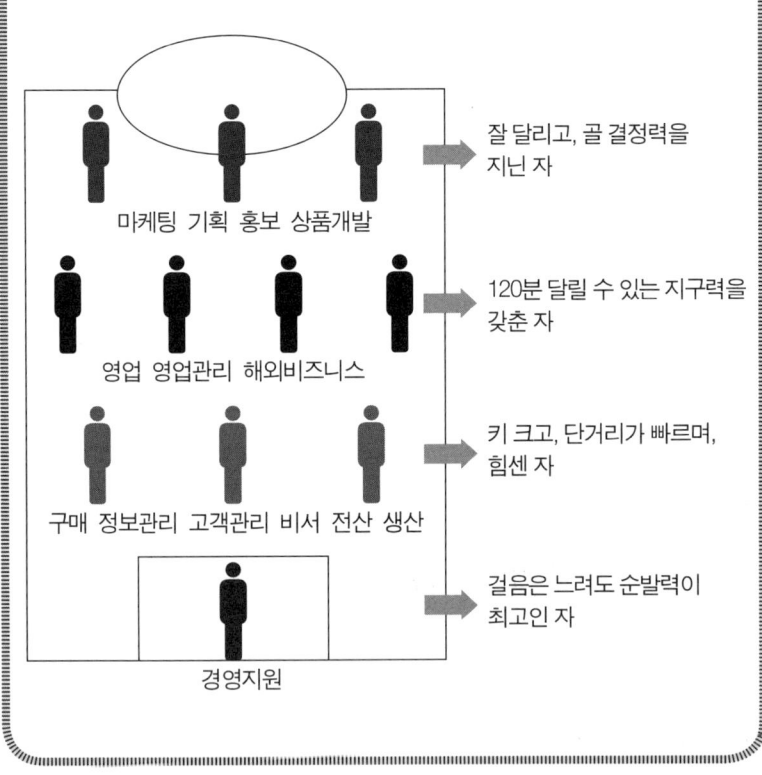

최고의 인재가 아닌
최적의 인재

히딩크는 11명의 주전 선수 모두를 잘 달리고 골 결정력을 지닌 선수로 팀을 구성할까?

잘 달리고 골 결정력을 지닌 선수 11명이 경기를 하면 모든 경기에서 승리할 수 있을까?

무엇보다도 히딩크는 포지션에 필요한 역량을 갖춘 적합한 선수를 선발하려고 노력할 것이다.

공격수

공격수는 일단 잘 달려야 하고 골 결정력을 지녀야 한다.

우리나라 대표팀은 잘 달리지만 골 결정력이 약하다고 한다. 그래서 프로축구에서는 골 결정력을 지닌 외국 용병 선수를 스카우트하기도 한다.

상품을 개발하는 자가 창의적이고 혁신적인 제품을 개발하지 못할 경우 외국에서 활동하는 전문가들을 채용해서 자동차나 휴대전화를 개발하는 경우를 많이 보았을 것이다.

공격수의 역할을 회사의 업무로 본다면 마케팅 업무, 기획 업무,

홍보 업무, 상품개발 업무 등이 해당된다고 할 수 있다.

이러한 포지션에 위치하려면 공부만 잘해서는 안 된다. 창의적이고 혁신적인 아이디어를 제안할 수 있어야 하며, 학창시절에 이를 입증할 수 있는 성과를 지니고 있으면 가산점으로 인정받을 수 있다.

예를 들어 M증권사에서 주최한 '금융 신상품개발 대학생 공모전'에서 대상을 받았다면 그 학생은 이미 증권시장의 상품을 이해하고 있으며, 고객의 니즈를 파악한 것이다. 또한 시중의 자금을 몰고 올 수 있는 상품개발 업무를 수행할 경우 좋은 상품을 개발할 수 있고, 성과도 낼 수 있다고 평가받는다. 이런 경우 공부만 했거나 자격증을 딴 학생보다 더 높은 평가를 받게 된다.

공격수의 포지션에 지원하는 사람들은 열심히 했고, 성과를 냈다는 결과물을 입증시킬 수 있어야 취업에 성공할 수 있다.

입증할 수 있는 것으로는 지원한 직무와 연관성이 있는 인턴, 아르바이트를 해본 경험도 좋은 성과물이 된다. 직무와 연관성이 없더라도 차선의 명단에는 들어갈 수 있다. 단 경험한 사실을 지원하는 직무와 잘 연계하여 자기소개서에 표현할 수 있어야 한다.

미드필더

미드필더의 역할은 공격수를 지원하고 때로는 수비의 역할까지 수행해야 한다. 따라서 본 경기 90분과 연장전 30분을 감안하여 120분을 달릴 수 있는 지구력을 지닌 자여야 한다.

박지성 선수의 포지션이 미드필더다. 그는 경기를 뛴 선수들 중에 가장 멀리 달린 선수로 종종 신문지상에 이름을 올린다. 공격수를 보조하고, 수비수의 역할까지 수행하다 보면 멀리 달릴 수밖에 없다. 그래서 별명이 '산소 탱크'다.

미드필더의 역할을 회사의 직무와 연관시켜서 본다면 영업을 하는 사람들이다. 영업을 하는 사람들은 멀리 돌아다닌다. 시장개척 및 거래처 발굴을 위해 시장바닥을 헤집고 다닌다. 한 번 방문에 수락하는 사람은 거의 없다. 수차례 방문해야 성과를 낼 수 있다. 또한 영업은 거절당할 수 있다. 그래도 계속 방문해서 설득을 해야 한다.

영업은 체력과 도전정신이 있어야 하며 될 때까지 계속해가는 지구력이 있어야 한다.

예를 들어 '국토순례대장정 500km 행군'을 완주한 사람의 경우 영업부에 지원하면서 도전정신과 지구력을 연계시켜서 자기소개서에 작성하게 된다면, 책상 앞에서 공부만 한 사람과는 전혀 다른 평가를 받을 수 있고, 영업에 적합한 인재로 평가받을 수 있다.

미드필더인 박지성 선수가 경기 중에 골을 넣을 경우 그것은 팀에 덤으로 큰 선물을 한 것이 된다. 영업하는 사람이 비즈니스도 잘 하면서 시장의 판세를 읽고 경쟁사를 앞지를 수 있는 아이디어를 제공할 수 있다면 그것은 덤으로 기업에 큰 선물을 하는 것과 같다.

영업에 필요한 지구력과 비즈니스 스킬, 경쟁사를 앞지를 수 있는 아이디어를 제공하는 인재가 있다면 최적의 인재로 평가 받는다. 명문대학을 졸업하고 높은 성적만을 지니고 있는 최고의 인재가 필요한 것이 아니라, 끈기있게 도전하는 열정과 지구력을 지닌 영업에 최적의 인재를 선택하는 것이 기업이다.

영업을 지원하는 인재 중에 언어영역이 가능하다면 국내 영업 및 해외 영업지원도 가능하므로 경쟁력을 높일 수 있다. 비즈니스를 할 정도의 수준을 지닌 인재는 5% 정도 해당하므로 해외 영업을 지원할 경우 취업 가능성이 그만큼 높아진다.

수비수

수비하는 자의 역할은 상대 공격수를 저지하고 골이 들어가지 않도록 문전을 지키는 역할이다.

수비수의 적합한 조건으로 첫 번째 키가 커야 한다. 상대 공격수가 고공 볼을 띄워서 머리로 골을 넣으려면 그것을 응징할 수 있어야 한다. 두 번째는 단거리가 빨라야 한다. 상대 공격수도 우리팀 공격수처럼 잘 달리고 골 결정력을 지닌 선수들이다. 이런 공격수를 저지하기 위해서는 수비수들도 잘 달려야 하는데 대부분 짧은 거리를 순발력 있게 뛰어야 한다. 공격수만큼 빠르지 못할 경우 문전으로 공을 차 넣을 수 있는 기회를 제공할 수 있어서 치명적인 결과를 만들 수 있기 때문이다. 세 번째는 거친 몸싸움을 할 수 있는 힘이 있어야 한다. 볼은 놓치더라도 상대방 공격수는 놓쳐서는 안 된다. 선수를 놓칠 경우에는 골과 바로 연결될 수 있기 때문이다. 몸으로라도 상대 선수를 막아야 한다.

수비수의 역할을 회사의 직무와 연관시켜 본다면 정보관리 업무, 고객관리 업무, 전산 업무, 생산관리 업무 등으로 볼 수 있다. 정보관리 업무와 전산 업무는 외부 침입자로부터 공격을 막아내야 한다. 방호벽을 치고 회사의 정보와 자료를 지켜내는 일을 해야 한다. 미드필더와 공격수가 수비수를 믿고 최상의 컨디션으로 상대방을 공략할 수 있도록 후방을 든든히 지켜주는 역할을 해야 한다. 생산관리 업무도 주어진 생산계획에 맞춰서 생산할 수 있어야 한다. 발주량이 많을 경우 야근을 해서라도 납품기일을 지킬 수 있도록 공격수들에게 믿음을 주는 것도 수비수의 역할이다.

예를 들어 디도스나 해커의 공격을 방어할 수 있는 '방어벽 만들기 프로젝트'를 수행한 경험이 있다면 그 내용을 구체적으로 기술하면 좋은 평가를 얻을 수 있다.

수비를 하면서 상대 공격수의 공격 패턴을 읽고 사전에 미리 공격 노선을 차단할 수 있는 시야를 갖는 것은 상대편의 사기를 저하시키고 우리팀에 활력을 불어넣을 수 있어서 경기에 큰 도움이 된다. 정보관리 및 전산 업무를 하면서 업 버전될 신형프로그램을 개발하거나 방호벽을 만들어 내는 것은 회사에 크게 기여를 하는 것이다. 주어진 일 이외에 미래 일어날 수 있는 일들을 예측해서 미리 준비하는 것은 큰 의미가 있으며 높은 가치로 평가받게 된다. 수비 업무를 지원하더라도 상대의 패턴을 읽고 대응할 수 있는 전략을 제시할 수 있는 인재가 있으면 최적의 인재로 인정받게 될 것이다.

골키퍼

골키퍼는 문전으로 날아드는 볼을 차단하는 역할을 한다.

골키퍼는 지구력이 필요하지 골 결정력이 필요한 것은 아니다. 0.2초에 날아드는 볼을 차단할 수 있으면 된다. 이운재 선수는 운동 선수로는 좀 풍만하게 보였지만 오랜 기간 국가대표 골키퍼 역할을 수행했다. 같은 골키퍼들 중에서 순간 판단력과 순발력이 가장 뛰어났기 때문이다.

골키퍼의 역할을 회사의 직무와 연관시켜 본다면 경영지원본부에 인사팀으로 볼 수 있다.

인사팀은 골키퍼처럼 판단력이 뛰어나야 한다. 적재적소에 적합한 인재를 채용하고 배치하는 업무를 수행한다. 직원들의 역량을 파악하고 최고의 효율을 낼 수 있는 부서에 배치하는 것은 회사의 성과와 직결되기 때문이다. 또한 회사내부의 제도적 문제나 성과를 향상시키기 위해 필요한 것들을 해결할 수 있는 순발력을 요하기도 한다.

대표 선수로 선발되기 위한 조건

11명의 주전 선수와 교체 선수 12명에 들어가려면 지원하는 포지션을 소화해 낼 수 있는 역량을 지녀야 하며, 이런 역량을 자기소개서에 명쾌하게 전달할 수 있어야 한다.

공격수를 지원하면서 달리기도 잘하고, 골 결정력도 지녔으며, 지구력도 있고, 몸싸움을 할 수 있는 힘이 강하다고 해서 선발되는 것은 아니다.

공격수에 지원하는 자기소개서

주력이 빠르며, 골 결정력을 지니고 있는 인재가 적합하다. 다음과 같은 내용이 지원 동기에 기록되어 있어야 한다.

❶ 달리기가 탁월하며, 골 결정력을 지니고 있다.

❷ 작년 시즌 40경기 출장 20골을 기록했다.

❸ 100m 기록이 10.8초이다.

미드필더에 지원하는 자기소개서

종횡무진 뛰어다닐 수 있는 지구력을 지닌 인재가 적합하다.

❶ 120분을 뛸 수 있는 지구력을 지녔다.

❷ 작년 시즌 게임당 평균 활동거리 13km(선수 평균거리 : 7.5km)
이다

❸ 작년 시즌 5골을 기록했다.

수비수에 지원하는 자기소개서

단거리가 빠르고, 고공볼 점유가 가능하며, 몸싸움에 강한 인재가
적합하다.

❶ 30m주파 기록 : 3.9초

❷ 고공 점프력 : 131cm

❸ 특기 : 거친 몸싸움과 태클

골키퍼에 지원하는 자기소개서

순간 판단력이 뛰어나며, 0.2초에 볼을 차단할 수 있는 순발력을
지닌 인재가 적합하다.

❶ 패널티킥 방어율 : 33%

❷ 작년 시즌 자책골 : 0%

❸ 작년 시즌 출장경기 : 45회

❹ 평균 방어율 : 0.45골

선수 구성은 대략 다음과 같다.

구 분	주전 선수	교체 선수	총 원
공 격 수	2	4	6
미드필더	4	3	7
수 비 수	4	3	7
골 키 퍼	1	2	3

선발에 성공하기 위해서는 공격수를 지원할 경우 6명 이내에 들어야 하고, 미드필더의 경우 7명 이내에 들어야 하며, 수비수도 7명 이내에 들어야 하고, 골키퍼는 3명 이내에 들어야 한다.

국가대표가 될 수 있는 자격을 지닌 1,000명의 공격수 중에 대한민국 대표 공격수가 될 수 있는 확률은 0.006%에 해당된다.

모 그룹 인사팀 교육담당자 신입사원 채용인원은 1명이었다. 인사팀에 지원한 입사지원자는 900명 정도였다. 0.001%의 확률이다. 국가대표 골키퍼로 선발되는 것보다 모 그룹 인사팀에 채용되는 확률이 더 낮다.

필자가 지도한 제자도 우수한 스펙에 좋은 경력을 지니고 있었지만 0.001%에 해당되지 못해서 채용되지 못한 것이다. 히딩크 감독이 선발하는 공격수 6명 중에 7번째에 해당되는 선수는 탈락한다.

취업에 성공하기 위해서는 지원하는 직무에 적합한 성향과 역량을 지니고 있어야 하며, 다른 경쟁자들보다 탁월한 우수성을 지니고 있어야 한다.

주전 선수로
선발되기 위한 준비

국가대표 주전 선수로 선발되기 위해서는 기본기를 갖추는 것은 기본이다. 그런 다음 포지션에 필요한 역량 중에 주특기를 가지고 있어야 한다.

취업하는 것도 기본기를 갖추는 것은 필수항목이다. 회사에서 말하는 기본기는 업무 수행 능력에 필요한 기초역량이다.

예를 들면 인턴이나 아르바이트를 통해 지원 직무에 대한 경험 및 이해, 컴퓨터 활용 능력, 관계되는 자격증과 봉사활동 등을 기초역량으로 볼 수 있다.

이외 주특기라 할 수 있는 부분은 문서작성, 프레젠테이션 스킬, 커뮤니케이션 능력, 비즈니스 매너, 문제 해결력, 프로젝트를 수행해 본 경험 등을 들 수 있다.

취업을 하기 위해서는 상당히 많은 역량을 요구한다. 그러나 학교에서 얻을 수 있는 것은 기초학문에 학점뿐이다. 그렇다고 학교에서 배우는 학문이 최신버전에 시장트렌드를 선도할 수 있는 학문을 배우는 것도 아니다. 어쩌면 이것이 취업률이 저조한 이유 중에 가장 큰 비중을 차지하고 있는지도 모른다.

취업을 위해 준비할 것	취득시점	세부사항
학점 3.0 이상, 토익점수 650(이공계), 730(기타) OPIC, 스피킹레벨	전체 과정	- 삼성그룹 커트라인 - 국내 대기업도 유사하며 커트라인을 넘겨야 서류가 통과됨 - 저학년 때부터 학점관리할 것 - 3학년 때 토익점수 취득할 것 - 스피킹레벨을 취득하고 영어면접을 대 비할 것
인턴, 아르바이트	2~3학년	- 지원하는 직무와 연계성이 있으면 좋음 - 연관성이 없어도 경력란에 적을 것 - 경력란 3칸 이상 채울 것 - 1개월에 10점씩 가산점 받음
컴퓨터 자격증	2~3학년	- 2개 이상 취득 / 엑셀, 검색사 추천함
봉사활동	1~2학년	- 200시간 200점 가산점 받음 - 경영지원팀 지원 시 필수항목임 - 인성 점수로 대변됨
기획 & 문서작성 프레젠테이션 스킬 프로젝트 수행	3학년	- 수료증 가산점 받음 - 취업지원팀 개설
직무이해	3학년	- 지원 직무에 대한 업무 파악
직무적성검사	1~4학년	- 직무적성검사를 통해 잠재력 확인 - 전공보다 잠재력 중심으로 직무선택
공모전 도전	3~4학년	- 높은 가산점 취득 - 취업에 결정적 영향 미침

취업지원팀에서는 인턴이나 아르바이트 자리를 기업들과 연계해서 만들고, 컴퓨터 자격증을 취득할 수 있는 프로그램을 개설하며, 토익점수를 취득할 수 있는 과정을 개설해 주는 등 기초역량을 갖출 수 있도록 많은 신경을 쓰고 있다.

커트라인을 넘기는 스펙

삼성그룹을 비롯해서 대한민국 대기업 대부분은 학점 3.0이 커트라인이다. 높은 학점을 받기 위해 모든 시간을 올인한다면 정말 어리석은 선택이 된다. 커트라인은 3.0이지만 기업에서 선호하는 수준은 3.5점 정도이다. 그러나 3.0점만 넘으면 서류가 통과하는 데는 전혀 문제가 없다.

토익점수는 삼성그룹 경우 이공계는 650점, 기타 730점, LG그룹은 이공계의 경우 600점, 기타 700점이 커트라인이다. 현대 모비스의 경우에도 학점 3.0, 토익점수 700점이 커트라인이다.

■ 학점 관리는 저학년 때부터 해야 된다

저학년이라고 잠시 한눈팔다 보면 금방 고학년이 된다. 저학년에서 취득하지 못한 학점을 고학년에서 만회하기란 쉽지 않다. 지원 회사의 커트라인 정도는 미리 확인하고 저학년 때부터 학점관리에 신경쓰기 바란다.

■ 토익점수와 스피킹레벨은 3학년 때 취득하라

4학년 때 하면 너무 늦다. 4학년 때는 지원할 회사와 관련된 시장

판세를 읽고 가치를 만들어 내는 일에 전념해야 한다.

인턴, 아르바이트는 경쟁력이다

예전에는 인풋(in put)을 봤다. 그것은 잠재력이다. 명문대학을 졸업했다면 다른 것들도 잘할 것으로 봤기 때문이다. 그러나 IMF 이후 기업은 아웃풋(out put)을 본다. 그것은 성과를 말한다.

학교 다닐 때 뭘 했느냐를 보는 것인데 그중에서 중요한 것이 인턴과 아르바이트 경험이다.

인턴의 경우에는 회사 경험을 하고 학교로 다시 돌아오는 경우도 있고, 인턴을 통해서 여러 요소들을 평가해서 채용하는 경우가 있다. 요즘 채용의 대세는 인턴을 통해서 채용하는 시스템으로 흘러가고 있다.

사람을 겪어보고 채용하는 것이 필자 개인적으로도 맞다고 생각한다. 옛말에 천길 물속은 알아도 한길 사람 속은 모른다고 했다. 기업은 사람이 중요하고 사람이 기업을 키워간다. 기업의 목표를 향해 같은 생각을 갖고 묵묵히 자기자리에서 성실하게 역할을 수행할 수 있는 인재가 필요하다.

인턴이나 아르바이트 경험을 통해 익힌 것들이 곧 회사에 입사해서 하는 일과 다를 바가 없기 때문이다.

예를 들어 동네 마트에서 아르바이트를 한 사람들은 다음과 같은 업무를 수행한다.

- 자금관리 업무
- 재고파악 및 발주 업무
- 청소 및 상품진열 업무
- 유통기간 점검 및 품질관리 업무
- 클레임처리 및 문제해결 업무
- 고객응대 및 판매 업무
- 시설관리 및 거래처 관리 업무

이러한 경험은 유통회사로 취업할 경우 유통회사에서도 이와 유사한 업무를 수행하기 때문에 그대로 활용할 수 있어 공부만 한 학생들보다는 좋은 경쟁력을 지닐 수 있으며, 취업에 성공할 수 있는 가능성도 높다.

인턴, 아르바이트 경험이 지원하는 직무와 연관성이 있다면 높은 경쟁력을 얻게 되지만 연관성이 없더라도 가산점을 얻기 때문에 경력란에 반드시 기록하기 바란다.

컴퓨터 자격증은 필수다

컴퓨터 활용도가 높아지면서 컴퓨터의 능력 평가를 상·중·하로 표기하지 않고, 이제는 어떤 자격증을 어떤 기관에서 취득했느냐를 컴퓨터 활용능력란에다 적어야 한다.

기업에서 일상 업무를 보면서 주로 많이 사용하는 것은 워드로 문서작성 시 사용하지만, 숫자나 데이터를 관리할 때는 엑셀을 많이 사용한다. 따라서 MOS 정도와 검색사를 취득하면 좋다.

업무를 보면서 정보와 자료를 컴퓨터에서 찾을 때 검색하는 능력이 있어야 한다. D제강 회사에 입사한 한 제자는 검색사 자격증을 취득한 관계로 취업에 성공하였다.

큰 기업의 임원들은 컴퓨터를 많이 사용해야 하지만 컴퓨터 실력이 부족한터라 부하직원 중에 컴퓨터를 잘 다루거나 검색하는 능력이 뛰어난 인재가 있으면 옆에 두고 일을 시키고 싶어 한다.

이력서 컴퓨터 활용능력란에 주로 3칸이 만들어져 있는데, 그 중에 2칸은 채워야 한다.

봉사활동은 인성을 대변한다

경영지원팀으로 지원할 경우 봉사활동은 필수다. 인성을 대변하기 때문이다. 봉사활동을 한 사람과 그렇지 않은 사람이 있다면 누구를 선택하겠는가? 당연히 봉사활동을 한 사람을 선택할 것이다. 필수 항목은 아니지만 채용부서에 따라서는 중요하게 취급되기도 한다.

봉사활동은 가능한 저학년 때 취득해 두는 것이 좋다. 고학년으로 가면서 취득할 것들이 따로 있기 때문이다.

봉사활동을 했을 경우 확인서나 인증서를 받아두어라. 시간당 1점씩 200점까지 가산점을 받는다. 국내에서 봉사활동을 하는 경우도 있고, 해외에서 하는 경우도 있는데, 해외의 경우는 국가 기관이나 대기업에서 팀을 꾸려서 가는 경우가 있으며, 기간은 1~12개월로 다양하다.

말레이시아를 12개월 다녀온 제자가 있었는데, 봉사활동을 하면서 많은 것을 깨닫고 생각하는 것이 넓고 깊어진 것 같았다. 현지인들과 어울려 일하다보니 영어구사력도 상당히 향상되었고 자신감도 많이 생겼다.

기획 & 문서작성, 프레젠테이션 스킬, 프로젝트 수행력은
업무 역량으로 평가 받는다

기업이 선호하는 역량 중에 1순위가 기획 & 문서작성이다. 회사 생활 대부분이 문서를 만들고, 보고하고, 실행하는 것으로 시작되기 때문이다. 그러나 학교에서는 학생들이 리포트를 작성해서 제출하거나 발표도 하지만 그것은 기업이 요구하는 수준에 미치지 못하기 때문에 외부 기관이나 전문가들로부터 별도로 수강하고 수료증을 취득하길 바란다. 기획 & 문서작성 수료증은 가산점 300점을 받을 정도로 공모전 다음으로 높은 평가를 받는다.

기획 & 문서작성은 생각을 명쾌하게 종이에 옮겨 놓는 작업이며, 문서를 통해서 자신의 생각을 타인에게 전달하여 설득을 하는 과정이다. 주로 파워포인트를 활용해서 작업하는 제안서, 사업계획서 등은 맥킨지식 3단 프레임워크를 활용해서 작업하는 것이 상대를 설득하기에 용이하다.

2-1. Business Definition

【 지원시스템의 사업정의 】

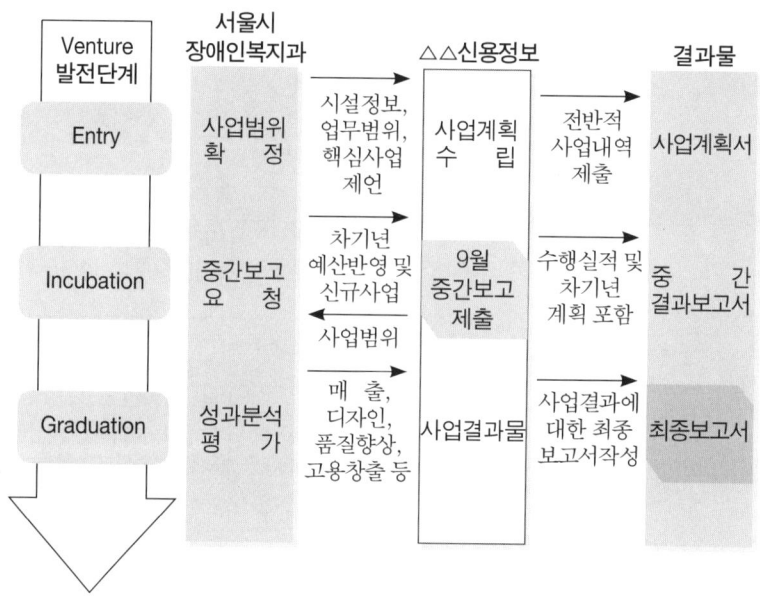

장애인 직업재활시설 지원시스템 사업 정의는 서울시 장애인복지과에 대한 Action Plan을 수행하는 Executive Company임

3단 프레임워크를 활용해서 작성한 제안서 내용 중에 하나다.

> 타이틀
>
> 커버링메시지 2~3줄
>
> 내용 정리

【 사내 발신 문서작성의 예 】

OO PG/PU/본부 문서번호 : ㅇㅇㅇ 제ㅇㅇ-ㅇㅇㅇ호 2012.8.30. 수 신 : 수신처 참조 제 목 : XXPU 전략 미팅 개최 통지	

윗부분	발신부서	발신회사명(공식명칭), 우편번호/주소/전화/FAX번호
	문서번호	부서기호 + 분류번호 + 발송번호
	수신	복수인 경우 한 줄만 사용, 한 줄이 넘어가면 발신인의 밑에 수신처난을 둠
	발신일자	문서발송일(결재일자가 아님)

          년간 사업 목표 달성을 위한
전략 미팅을 아래와 같이 실시하오니
참석 바랍니다.

          - 아   래-

1. 목적 : 상반기 실적 점검 및 연간 사업
   목표 달성 계획 수립
2. 일시 : 7월 24일 15:00
3. 장소 : 본사 창조 회의실
4. 참석 대상 : 수신처 참조
5. 지참 자료 : 상반기 실적 자료
6. 문의 : 사업기획팀 홍길동
   (사내전화 : 2566)

붙 임 : 사업부 연간 계획서 1부. 끝.

내 용	제 목		내용 요약
	내 용	배열	항목별로 조리있게 표기
		양	간단 명료하게 표기(12포인트 사용)
	붙 임		붙임의 제목을 표기
	끝표시		본문 끝에 한 칸 띄어서 쓰기

* 담당자 및 전화번호를 공지하고자 할 경우에는 본문 내용 중에 표기토록 함

(   ) PG장/PU장/본부장/기획팀장 ㅇㅇㅇ

(수신처) 혁신팀 OOO, 영업팀 XXX, 설비
팀 QQQ, 설비팀 RRR, 품질팀
MMM, 자재팀 BBB, 수출팀 PPP

아랫부분	발신인	'직책 및 성명'은 우측 끝으로부터 5글자 들여쓰도록 함
	수신처	3개 이상 수신처의 경우 작성

타이틀은 전개해 나가는 차례의 순서를 기록하는 것이고, 커버링 메시지는 위 타이틀을 어떻게 아래에 전개할 것인가를 간략하게 소개하는 내용이다. 일반적인 제안서와 다른 것은 커버링메시지를 통해서 전개되는 내용을 소개하고 있다는 것이며, 바쁜 상사의 경우 커버링메시지만 읽어도 전체 내용을 파악할 수 있다. 잘 작성된 프레임워크를 많이 확보해 놓으면 문서를 작성할 때 많은 도움이 된다.

학생의 경우 회사에서 사용하는 문서에는 어떤 것이 있는지, 어떻게 생겼는지조차 모른다. 문서조차 만들지 못하기 때문에 경력자들과 경합을 벌이면 떨어질 수밖에 없다. 3~4학년 때 기획 & 문서작성에 대해서는 반드시 수강을 하고 수료증을 취득해야 한다.

프레젠테이션은 회사 업무 수행에 많이 사용한다. 제안서를 작성하고, 서류가 검토된 후에는 내용을 요약해서 빔프로젝트를 활용하여 발표한다. 사업계획서를 작성해서 사업이 진행되기 전에 수십 차례 프레젠테이션을 거쳐서 실행여부를 결정하게 된다.

프레젠테이션은 발표하는 스킬이지만, 발표 자료는 주로 파워포인트로 작성해서 빔프로젝트를 활용한다. 파워포인트를 능숙하게 다루면 높은 경쟁력을 갖추게 되는 것이며, 수료증을 취득할 경우에는 100점의 가산점을 받는다.

전국 대학생 프레젠테이션 경진대회에 출전해서 입상한 것이 취업에 결정적 영향을 미친 사례도 많다. 적극적으로 참여하라. 프로젝트를 수행한 경우 내용과 본인이 참여한 업무, 사용한 언어나 기구, 결과 등에 대해 구체적으로 정리해 두었다가 자기소개서 작성 시 활용하면 좋은 경쟁력을 갖게 되는 것이다.

왜 파워포인트인가?

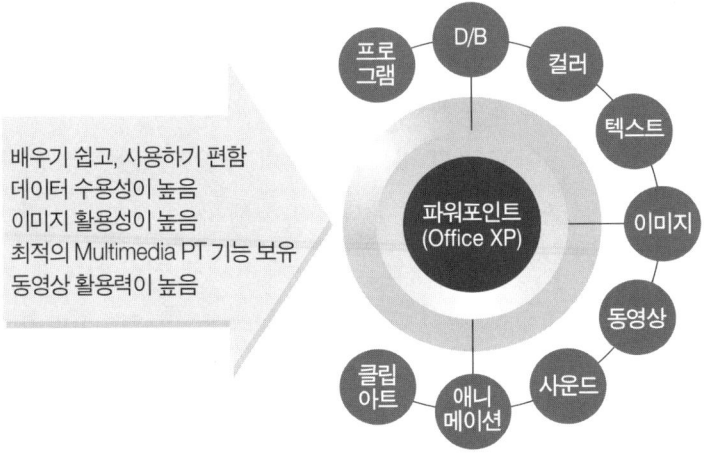

프로젝트가 지원하는 직무와 연관해서 적합하다고 판단할 경우에는 면접 때도 유리하다. 공모전도 하나의 프로젝트다. 공모전을 주최하는 기관에서 느끼는 갈증요인을 공모하는 경우가 많으며, 이러한 산출물을 만들기 위해서는 시장을 분석하고 경쟁관계 및 시장 트렌드를 읽어야 가능하기 때문이다. 이런 일을 해본 사람은 현업에 즉시 활용가능하다고 판단한다.

직무를 모르면 취업할 수 없다

중견기업의 경우 직무를 모르면 선배사원이 붙어서 가르쳐야 한다. 가르친다는 것은 비용이 발생하는 것이다. 회사는 지원한 인프라 중에 지원한 직무를 잘하는 인재 한 사람을 선택하면 된다. 직무를 모르는 사람을 채용해서 가르친다는 생각을 하지 않는다.

대기업은 좀 다르다. 직무가 워낙 세부적으로 나눠져 있어서 신입사원들이 직무를 이해하기에는 한계가 있을 수 있다. 그러나 시간을 투자해서 정보를 리서치하면 직무에 대해 파악할 수 있다.

대기업은 신입사원이 회사에 입사해서 당장 돈을 벌어줄 것이라 기대하지 않는다. 다만 지원 직무에 적합하고 발전가능성 있는 인재를 채용해서 재교육을 통해 비전을 갖게 만들고 지속적인 성과를 낼 수 있도록 지원한다.

그러나 지원 직무를 경험했거나 알고 있는 것은 모르는 사람과는 비교할 수 없을 정도로 평가한다. 그러므로 인턴, 아르바이트를 통해서 지원할 직무와 관계되는 일을 미리 경험하는 것은 그 어느 것보다 중요하다. 높은 학점을 취득하기 위해 올인하지 말고 인턴, 아르바이트를 통해 기업과 사회를 이해하는 것이 더 중요하다.

직무적성검사는 잠재력을 확인하는 것이다

직무적성검사라는 것은 오랜 기간을 거쳐서 축척된 사람들의 성향을 데이터화한 것으로 확률통계 자료로 생각하면 된다.

직무적성검사는 심리검사의 한 분야로 주로 적성검사라고 한다. 그 중에서 직무적성검사는 기업에 해당하는 분야로 직업적성검사와 구분하여 활용한다.

검사도구는 일반적으로 인성검사, 직무능력검사, 직무적성검사로 구성되며 주로 심리적인 부분(성격)과 학과적 두뇌활용 능력, 흥미, 관심도 등을 측정하여 적성을 추출하는 형태로 만들어지고 있다.

직무적성검사는 기업에 입사하여 업무 적응과 함께 업무 효율, 직능향상, 인간관계 등 다양한 업무 능력의 가능성을 테스트하는 검사로 인성검사와 두뇌발달 및 학과적인 능력검사 그리고 적합한 직무성향을 검사하는 것으로 나누어진다.

직무적성검사는 기업이나 단체들이 업무에 적합한 인재를 선발하거나 기존직원들의 업무 역량을 향상시키기 위하여 실시하는 검사로 일반적인 학과시험과는 다른 유형으로 실시되어지고 있다.

직무적성검사는 인적성검사, 직무능력검사, 직무역량검사, 심리검사 등 다양한 이름으로 실시되고 있는데 크게 구분하여 몇 가지 유형으로 정리할 수 있다.

첫째, 성격(행동발달)의 형성이나 인간성(인격)의 형성을 주로 파악하는 인성검사, 학과적인 요인과 균형 있는 두뇌발달을 진단하는 직무(사무)능력검사, 흥미나 관심도를 중심으로 파악하는 적성검사 혹은 흥미나 관심도를 중심으로 인성과 두뇌발달 등 다른 요인을 적용하여 분석하는 직무적성검사로 구성되며 현재 가장 보편적으로 활용되고 있는 유형이다.

둘째, 성격(행동발달)의 형성이나 인간성(인격)의 형성을 주로 파악하는 인성검사, 학과적인 요인과 균형 있는 두뇌발달을 진단하는 기초능력검사(지적능력검사), 현실에서 일어나고 있는 상황에 대한 분석, 판단, 대처능력, 절차, 계획력 등을 파악하면서 상식, 한자, 어학등을 선택적으로 적용시킨 직무능력검사로 구성되는 검사지로 삼성 SSAT, 직무역량검사 등이 이 유형이라 할 수 있다.

직무적성검사를 분석해 보면 인성검사는 개개인의 성격, 인격을 가늠할 수 있는 검사로 다음과 같이 구분한다.

- **감성적 요인** - 감정통제력, 감정상태, 정서안정성, 신경질적 경향, 흥분성, 자책성 등
- **사회적 요인** - 대인관계력, 섭외력, 리더십, 책임성, 성취력, 협동성, 근면성, 문제 해결력, 적극성 등
- **도덕적 요인** - 준법성, 정직성, 진실성 등

직무능력검사는 균형 있는 두뇌발달의 정도와 방향을 진단하는 검사로 다음과 같이 구분한다.

개인의 성향이나 흥미, 관심도를 중심으로 사람의 유형을 분석(홀랜드 검사형식, 직무가치관검사, 직무탐색검사)하는 형식, 성향적인 요인을 중심으로 사람의 유형을 분석(MBTI 검사형식, 애니어그램 검사형식)하는 형식, 흥미 · 관심도를 기본으로 인성과 두뇌발달적인 요인, 주변환경적인 요인으로 직무적성을 추출하는 형식이 있다.

구 성	진 단 영 역
이해력	어휘 능력, 문장해석력, 한자 능력, 문법적인 요인
언어유추 능력	어휘추리 및 상관관계, 상황추리, 논리 및 추론, 오류 등
수리응용력	원리, 개념, 법칙에 대한 이해 능력, 연산 능력, 원리응용 능력 등
수/도형/ 일반추리력	수 변화의 원칙 이해, 도형 변화의 원칙 이해, 일반적인 변화의 원칙 이해 등
창의력	사고의 발상력; 식이나 도형의 완성 능력을 통한 사고의 전환 능력 등
사고판단력	대조, 대치, 치환의 능력, 순간적인 변화에 대한 정확한 인지 능력 등
공간지각력	공간분할 및 조합에 대한 이해 능력, 전개도 및 조립도에 대한 공간적 이해 능력, 공간개념 등
기계이해 능력	이공계통의 기본적인 기계원리에 대한 이해 능력, 작동원리에 대한 이해 능력 등
통계분석 능력	경제, 정치, 사회, 과학 등 다양한 분야의 통계자료에 대한 이해 능력 등

검사지 구성 기법 : 응답신뢰도 측정, 오답감점시스템, 정답이 없는 문항과 정답이 두 개인 문항을 삽입하는 형태, 응답을 하지 않는 것을 방지하기 위한 무응답률 체크, 답변의 일관성 체크 등 다양한 시스템이 개발되고 있어 수험생들은 자신이 응시하고자 하는 회사의 적성검사 형태에 대한 사전 정보가 필요할 것이다.

직무적성검사를 통하여 신입사원 선발 시 기업에서는 다음 사항을 고려한다.

❶ 기업의 인재상에 적합한 인력 선발

❷ 기업의 경영지침, 경영철학을 수용할 수 있는 인력 선발

❸ 문제성이 있는 성격 결함자 또는 신경 정신적 억압자를 검출하여 사전에 입사 예방

❹ 조직의 화합에 문제점이 없는 인력을 선발하여 조직 부적응 가능자 사전유입 차단

❺ 성장환경, 인격형성 등을 고려하여 성향이 우수하고 업무 집중력이 높은 인력 선발

❻ 육체적인 건강이나 체력, 그리고 정신적인 스트레스가 적은 인력 선발

❼ 적성에 맞는 효율적인 인사 배치 가능

❽ 인재의 선정방법에 있어서 기업은 객관적인 기준의 적성검사를 통해 효율경영을 기할 수 있으며, 채용 이후 퇴사율도 줄일 수 있는 경제적측면 고려

명문대학을 졸업하고 좋은 스펙을 지닌 인재라도 직무적성검사에 부적합 판정이 났을 경우에는 채용하지 않는다. 따라서 학교생활을 하면서 직무적성검사를 통하여 본인의 성향과 직무적합도를 평가하고 부족한 영역들을 미리 준비해 가야 한다.

공모전은 취업할 수 있는 열쇠다

필자의 제자들이 공모전에 입상해서 취업하는 경우가 많았다. 공모전의 형태는 기업의 갈증요인을 해결하려고 공모하는 경우와 학생들의 도전의식과 창의성을 발휘할 수 있는 기회를 제공하려고 하

는 경우로 나눌 수 있다.

미래에셋의 신상품개발 공모전은 기업의 갈증요인을 해결하고 신상품을 개발하여 시장을 선점하는 것이 공모전의 목적이다. 이런 경우 입상한 학생들은 공모전을 준비하면서 경쟁관계에 있는 상품들의 특징과 고객의 니즈를 분석하고 틈새 상품을 개발하여 제안함으로써 대상을 받은 상품은 회사의 신상품개발에 적극 활용되기도 한다.

두산그룹의 처음처럼 공모전도 고객의 니즈를 파악하고 고객이 선호하는 새로운 소주를 만드는데 활용하고자 계획된 것이었다. 이런 공모전을 통해 고객은 저알코올의 소주를 선호한다는 사실을 파악하고 20도 이하의 저알코올 소주를 만든 계기가 되었으며, 기업 매출에 상당한 영향을 미치는 결과를 얻었다.

아모레퍼시픽의 화장품 공모전, 포천시의 시를 외부에 알릴 수 있는 창의적 아이디어 공모전 등은 공모주의 갈증요인을 해결하려는 의도에서 만들어진 공모전이라 할 수 있다.

LG그룹, 삼성그룹의 챌린저 공모전은 학생들의 도전정신과 창의성을 이끌어내는데 목적이 있으며, 젊은 학도들에게 가능성에 도전할 수 있는 기회를 제공하고자 만들어졌다. 필자의 제자는 LG그룹 챌린저에서 대상을 받고 브로드웨이 42번가에 한국 음악과 문화를 전파할 수 있는 기회를 잡았다. 42일간의 해외 생활비용을 기업에서 전액 지원함으로써 한국 음악과 문화 알리기에 열중했고, 롯데그룹 앤터테인먼트사로 입사하여 영화관련 사업에 종사하고 있다.

공모전에 참여하여 입상한 실적이 있는 경우 공모를 한 회사나 관련 산업으로 취업하기가 용이하다. 또 다른 제자 중에는 미래에셋 신상품 개발 공모전에 대상을 받은 후 미국 어학연수 1년의 혜택과 미래에셋 취업이 보장되었으나, 기업은행, 산업은행, 삼성증권에 모두 합격하여 최종 삼성증권으로 취업을 한 경우도 있다.

은행과 금융권은 좋은 상품이 시장의 돈을 몰고 올 수 있기 때문에 이런 공모전에서 입상한 실적은 취업에 직접적인 영향을 미칠 수 있다.

팀을 구성해서 공모전에 적극 참여하기를 권하고 싶다.

혼자서 하는 공부 방식에 익숙해 있는 우리나라 학생들은 회사 조직생활을 할 경우 토론하는 문제나 아이디어를 만들어 내는데 부족함이 많다. 여럿이 모여서 정보를 수집하고 서로의 의견을 나누다보면 혼자하는 것보다는 훨씬 좋은 아이디어들이 많이 만들어질 수 있기 때문에 가치를 더할 수 있다.

공모전은 취업하는데 가장 큰 영향을 미치고 성공에 키워드임을 명심하기 바란다.

제 2 장

자기분석과
진로 카운슬링

취업하는데 자기분석이 왜 필요할까? 기업이 요구하는 것이 다양화 되기 때문이다.

명문대학을 졸업하고 높은 스펙(학점과 토익점수)을 갖췄는데도 취업을 하지 못하고 있는 학생들이 많다. 스펙만으로 취업하던 시대는 지났기 때문이다.

기업이 돈을 벌기 위해 필요한 인재가 있다면 해외에서라도 스카우트해오면 된다.

천재들만을 모아놓은 회사가 과연 시장에서 일등할 수 있을까?

기업은 여러 사람이 모여서 공동의 목표를 향해 정진하면서 경쟁력을 갖춰가는 곳이다. 따라서 부서별 특성에 맞는 적합한 인재를 찾아내는 것이 무엇보다도 중요하다. 그러한 적합한 인재를 찾아내기 위해 채용과정이 다양화되고 전문화되어 가고 있다.

스펙이외에 기업은 많은 역량을 요구하고 있다

학교에서는 전공분야의 기초지식을 배운다. 이것만으로 취업하기는 어렵다. 필자가 공부했던 80년대는 졸업하면 일자리가 있었던 시대여서 회사도 골라서 갔다. 그러나 지금은 기업 환경이 많이 변했다. 글로벌 경쟁으로 바뀌고 조직을 슬림화시켜서 예전에 10명이 하던 일을 이제는 컴퓨터를 활용해 1명이 그 일을 수행하고 있다.

매년 대학을 졸업하는 숫자는 50만 명에 달한다. 그러나 일자리는 그에 절반도 미치지 못하는 실정이다. 가까운 일본의 경우 프리터(프리랜서로 아르바이트를 여러 개하면서 생활하는 사람)로 살아가는 사람들이 급증하고 있는 상태다.

어쩌면 우리나라도 대학을 졸업하는 사람들의 절반이 프리터로 살아가야 할지 모른다.

자신의 강점이 뭔지를 발견하라

　강점을 더 강화시키면 취업할 수 있다. 4학년이 돼서도 토익점수를 취득하고자 영어에만 매달리면 백수가 된다. 영어를 내려놓고 인턴이나 아르바이트를 통해서 사회경험을 하는 것이 취업에는 더 유리하다. 또는 기획 & 문서작성, 프레젠테이션 스킬, 프로젝트 수행력을 강화시키면 취업 알선이 가능하다. 문서작성도 못하는 사람에게 취업을 알선하기는 정말 어렵기 때문이다.

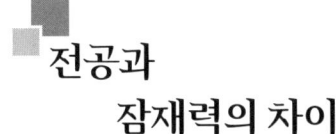

전공과
잠재력의 차이

학생들은 성적순에 의해서 학교와 학과를 지원했지만 기업은 그런 학생들의 전공이나 성적을 믿지 않는다.

기업에서 전공을 인정하는 분야는 이공계 계열의 개발업무나 연구 분야 정도이며, 일반 사무직군은 전공과 상관없이 직무적성검사를 봐서 지원한 직무와 연관성을 우선시하고 있다.

잠재력이라는 것은 사람마다 몸에 지닌 우수인자가 다를 수 있다. 우수인자를 직무적성검사를 통해서 발견하고 지원한 직무와 적합도를 보는 것이 직무적성검사다.

직무적성검사에서 탈락하는 경우는 크게 3가지가 있다.

첫째, 인성을 평가하는 항목 15개, 직무 수행력 평가에 8개의 항목이 있는데, 그중에 40% 이하로 과락 처리하는 경우 탈락한다.

둘째, 평가한 내용의 신뢰도가 80% 이하일 경우 진솔성이나 정체성의 문제 때문에 탈락시킨다.

셋째, 지원한 직무가 잠재력 평가 17가지 잡 유형 중에 1~5번째 안에 들어 있어야 한다.

1~5번째 안에 들어 있는 잡 사이즈를 잠재력이라 말하며, 1번이

(일반종합)	직 무 적 성 검 사			
직무적성	직무특성	기준점수	받은점수	적응순위
영업	영업관리, 마케팅	126	141	15
기획	기획관리, 조사, 경영분석	120	187	6
기술	기술관리, 기술개발	120	150	11
인사	채용 임명, 이동, 승격	126	196	7
총무	비서, 의전, 업무총괄진행	115	206	3
전산	전산화업무, 전산관리	125	148	13
생산	품질관리, 생산관리	110	153	10
경리	출납, 회계	110	190	4
금융	은행, 증권, 보험관련부문	118	127	16
무역	무역관리, 해외영업	131	162	12
교육	연수, 교육개발	109	162	8
언론	신문, 방송관련부문	140	160	14
연구	기술연구, 개발연구	158	134	17
관리	일반관리	121	200	5
사무	일반사무, 행정	115	279	1
안내	고객안내, 서비스	115	167	9
판매	매장근무, 홍보	110	206	2

가장 높은 잠재력이 된다.

성적순에 의해 학과와 전공을 선택했더라도 회사의 직무를 선택할 경우에는 전공을 우선시해서 지원할 것이 아니라, 잠재력이 높은 순위의 직무를 선택하는 것이 바람직한 선택이다.

앞에 예시된 직무적성검사 평가지는 지방대학 경영학과를 졸업한 학생의 평가지다. 이 학생의 경우에는 1~5순위에 들어있는 직무가 사무, 판매, 총무, 경리, 관리 업무로 나왔다. 이런 경우에는 경영지원팀으로 지원해서 일반 사무직으로 근무하는 것이 좋다.

경영학을 공부했다고 해서 마케팅팀에 지원했을 경우 잠재력이 15위에 해당하므로 탈락한다. 기업에서 해석할 때는 경영학을 공부했더라도 마케팅 업무를 맡기면 폭발적인 에너지를 낼 수 없다고 판단한다.

위 평가자가 6순위인 기획 업무에 지원했다면 어떻게 될까? 한 단계 차인데 붙여주지 않을까 생각하겠지만 컴퓨터가 거르는 작업을 하기 때문에 탈락한다.

기업은 개발이나 연구직군을 제외하고는 거의 모든 부서에 직무적성검사 평가에 의해 1~5에 해당하는 적합한 지원 직무를 할 사람을 우선해서 채용한다. 개발이나 연구직군은 전공과 직무 수행력이 뛰어났어도 인성 분야에서 40% 이하일 경우 탈락시킨다.

좋은 스펙과 전문성을 지니고 있더라도 감정억압이나 감정절제가 안 되는 사람을 채용할 경우 조직내부에 문제가 발생할 수 있으므로 미연에 방지하는 차원에서 제거한다.

회사를 선택할 때 전공에만 의존하지 않길 바란다. 미리 직무적성검사를 해보고 어떤 직무에 본인이 우수한 인자를 지녔는가를 확인하고 지원하는 것이 바람직한 방법이다. 전공은 기계공학과를 졸업했으나 잠재력 분야에 기획이 1순위로 나왔다면 그 사람은 기획 업무를 시켰을 때 폭발적인 에너지를 품어낼 수 있다고 믿는 것이 기업입장이다.

취업한 사람의 85%는
전공과 무관하다

모 갤럽회사에서 조사한 자료에 의하면 취업한 사람의 85%가 전공과 무관한 일을 하고 있었다. 기업은 학교에서 전공한 것보다는 잠재력 중심으로 인력을 배치하고 재교육시킴으로써 더 좋은 성과를 내고 일을 즐기면서 할 수 있어 더 오래 회사생활을 한다고 믿고 있다.

전공에 너무 연연해하지 마라. 공부한 것들은 사회생활을 하면서 기회가 되면 다 활용할 수 있지만 취업을 위해 전공에 연연해서는 선택의 폭이 좁아질 수 있다.

학생들이 고민하고 있는 사례를 통해 문제를 해결해 보자.

【사례 1】컴퓨터공학을 전공한 학생이 다른 직무를 선택하고자 하는 경우

저는 컴퓨터공학을 전공했습니다. 하지만 컴퓨터쪽 말고 다른 분야로 취업을 하고자 합니다. 경영지원팀의 인사 업무나 총무쪽도 좋을 것 같습니다. 가능할까요?

결　론: 가능하다.

근　거: 회사에서는 컴퓨터를 잘 활용하면 큰 이점이 있다. 대부분의 업무를 컴퓨터로 처리하고 특히 컴퓨터에 문제가 발생했을 때 문제를 해결할 수 있는 정도의 실력을 지니고 있으면 선배들의 사랑을 많이 받을 수 있다. 컴퓨터 활용능력은 기업에서 필요하므로 유리한 경쟁력이 된다.

성공방법 : 경험이나 업무 수행력을 구체적으로 기술하라.

❶ 인턴, 아르바이트를 통해 경험한 사실들을 구체적으로 기술한다.

- 구성원들과 소통하는 능력
- 문서작성과 정보수집
- 조사를 통한 산출물 제시 등

❷ 지원 업무에 대해 간접 경험을 통해서라도 직무를 이해하고 업무 능력을 키워서 도전하면 된다.

- 인사, 총무 업무에 대해 간접 경험을 통해서 파악한다.

(동영상 활용 - www.ajump.org)

- 문서작성 과정을 통해 밥 값할 수 있는 역량을 키운다.
- 자기소개서는 직무 중심으로 3단 프레임워크를 활용하여 작성한다.

【사례 2】 건축과를 전공한 여학생의 진로 변경

건축과를 졸업하고 중소기업 건축회사에서 3개월간 근무한 경험이 있습니다. 여자로서 도면을 분석하고 현장을 뛰어다닌다는 것이 너무 힘들어서 회사를 퇴사했습니다. 다른 직무를 선택해서 취업했으면 하는데 가능할까요?

결　　론 : 가능하다.

근　　거 : 3개월간의 회사생활 내용을 구체화시키면 된다.

성공방법 : 직무적성검사를 해서 잠재력을 파악하고 잠재력이 우수한 분야를 선택하여 경험한 내용을 기반으로 구체화시키면 된다.

❶ 3개월간 회사생활을 하면서 겪은 소통의 능력을 활용한다.

❷ 신입사원으로 수행한 역할과 중요성에 대해 어필한다.

❸ 직무 수행력의 중요성을 어필하고 지원 분야에 대한 경험이나 할 수 있는 역량을 구체적으로 기술한다.

【사례 3】 패션 디자인을 전공했는데 다른 직업을 가질 수 있을까요?

패션 디자인학과 3학년에 재학 중인 학생으로 패션 디자이너를 공부하고 있지만 처음과는 다르게 갈수록 어렵고 힘들다는 생각이 많이 듭니다. 또한 국내 의류 산업도 매출이 감소하고 있어서 졸업 때 취업할 수 있다는 보장도 없는데 어떻게 하면 좋겠습니까?

결　　론 : 패션 감각으로 익힌 재능으로 다른 연관성 있는 직업을 선택하라.

근　　거 : 패션 디자이너는 눈으로 보는 색감과 시장의 트렌드 변화를 직감적으로 느끼는 것이 일반 사람과 다르다.

성공방법 : 연관성 있는 직업군으로 이동하라.

❶ 패션을 하면서 의상과 관련된 직업군들을 나열한다.

❷ 해당 직업군은 판매, 진열, 코디, 상품구매, 원단, 액세서리 등을 나열할 수 있다.

❸ 가장 잘할 수 있는 분야를 선택하고 직접 현장으로 뛰어 들어라.

최종 디스플레이어를 선택했다. 현재는 이탈리아 밀라노에서 매장 디스플레이어로 활동하고 있으며, 한국에서 다니던 대학은 자퇴했다. 그는 평생 직업을 찾았으며 현재 하고 있는 일이 매우 즐겁고 행복하며 재미있다고 한다.

예비취업자들은 사회경험을 아직 해보지 못해서 방황할 뿐이다. 사회생활을 하고 조직 안에서 짧은 기간 일해 본다면 여러분이 꿈꾸고 있는 직장에 대한 허상이 벗겨지는 것은 그리 오랜 시간이 걸리지 않을 것이다.

전공이나 회사의 네임벨류에 너무 연연해하지 말고 잠재력에 따라서 선택하기 바란다. 선택한 일이 전공을 활용할 수 있다면 성과를 내는 데 조금 더 유리할 뿐이다.

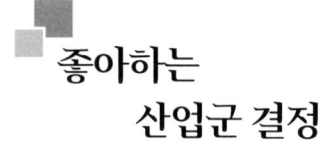

좋아하는
산업군 결정

좋아하는 산업군을 왜 결정해야 하는가?

사회생활을 경험하면서 같은 업무라도 산업군에 따라서 성과가 다르게 나타난다. 또한 좋아하는 산업에서 일할 경우 더 좋은 아이디어를 만들어 내고 성과에도 크게 기여할 수 있다는 사실을 알게 되었다.

한 제자가 기계공학과를 졸업하고 첫 사회생활을 일본 스미도모 던롭에서 시작했다. 학부 때 기계과를 졸업한 관계로 자동차 타이어 연구소에 근무하게 되었다. 일본회사의 인재육성 시스템에 따라서 첫 6개월간은 자동차 타이어 판매소에서 타이어를 판매하는 일을 했다. 처음에는 왜 그런 과정을 거쳐야 하는지 이해가 가지 않았으나 고객들을 만나면서 그 일을 왜 하고 있는지를 깨달았다. 고객이 원하는 타이어에 대한 스토리를 듣고 개발하는 타이어에 적극 반영할 수 있었다.

이후 6개월은 타이어 생산공장에서 일했다. 타이어가 생산되는 과정을 이해하는데 도움이 되었다. 타이어를 개발하는 연구원으로 일하는 1년간 경험했던 일들은 많은 도움이 되었지만 타이어를 개발하는 일에 큰 매력을 느끼지 못하고 오히려 세계적으로 타이어를 판매

할 수 있는 방법을 연구해서 제안하는 것이 더 흥미롭고 재미있었다고 한다.

제자가 졸업할 당시인 80년대 중반에 직무적성검사를 한다는 것은 쉬운 일이 아니었지만 검사결과 1순위 잠재력이 기획 업무였다. 새로운 시스템이나 판매 제안을 연구할 때 더 열정적으로 몰입할 수 있었고 재미를 느끼고 흥미로워 했다.

성적순에 의해 기계공학을 전공했지만 제자의 몸속에는 기획 업무의 잠재력을 지니고 있었던 것이다.

그는 더 이상 자신을 흥분시키지 못하는 연구원의 생활을 접고 컨설팅 업무를 선택했다.

컨설팅 업무는 회사의 기획 업무와 같은 것으로 오너의 올바른 의사결정을 돕기 위한 정보와 자료를 제공하는 일을 한다. 컨설턴트의 업무 영역은 매우 다양하지만 제자는 경영전략 분야를 선택했다. 그가 만들어낸 실적으로는 대한민국 최초의 대형할인마트를 컨설팅했고, 동양에서 가장 큰 할인점을 광주광역시에 세웠으며 폐업한 백화점을 리모델링해서 쇼핑몰로 만드는 유통혁명 분야의 선두주자로 성장했다.

왜 좋아하는 산업을 선택해야 하는가?

같은 기획 업무를 하더라도 자신이 좋아하는 산업에서 일할 경우 더 좋은 성과를 내고 긍정적으로 일하게 되며 창의적인 발상으로 기업에 더 높은 성과를 만들어 낼 수 있기 때문이다.

여러분이 좋아하는 산업군을 선택해야 하는 이유는 다음과 같다.

❶ 산업군을 선택하고 시장판세를 분석해야 경쟁력을 만들 수 있다

산업군은 유통산업, 항공산업, 금융산업, 반도체산업처럼 제품이나 기업의 사업 아이템 특성에 따라서 구분하는 것을 말한다.

예를 들어 금융산업군의 시장판세를 살펴본다면 제2금융권의 몰락과 관련해서 고객들은 수익구조보다 안정성을 더 중요시 하면서도 수익구조가 높은 상품으로 자금을 이동시키고 있는 추세이다. 시장의 자금을 몰고 올 수 있는 안정성과 수익성을 높일 수 있는 상품을 개발하여 제안할 경우 경쟁력이 높은 인재로 평가받을 수 있다.

❷ 같은 산업군에 속한 회사들을 일관성 있게 지원할 수 있어 경쟁력을 높일 수 있다

금융권의 갈증요인은 시장의 자금을 몰고 올 수 있는 신상품 개발에 관한 것으로 이와 연관된 스토리를 개발한다. 그리고 국민은행, 우리은행, 하나은행, 신한은행, 기업은행, 농협중앙회, 삼성증권, 대신증권(금융권 산업)으로 서류를 제출할 경우 같은 산업군에 해당되므로 시장의 자금을 몰고 올 수 있는 신상품 개발에 대해서는 모든 회사가 관심을 갖고 있으므로 서류합격 및 채용까지 갈 수 있는 경쟁력을 갖추게 된다.

❸ 재미있고 창의적으로 긍정적인 생활을 지속할 수 있으며, 높은 성과를 낼 수 있다

좋아하는 일을 좋아하는 산업군에서 일한다는 것은 행운일지도 모른다. 대부분의 사람들은 회사 이름을 보고 가거나 연봉이 많아서 선택하는 경우가 허다하다. 그런 사람들이 정말 행복할까? 직장생활이라는 것이 단시일에 그만두는 것이 아니라 장기적으로 계속해야 하는 일인데 좋아하지 않는 일을 또는 좋아하지 않은 산업군에서 매일 계속한다는 것은 불행한 일이다.

좋아하는 일을 좋아하는 산업군에서 할 경우 일단 일이 재미있다. 힘들어도 힘든 줄 모르고 오히려 집중력도 높아지면서 창의적인 생각을 통해 회사나 성과에 기여도 많이 하게 된다.

취업을 했다가 회사를 그만두는 사람들의 이야기를 들어보면 한결같은 말을 했다.

'연봉을 많이 받는 회사에 취업하는 것을 목적으로 삼다보니 적성이나 잠재력을 고려해서 직무를 선택하지 못한 것이 가장 큰 실수였다. 전공보다도 자신에 맞는 직무를 선택해야 하는데 그렇지 못해서 일하는 내내 불행했던 것 같고 생활에 여유라고는 전혀 없었다. 쉬면서 처음부터 다시 생각하고 나의 강점이나 적성을 고려해서 작더라도 비전과 가치를 지닌 회사에 입사할 수 있다면 처음부터 다시해보고 싶다.'

좀 늦을 뿐이지 취업을 못하는 것은 아니다. 취업하려는 사람들 대부분이 회사의 이름만 들어도 알만한 명문기업, 연봉이 높은 회사들만 선호하다보니 취업 재수를 하고 있을 뿐이다. 졸업하고 1~2년이 지나고 나면 대부분 취업해서 회사를 다니고 있다. 졸업 전에 욕심내던 큰 회사가 아니어서 그곳에서 일하는 것도 매력적이지는 않다. 이런 상태에서 계속 회사를 다닌다면 비전이 없다.

지금이라도 '회사가 희망이다'라는 긍정적인 마인드로 바꿔야 한다. 아침에 출근할 수 있는 기회를 제공하는 회사를 위해 항상 감사하게 생각하고 회사를 위해 내가 뭘 더 할 수 있는지를 생각하며 회사를 위해 헌신을 다하고 전문성을 익히는데 집중해야 비전이 만들어진다.

삼성그룹 직원평가에 1등을 해서 카이스트 석사 과정을 무료로 공부한 제자가 있다. 그는 대학 4학년 때 4명이 일하는 용산 전자상가에서 컴퓨터 조립 업무를 했으며, 6개월 후에는 18명이 일하는 벤처 회사에서 일했다. 또 군대생활대신 방위산업체 회사에서 근무하고 제대 후 다음커뮤니케이션에서 일하다가 그가 경험한 것들을 기반으로 삼성전자에 입사해서 그와 같은 성과를 냈다. 그는 이제 포항공대 박사과정을 무료로 다닐 수 있는 기회를 잡았다. 그는 자신의 비전과 가치를 매일 만들고 키워갔다. 이러한 것이 직장에서 얻을 수 있는 비전과 가치라고 생각한다.

아침에 마지못해 회사를 나가고, 특별한 계획이 있는 것도 아니어서 타인에 의한 수동적인 생활의 연속이 된다면 자신에게 불행한 일이다.

회사에 입사했다고 해서 모든 것이 끝나는 것은 아니다. 새로운 사회생활이 시작되는 시발점일 뿐이다. 좋아하는 일, 좋아하는 산업에서 즐겁게 일하고 재미있게 회사생활을 즐길 수 있어야 하며, 항상 가치있는 생각을 통하여 성과를 내고 회사에 기여할 수 있어야 한다. 취업하는 것이 목적이고, 연봉이 높은 회사만이 최고라고 생각하고 있다면 지금 당장 바꿔야 한다. 여러분의 가치와 능력을 인정해주고, 회사 동료들이 가족 같고, 아침에 일찍 회사에 가고 싶은 문화를 지닌 회사, 그런 문화와 사람을 가지고 있는 회사를 선택하라.

❹ 오래 일할 수 있고, 홀로서기에 도움을 줄 수 있다

말콤 글래드웰의 저서 ≪아웃라이어≫를 읽으면서 성공한 기회를 발견한 사람들의 비밀스런 사실을 알게 되었다. 그리고 필자가 걸어온 강사의 길을 뒤돌아봤을 때 이미 글래드웰이 말하고 있는 한 분야에 집중해서 1만 시간의 세월을 보내고 있었다.

필자는 좋은 회사를 다니다 어느날 지식산업을 해야겠다는 생각이 들어 회사를 그만두고 컨설팅회사를 차렸다. 한국사회에서는 컨설팅이 뭔지도 모를 때 회사를 열어서 많은 고생을 했다. 직원들 급여를 주는 날이 너무 빨리 찾아오는 것 같았고 나만 일하지 직원들은 전혀 일하지 않는 것처럼 보였다. 내 마음속에는 직원들을 향한 미움, 불신, 비난만 있었지 긍정적인 부분은 전혀 없었다. 지금 생각하면 어리석었고 부끄러운 모습이었다.

마음 고생이 너무 심했을 때 하루는 A4용지에 내가 제일 잘할 수 있는 것에 대해 적기 시작했다. 특히 내가 할 수 있는 일 중에 당장 돈을 벌 수 있는 일을 적었다. 10여 가지 정도 적었던 것으로 기억한다. 그중에 내가 선택한 것이 산업강사였다. 기업 직원들을 대상으로 강의하는 일을 선택했다. 지금 생각해보면 그때는 필자가 좀 무식해서 용감했던 것 같다. 컨설팅 산출물을 만들어 기업에서 브리핑할 때 많은 사람들이 집중해서 들어주고, 결과물에 대해 적잖은 칭찬도 듣곤 했었다. 남들 앞에서 말할 수 있다는 강점을 더 강화시키면 분명히 산업강사로 성공할 수 있겠다는 자신감이 있었다.

필자는 10년동안 1만 시간을 그 일 하나에 투자했다. 그런 덕택에 지금은 대학교에서 강의하는 교수가 되었다.

나는 다시 태어나도 지금 하는 일을 하고 싶다. 책을 보고 내용을 정리하면서 PPT 작업을 통해 교재를 만들 때가 정말 행복하다.

내가 만든 교재를 가지고 강단에 서서 교육생들의 시선을 몰입시키고, 사람을 변하게 만들고, 회사의 성과가 높아진다는 것은 이 직업이 가진 큰 매력이다.

강의는 나이가 들어도 할 수 있다. 비용도 많이 들지 않으며, 컴퓨터만 가지고 다니면 할 수 있다.

좋아하는 일을 하면 오래 일할 수 있고 독립하게 되더라도 홀로 설 수 있다. 전문성을 익히는데 집중하고 언제라도 홀로설 수 있는 준비를 하면서 직장생활을 해야 한다.

회사를 선택하는
3단계 구조

　직무적성검사를 통해 잠재력을 확인하고 어떤 직무가 본인에게 가장 우수한 인자인가를 확인한 다음 전공보다도 직무적성 중심으로 잠재력을 따라서 업무를 선택하고 좋아하는 산업군을 결정하여 최종 회사를 선택한다.

　회사를 선택하는 것은 3단계로 구분해서 선택해야 한다.

　사례로 의류브랜드 산업을 통해서 회사를 선택하는 방법과 경력관리를 통해 이동하는 방법을 알아보고자 한다.

【 회사 레벨과 선택 】

마담 의류 40대 이상	- 변화의 기복이 적은 시장 - 선택의 폭이 넓은 시장 - 적당한 수준의 인재	50%
영캐주얼 10~30대	- 기술적인 수준이 가장 높은 평가군 - 시장 트렌드를 선도하는 계층 - 급여수준이 높은 시장 - 학교성적보다 실력을 우선함	상위 10%
아동 의류 1~10대	- 경쟁이 치열한 시장 - 신소재 개발을 요하는 시장 - 기술개발을 요하는 추세	40%

영캐주얼 산업

10~20대를 대표하는 영캐주얼 산업이 시장의 트렌드를 선도하면서 기술적 수준이 가장 높은 층을 형성하고 있다. 따라서 인재의 수준도 높아야 한다. 급여수준도 다른 층에 비해 높은 편이며 의류 산업 분야를 지원하는 지원자들에게는 가장 입사하고 싶은 회사층으로 대접받고 있다.

영캐주얼 분야로 진입하려는 사람은 지원자들 중에 상위 10%에 해당하는 사람들이다. 영캐주얼 분야는 다른 층의 회사들과는 다르게 이직률도 적은 편이고, 기업매출도 높은 편이어서 의류산업에서 직장생활 하는 데는 안정적이라 할 수 있다.

아동 의류 산업

영캐주얼 산업 다음으로 아동 의류 산업을 들 수 있다.

신생아 출산율의 저하와 가구당 1~2명의 아이들을 두고 있는 상황이어서 부모들은 좋은 옷을 입히려 한다. 따라서 아동 의류 회사들은 신소재로 얇고 따뜻한 옷을 만들거나 기능성이 좋은 옷을 만들려고 노력한다.

출산율의 저하로 시장이 축소되고 있으나 고가의 상품을 개발하거나 해외 시장을 개척하는 것으로 손실을 줄이려고 하고 있다.

중간 40% 정도에 해당되는 사람들은 아동 의류 산업으로 진입하면 수준이 적당하다고 본다.

영캐주얼 산업으로 진입하려는 사람들은 아동 의류 회사에서 경력을 쌓아서 이동하면 된다. 이것이 경력관리이다.

마담 의류 산업

마담 의류 산업은 크게 유행이나 트렌드 변화가 없다. 옷도 한 벌 사면 오랜기간 사용함으로써 구매 사이클도 다른 의류 산업에 비해 길다. 의류 산업으로 취업하고 싶은 사람 중에 중간 이하의 스펙이나 실력을 갖춘 사람은 마담 의류 산업에서 경력을 쌓아서 아동 의류 산업으로 이동하고 아동 의류 산업에서 경력을 쌓아서 영캐주얼로 이동하는 경로가 경력관리 경로이다.

회사도 취급하는 품목이나 매출 정도, 직원수에 따라서 등급이 달라진다. 처음부터 1등급 회사에 입사하기 어렵다면 지원 산업에 관련된 회사들을 3개 등급으로 나눠서 회사를 구분하고, 본인의 수준에 적합한 회사를 선정해야 취업이 가능하다.

수준에 비해 너무 높거나 낮아도 취업하기 어렵다. 높은 경우에는 경쟁력이 치열하고 역량과 가치를 지닌 인재들이 대거 지원하게 됨으로써 탈락하는 경우가 생기고, 너무 낮은 경우에도 회사의 입장에서 봤을 때 일을 가르치면 바로 다른 회사로 이동할 수 있겠다는 판단을 하게 되어 채용을 기피하게 된다.

자신의 수준에 적합한 회사를 선택해서 지원하고 경력관리를 통해 큰 기업으로 이동하는 것은 전혀 문제가 되지 않는다.

강점을 활용
하는 법

　강점을 활용할 수 있어야 취업에 성공할 확률이 높다. 스펙이 높은 것을 말하는 것이 아니다. 회사에서 채용할 때는 스펙보다 더 중요하게 여기는 것들이 많다. 회사는 여러 부서가 모여서 함께 일을 진행한다. 서로 유기적인 관계를 형성하고 각 부서가 맡은 일을 조합해 가면서 결과물을 창출해 나간다. 따라서 부서에서 필요한 역량은 스펙보다도 남들과 어울려서 화합할 수 있는 인재, 창의적인 아이디어를 제공할 수 있는 인재, 정보와 자료를 바탕으로 문서를 잘 작성하는 인재도 필요하다. 결과물이 나오면 파워포인트로 PPT를 작성해서 프레젠테이션도 잘해야 한다. 사람들과 소통의 기술도 있어야 하고, 유연한 인간관계도 만들어 가야 하며, 때로는 가르치지 않았지만 당면한 문제를 지혜롭게 해결할 수 있어야 한다.

　강점으로 볼 수 있는 것들을 나열해 보자.

- 전공에 깊이를 지니고 있는 실력 보유
- 프로젝트를 팀이나 교수님과 실행해본 경험
- 인턴, 아르바이트를 하면서 물건을 팔아본 경험

- 공모전에 참여해서 입상한 경험

- 조직을 이끌어본 리더 경험

- 문서작성과 프레젠테이션에 능숙한 스킬 보유

- 비즈니스가 가능한 외국어 실력 보유

- 독창적인 아이디어를 내서 물건을 만들었거나 성과를 내본 경험

이러한 경험과 스킬들은 모두 강점이 될 수 있다. 취업할 경우에는 이런 강점을 적절하게 활용할 수 있어야 한다. 지원하는 부서의 특성을 고려해서 모두 연관성 있게 연결할 수 있어야 역량을 갖춘 인재로 평가받을 수 있다.

학교에서 공부 열심히 했고, 장학금도 수차례 받았으며 무슨 일이든 시키면 다 잘할 수 있다는 것으로는 부족하다. 이런 내용보다도 ○○한 것을 경험했고, ○○한 것을 해봤고, ○○한 회사 업무에 도움이 될 것 같다는 내용이 더 훌륭하다.

강점을 가지고 취업에 성공한 제자들이 많다.

필자는 개별적으로 제자들의 진로 및 취업 카운슬링을 한다. 학생들은 자신의 강점에 대해 잘 모르고 있다. 이미 좋은 경험을 했고, 활용 가능한 역량을 지니고 있음에도 불구하고 그것을 취업할 때 입사지원서에 어떻게 활용해야 하는지를 모른다. 내가 하는 일은 학생들의 강점을 찾아내어 그 강점을 입사지원서에 지원하는 업무와 연관시켜서 잘 전달될 수 있도록 담아주는 역할을 한다.

강점 중에 '전공에 깊이를 지니고 있는 실력 보유'와 관련된 사례를 알아보자.

서울에 있는 K대학에서 미취업자 과정을 운영하면서 만난 L군은 법학과를 졸업했다. 그는 사시를 공부했었지만 실패하였다. 사시를 공부하면서 취업을 위해 준비한 것은 하나도 없었다. 그 흔한 컴퓨터 자격증도 없었고, 토익시험은 한 번도 본 적이 없었다. 인턴, 아르바이트는 물론이고, 동아리 활동조차 해보지 못했다. 말 그대로 최악의 상황에서 졸업을 했고, 미취업자 과정에 신청해서 필자를 만나게 됐다.

L 군 : 교수님 저 같은 사람도 취업할 수 있을까요?

필자 : 글쎄, 연구를 많이 해보자.

L 군 : 나이도 30이 넘었는데 가능할까요?

필자 : 일반 기업에서는 보통 신입사원 나이제한이 30세이긴 하지만 너 같은 경우에는 딸랑 학점 3.2만 있으니 그런 회사에는 서류조차 낼 수 없어 해당사항이 없을 것 같구나.

L 군 : 교수님 그럼 저는 취업못하면 자영업이라도 해야 할까요?

필자 : 아니 넌 사업하면 사회물정 몰라서 금방 망할 것 같으니 그것도 하지 않았으면 좋겠다.

L 군 : 딸랑 학점 3.2 뿐인데 방법이 있을까요?

필자 : 있지, 너는 아는 사람이 손잡고 취업시켜줘야 가능한데, 너는 그것도 힘들어.

L 군 : 저도 한심하게 생각합니다만, 지금 같아서는 막노동이라도 하라면 할 것 같습니다.

필자 : 이놈아 막노동은 아무나 하는 줄 아느냐? 그것도 경력이 있어야 시켜준단다. 그럼 네가 학교 다니면서 사시공부 말고 해본 것이 있으면 무엇이든 말해 보거라.

ㄴ군 : 아무것도 없는데요. 천주교에서 청년활동을 했던 것뿐입니다.

필자 : 내가 보기에는 너의 강점은 법을 이해하고 있다는 것이다. 법을 이용해서 비즈니스를 하는 회사로 지원하는 것이 유리하겠다. 예를 들면 신용정보회사. 채권추심 업무를 보는 회사, 이런 회사를 리서치 해보고 그쪽 분야로 법을 활용해서 업무를 잘할 수 있겠다는 내용을 기술해서 입사지원서를 쓰고, 채용공고 낼 때까지 기다리지 말고 내 발로 찾아가서 너를 알리는 공격경영을 시도해야 성공할 수 있을 것 같다.

ㄴ군 : 예, 채용공고도 내지 않은 회사를 내 발로 찾아간다고요? 그건 불가능할 것 같습니다.

필자 : 기업을 운영하는 대한민국 CEO 중에 자신의 강점을 입사서류에 적고 채용공고를 내지 않은 상태에서 자기 발로 회사를 공격해 오는 젊은 학도를 문밖으로 내칠 사람은 아무도 없을 것이다. 너는 그 방법이 최선의 선택이다. 해보지 않겠니?

ㄴ군 : 이런 식의 취업방법은 한 번도 들어본 적이 없는데 가능할까요?

필자 : 다른 학교 학생이지만 성공한 사례도 있단다. 너도 한 번 해보자.

ㄴ군 : 그럼 예전에 다른 회사에 지원했던 자기소개서를 좀 고치면 되겠습니까?

필자 : 아니, 탈락한 서류는 휴지통에 오늘 당장 버려라. 가치가 없어서 떨어진 서류를 컴퓨터 어딘가에 숨겨두고 계속 베껴서 사용하면 계속 떨어질 뿐이다. 모두 휴지통에 버리고, 지원할 회사를 겨냥해서 처음부터 끝까지 업무 역량과 가치 중심으로 작성해야 한다.

ㄴ군 : 그런데 회사는 어떤 회사가 좋겠습니까?

필자 : 내가 비상근이지만 인연을 맺고 있는 △△신용정보회사를 지원하는게 좋겠다.

ㄴ군 : 거긴 어떤 회사입니까?

필자 : △△신용정보는 △△은행의 채권 추심업무를 대행하는 회사로써
　　　△△은행 직원과 똑같은 대우를 받는 공무원이란다.
ㄴ군 : 저야 좋지만 교수님 입장도 생각해서야지요.
필자 : 그럼 △△신용정보를 겨냥해서 입사지원서를 작성해서 내 메일로
　　　보내라. 내가 클리닉 한 후에 지원하도록 하고, 서류가 완성되면
　　　그 회사에 직접 서류를 챙겨 찾아가서 인사팀장께 인사드리고 널
　　　간략하게 소개할 수 있어야 한다.

　ㄴ군은 그날 밤 입사지원서를 작성해 이력서와 자기소개서를 메일
로 보내왔다. 그리고 △△신용정보사와 ㄴ군의 강점을 잘 연계시켜
자기소개서를 클리닉 해서 다시 보냈고, 다음날 7시에 ㄴ군은 △△신
용정보에 입사서류를 들고 찾아가서 업무 시작 전에 인사팀장을 만
나서 30분 가량 자기를 소개한 후 학교로 왔다.
　10일 후 △△신용정보는 채용공고를 냈고 ㄴ군은 멋지게 합격했다.
법학을 공부했고, 사시공부를 했다. 그런 강점을 활용해서 딸랑 학점
3.2밖에 없었지만 법으로 채권과 추심 업무를 수행하는 회사에 입사
할 수 있었다.

　이 글을 쓰고 있는 지금 ㄴ군에게 전화가 왔다. 잘 계시냐는 안부를
물어왔다. 자신의 미래 비전을 위해 회사 업무에 도움이 되는 자격
증에 도전하고 싶다며 의견을 물어왔다. 매일 아침 회사를 가는 것이
즐겁고 기다려진다고 한다.
　학점이 높고 영어를 잘해야 성공하는 것은 아니다. 부족하더라도
본인의 강점을 찾아서 지원 직무와 연관성을 갖도록 입사지원서를

작성하고 내 발로 내 일자리를 찾아 나선다는 각오로 기업의 문을 두드리면 이 글을 읽고 있는 당신에게도 기회가 올 것으로 확신한다.

제3장

채용 프로세스 분석

회사에서 인력을 충원할 때는 채용공고를 낸다. 요즘에는 취업포털 사이트를 운영하는 회사를 통해 채용공고를 많이 내고 있다. 채용공고가 한 장 나올 때까지 어떤 절차를 통해서 만들어지고, 채용공고란에 기록된 내용들이 뭘 뜻하는지, 기업의 채용의도와 지원 요건 등에 대해 알아보자.

입사지원서에 이력서와 자기소개서를 통해 기업이 알고 싶어하는 것은 무엇이고, 면접은 왜 하는지, 직무적성검사는 어떻게 해야 고득점을 받을 수 있는지 다양한 사례를 통해 쉽게 설명하고자 한다.

지원자들은 본장의 내용을 숙지하고 이해해야 취업의 좁은 문을 열 수 있는 열쇠를 얻게 될 것이다.

입사지원서(이력서와 자기소개서)의 항목은 어떻게 만들어지는가?

입사지원서의 기본구성은 이력서와 자기소개서이다. 이력서를 보면 여러 가지 역량을 파악할 수 있도록 구성되어 있으며, 자기소개서도 회사의 특성에 맞춰서 질문 항목이 복잡해지고 있다.

이력서를 왜 이렇게 복잡하게 만들까?

이력서를 통해서 회사가 필요로 하는 역량을 파악하기 위해서이다.

지원 회사와 지원 부서

그룹의 경우 그룹사가 하나의 이력서 양식을 같이 사용하는 경우에 지원 회사를 적도록 하며, 지원 부서 1지망과 2지망을 구분해 둔 것은 1, 2지망을 다르게 기록해야 된다. 어떤 학생은 2개 지망을 같은 직무로 작성하는 경우가 있다. 꼭 1지망과 2지망을 다른 직무를 적도록 한다. 회사의 입장에서 1지망에 지원 인력이 넘칠 경우 2지망에서라도 채용해서 활용할 가치가 있다고 판단되면 2지망으로 채용하는 경우도 있다.

입 사 지 원 서

지원 회사		지원 부서	1지망 :	2지망 :

인적사항	성명	한글 :		주민번호		기업 제출용 사진 붙이세요
		영문 :		생년월일		
	주 소					
	거주지			전 화 번 호		
	E-mail			휴대전화번호		

학력사항	재학기간	출신학교명	전공(학과)	졸업여부	성 적

자격 및 수료증	자격종류	취득일	컴퓨터활용	자격증명	기관	어학능력	외국어	점수(급)

인턴 / 경력	근무기간	회사명	직무	담당업무

해외경험	국가	체류기간	목적(여행, 어학연수, 봉사활동 등)	비고

기타활동	활동기간	과정명	기관	내용	수상경력	

인적사항

개인의 기본정보를 파악하기 위해 구성되었다.

특히 메일은 사용가능한 메일 주소를 적어야 한다. 회사에서 입사와 관련해서 전화로도 하지만 메일로도 전달사항을 보내기도 한다. 현재는 사용하지 않은 메일 주소를 적어서 중요한 연락을 받지 못하는 경우도 있다.

전화번호는 휴대전화번호와 어떤 상황에서도 누군가 받을 수 있는 전화번호를 같이 적어야 한다. 1차 서류가 합격한 경우 메일과 전화로 연락을 한다. 그때부터 면접은 시작되는 것이다. 서류를 제출하고 제출한 회사의 대표 전화번호와 인사팀 번호 정도는 본인의 휴대전화에 저장해 둬야 한다. 회사에서 전화가 오면 '감사합니다. ○○○입니다'로 전화를 받아야 한다. 회사에서 전화를 했는데도 받지 않는 경우가 있는데 회사에서는 다시 전화하지 않는다. 인터넷을 보고 1차 서류합격 여부를 확인해서 면접장에는 올 수 있지만 좋은 결과는 기대하지 않는 것이 좋다.

생년월일

생년월일을 통해 나이를 확인한다.

지원자의 나이를 확인하는 것은 조직 내 위계질서를 해치는 경우 채용할 수 없기 때문이다. 신입사원의 경우 여자 나이는 29세, 남자 나이는 31세 정도가 위험수위라고 보면 된다.

신입사원으로 입사한 후 4년차가 되면 회사에서는 대부분 진급을 하게 된다. 대리로 승진한 사람과 신입사원으로 입사하려는 사람의 나이가 같다면 위계질서에 문제가 생길 수 있다고 판단하기 때문에 채용하는 문제를 심사숙고하게 된다.

예외는 있다. 학부를 졸업하고 MBA나 석·박사 과정을 공부했을 경우 감안해서 평가한다.

사진

정말 중요하다. 호감을 느끼게 사진을 찍어야 한다. 1차 서류심사에 통과한 서류들이 기업으로 넘어오면 이력서는 인사팀에서 관리하고 자기소개서와 사진이 인력 충원요청팀으로 넘어오게 된다. 이때 팀원들이 서류를 돌아가면서 보고 면접에 부를 사람들을 선별하게 된다.

사람이기 때문에 자기소개서 내용보다 사진에 눈이 먼저 간다. 사진을 통해 보여지는 이미지가 날카롭거나, 신경질적으로 생겼거나, 무표정해서 대화가 어렵다고 판단되거나, 성의 없이 면티를 입고 찍었거나, 세련되어 보이지 않으면 함께 일하고 싶은 생각이 들지 않아서 면접장에 부르지 않는다.

여자의 경우 화이트컬러에 액세서리가 달려있지 않은 민자 흰색 블라우스를 입고, 목선이 드러나야 하며, 환하게 웃는 모습으로 찍어야 한다. 화장이 지나친 것도 문제가 되니 간단한 기초화장 정도면 충분하다.

남자의 경우 흰색 와이셔츠나 하늘색 와이셔츠를 선택하고 타이는 얼굴과 지원 부서에 맞게 색을 선택하는 것이 좋다. 머리에 무스를 바르는 것은 기본이며, 귀가 보일 수 있도록 두발상태를 유지하고,

역시 웃는 모습으로 사진을 찍는 것이 좋다.

학력사항

학력사항은 학교와 전공을 적어야 하며, 학점도 기재한다. 출신대학이 3류라 해서 대학명을 빼고 해외에서 복수로 받은 졸업학교명만 적는 경우도 있는데, 자존감을 지녀야 한다. 부모 없는 자식이 어디 있는가? 3류 대학을 입학해서 연수과정을 거쳐 동시에 외국 대학 졸업장을 취득할 수 있었다는 것은 열심히 하지 않으면 불가능한 일이다. 이런 경우 가산점을 부여하기도 하고 대단하다는 평가로 이어지기도 한다.

자격증 및 수료증

전공 필수자격증이 가산점을 받는다. 이공계열 같은 경우에는 전공 관련 기사 자격증은 취업에 필수요건이다. 수료증도 가산점을 받는데 사용된다. 예를 들어 기획 & 문서작성 과정, 프레젠테이션 과정, 비즈니스 매너 및 문제해결 과정 등을 수료했을 경우 가산점을 받는다. 이런 과정은 자격증이 없고 교육기관에서 수료증으로 과정 이수를 확인시켜 준다. 수료증을 받은 것들도 스캔을 받아서 저장해 두면 모두 가산점이 된다.

컴퓨터 활용

컴퓨터 활용은 회사 업무를 보기 위해서는 필수요건이다. 웹으로 업무를 지시하고, 웹으로 보고를 하고, 웹을 통해 소통하는 시대이다. 컴퓨터 실력을 상·중·하로 표기하던 시절은 지났다. 이제는 어떤 기관에서 무엇을 취득했는가를 적어야 한다. 컴퓨터 활용 3칸 중에 2칸은 채워야 서류가 통과하는 회사가 많다. 회사에서 주로 많이 활용하는 것은 일반 문서는 워드로 작성하지만 숫자나 분석을 할 경우에는 엑셀파일을 많이 사용한다. 엑셀과 검색사를 취득하기를 권한다. 검색사의 경우 인터넷 바다에서 서핑을 통해 정보와 자료를 찾는 일을 많이 하는데 여러분을 채용하는 임원들은 여러분보다 컴퓨터 실력이 좋은 사람은 많지 않다. 임원들이 요구하는 정보나 자료를 잘 찾을 수 있다는 것을 자격증으로 보여주면 된다. 경우에 따라서는 검색사 자격증을 취득한 인재를 채용한 기업도 있다.

많은 이력사항 중에 기업의 니즈에 맞는 자격증 하나가 눈에 띄면 그것으로 인해 취업이 되기도 한다. 일반 자격증이나 컴퓨터 자격증도 본인이 지원하는 업무와 관련해서 필요하다고 판단되는 것이 있다면 그것을 취득할 경우 행운이 올 수 있다는 사실을 기억하기 바란다.

어학 능력

어학실력을 대변하는 것이 토익점수였으나 최근 들어서는 스피킹 레벨이나 OPIC 점수로 보는 기업이 늘고 있다. 이는 점수보다도 말하는 것이 더 중요하기 때문이다. 글로벌 환경에 노출된 기업의 입장에서는 해외 비즈니스가 늘어나면서 토익보다는 스피킹이 더 필요하다.

토익점수가 없더라도 스피킹레벨이나 OPIC를 가지고 있을 경우 모두 토익점수로 환산해서 점수를 주고 있다.

토익점수가 없으면 모르지만 있다면 낮은 점수라도 적어라. 토익점수가 없다고 해서 취업을 못하는 것은 아니다. 토익점수가 없으면 다른 것을 강화시켜서 경쟁력을 갖추면 된다. 4학년이 돼서도 영어에 자신이 없으면 영어를 내려놓아야 성공할 수 있다. 토익점수를 딸 때까지 영어를 붙들고 있으면 백수된다.

영어성적을 따기보다도 영어를 즐기면서 공부해라. 말할 줄 알면 점수를 가지고 있는 것보다 유리하다. 친구들과 배낭여행을 간다고 목표를 정하고 즐기면서 공부해 봐라. 재미있게 즐기다 보면 토익점수도 딸 수 있고 스피킹레벨도 취득할 수 있다. 어학실력은 21세기를 살아가는 젊은이들에게는 필수일 수 있지만 외국말을 못한다고 해서 사회생활이나 취업을 못하는 것은 아니다. 선택의 폭이 좁고 넓을 뿐이다. 토익점수에 연연하지 말고 재미있게 즐기길 바란다.

인턴 · 경력

얼마전 뉴스시간에 롯데백화점 인사팀장이 나와서 채용하는 인재에 대해 인터뷰한 적이 있다. 토익점수나 해외 어학연수를 다녀왔느냐는 질문은 하지 않았다. 그들이 중요하게 생각하는 것은 인턴이나 아르바이트를 해본 경험이 있는가를 많이 물었다.

인턴이나 아르바이트를 경험한 것이 지원하는 산업군이나 직무와 연관성이 있으면 최고다. 인턴, 아르바이트를 하면서 경험한 것들을 구체적으로 기술해서 자기소개서를 작성하면 된다.

이 글을 읽고 있는 취업예비생은 인턴, 아르바이트 경험이 있는가?

만약 없다면 가장 중요하고 급한 것이 인턴, 아르바이트를 해보는 것이다. 옆집 마트에서 일하고 유통 분야로 지원하면 산업군이 같아서 가산점을 받는다. 공부를 잘한 사람보다 훨씬 경쟁력이 높다. 건설회사를 가고 싶은데 인턴을 어디서 할 수 있을까 고민한다면, 집 근처 공사현장에서 막노동을 해봐라. 그 경험이 여러분을 성공시켜줄 것으로 확신한다.

인턴, 아르바이트를 폼나는 기업에서 해야 되는 것은 아니다. 주위에서 연관성 있는 곳이 있다면 당신 발로 찾아가서 비용을 받지 않더라도 일할 수 있는 기회를 제공해 달라고 문을 두드려라. 자기인생에 달린 문제인 만큼 직접 내발로 내 자리를 찾아 나서기 바란다.

해외 경험

해외 경험은 글로벌시대에 중요한 요소인 것은 맞다. 그러나 전부는 아니다. 해외 경험을 가진 인재를 선호하는 기업과 직무가 있다. 그렇지 않을 경우에는 문제가 되지 않는다. 해외 경험이 취업하는 사람들 모두에게 필요하지는 않다. 괜히 주눅 들거나 자신감을 잃어버리지 않기를 바란다.

기타 활동

기타 활동에 해당되는 것은 봉사 활동, 서클 활동 등을 기술해도 좋다.

이외에 꼭 알려야 될 경력이 있다면 적도록 하라. 고등학교 때 골든벨 퀴즈대항에 나가서 본선까지 올라갔던 경력을 적은 학생이 기억된다. 물론 평가 시에 가산점을 받았다.

수상 경력

공모전에 입상한 경력부터 장학금 받은 실적도 이곳에 적으면 된다. 이런 수상 경력은 여러분의 역량을 파악하는데 도움을 준다.

이력서는 회사에서 필요한 정보를 얻기 위해 기획되고 설계된 디자인이다. 가능하면 모두 채우는 것이 좋다. 성적보다도 경력 사항이나 컴퓨터 활용 능력, 수상 경력 등이 더 중요할 수 있으니 학교 다니면서 했던 경력들을 미리 이력서에 기록을 남겨서 취업할 때 활용해야 한다. 막상 취업할 때 이력서를 작성하려고 하면 잊어버리고 적지 않는 사항들도 많기 때문이다.

이력서와 자기소개서는
누가 읽고 어떻게 평가하는가?

　대기업에서는 지원자들이 워낙 많아서 외부 채용 프로그램을 보유하고 있는 취업포털사이트 회사에 아웃소싱을 한다. 이때 의뢰 회사는 회사의 기본 스펙을 제공하며 접수가 완료되면 포털사이트 회사에서는 기업이 정해준 스펙을 커트라인으로 입력시켜 엔터키를 친다. 스펙에 미치지 못하는 서류는 1차 탈락한다. 걸러진 서류만 의뢰한 회사의 인사팀으로 넘어온다. 인사팀에 넘어온 서류는 이력서 부분은 회사가 정한 기준을 넘어서 접수된 서류라서 인사팀에서 보관을 하고, 인력 충원을 요청한 부서나 팀으로 자기소개서와 사진이 넘어가게 된다.

　팀에서 지원자들의 서류를 받으면 2~3명이 서류를 면밀하게 검토를 하고 면접에 부를 사람들을 구분한다. 팀원들이 필요한 인력을 충원요청할 때 팀장과 협의하는 사항들은 다음과 같다.

- 부서 내 A라는 업무 사이즈를 수행할 수 있는 인재
- 유연하고 부드러운 성향을 지닌 인재
- 전공은 ○○과를 졸업한 인재

- 석 · 박사 학위를 가진 자 우대
- ○○한 자격증을 소지한 인재

이러한 식으로 팀원들은 채용할 신입사원의 업무 사이즈를 정하고 수행할 수 있는 역량 정도를 미리 정해서 인력 충원요청서에 기록하고 인사팀에 충원요청서를 제출한다. 팀원들이 요청한 역량과 스킬을 지닌 인재인가를 세밀하게 검토해서 면접장에 부를 사람을 채용 인원에 보통 5배수 정도 잡아서 1차 서류를 통과시킨다.

결론적으로 말하면

❶ 신입사원을 요청하는 것은 팀에서 요청하며, 팀 내에는 신입사원이 수행할 업무에 대해 미리 정해져 있으며 업무 수행에 필요한 역량들도 모두 정해져 있다.

❷ 1차 아웃소싱 회사에서 넘어온 서류는 자기소개서와 사진만이 요청한 팀으로 넘어오고, 2~3명이 자기소개서를 면밀하게 검토한 후 채용 인원의 5배수 정도를 1차 실무진 면접에 참여시킨다.

❸ 평가기준은 팀 내에서 정해둔 업무 수행 역량을 중심으로 평가하고 지원 직무 적합성 여부도 서류를 통해서 찾아낸다. 지원 직무의 적합성 여부는 자기소개서 항목 중에 성격의 장 · 단점을 기술함으로써 적합성 여부를 확인할 수 있다. 더 자세한 사항은 자기소개서 작성에 가서 알아보도록 하자.

인력 충원요청서란 무엇인가?

부서나 팀에 이직이나 전출간 자가 생겼거나, 업무가 늘어나서 인력을 충원할 필요가 있다고 판단될 경우 회사의 상·하반기 채용공고일에 맞춰서 부서나 팀에서 인력 충원요청서를 작성해서 인사팀에 제출한다. 인사팀은 각 부서나 팀에서 요청한 인력 충원요청서를 검토하고 필요여부를 확인한 후 회사 전체 채용인력과 기준을 정해서 CEO의 결재를 받은 다음 채용공고를 낸다.

인력 충원요청서는 다음과 같은 내용으로 구성되어 있다.

학력사항

고등학교 졸업, 전문대학 졸업, 4년제 대학 졸업, 대학원 졸업 등 직무에 필요한 학력 수준을 정하는 곳인데, 비고란을 통해서 지역을 제한하거나 특이사항을 요청하기도 한다. 예를 들어 석사학위 우대 같은 것은 비고란에 적게 된다.

(연구실) 인력 충원요청서

담 당	과 장	팀 장	본부장

(상·하반기) 신입사원 채용에 관하여 다음과 같이 인력충원을 요청 드립니다.

항 목	세 부 내 용	비 고
학 력	4년제 대학졸업자 또는 석사학위 졸업 및 예정자	전국 대학 / 석사학위 우대
학점/토익	3.5 / 4.5 / 700점 이상인 자	스피킹레벨 : 5
전 공	기계 / 자동차 / 고분자 / 화학공학	직무적성검사 1~3순위
전 공	1. 인턴 유 경험자(6개월 이상 수행한 자) 2. 관련학과 자격증 소지자 우대 3. 프로젝트 유 경험자 우대 (연구논문, 에너지관련 프로젝트 수행실적 보유자, 기타 개발관련 프로젝트 참여 실적 보유자)	
성 별	남 - 2인 / 여 - 1인	총 증원인력 : 3인
증원시기	○년 ○월 ○일	
기 타	프레젠테이션 작성 및 발표 가능자	전국대회 수상자

학점과 어학 수준

학점은 팀에서 요구하는 정도의 커트라인을 제안할 수 있고, 기업 내 커트라인으로 전체를 관리하는 경우도 있다. 예를 들어 삼성그룹은 학점 3.0 이상이면 모든 부서나 팀에 공히 적용된다.

어학 수준은 영어 토익점수 또는 스피킹레벨, OPIC 등을 제안할 수 있으며, 비고란에 영어이외의 언어를 요청할 수 있다.

전공

직무별로 연관성 있는 전공이 필요할 경우 관련 학과를 적는다. 특히 기술개발 업무와 연구 업무들은 특정한 학과를 졸업한 자를 대상으로 해야 전문성을 확보할 수 있어서 대부분 학과를 정확하게 기술한다. 이공계 분야는 대부분 이공계 학과를 졸업한 인재를 선호한다. 그런 이유로 이공계를 졸업하면 취업할 수 있는 일자리는 기타 학과들보다 많다.

대부분 대기업에서는 기술개발과 연구 분야를 제외하고는 전공 무관으로 채용하는 경우가 많으며, 중견기업에서는 직무와 연관성 있는 학과를 제시하는 경우가 많다. 이는 인재 채용에 대한 콘셉트가 서로 다른 이유 때문이다.

대기업은 전공이나 성적보다도 적합한 인재를 채용·재교육시켜서 식구로 만들겠다는 의도를 가지고 있지만, 중견기업에서는 현업에 즉시 활용 가능한 인재를 선호하는 편이다. 이러한 이유로 중견기업이나 벤처기업, IT 회사들은 신입사원보다 경력사원을 더 선호한다.

경력 사항

직무 수행에 필요한 경력 사항들을 나열하기도 하고, 학생들 입장에서 할 수 있을만한 경력을 기술하는 경우도 있다. 그러므로 학생들이 자기소개서나 이력서를 작성할 때 경력 사항에 대해 구체적으로 나열하는 것이 정말 중요하다. 지원 직무와 연관성을 가진 경험이 있을 경우 상당히 유리하다.

성별

성별이 중요한 것은 부서나 팀에서 맡길 업무가 남성이 할 일인지 여성이 잘할 수 있는 일인지 구분해서 충원요청을 하기 때문이다. 따라서 지원하는 입장에서도 업무의 성향이나 특징이 남성의 일인지 여성의 일인지를 잘 파악해서 지원하는 것이 중요하다.

예를 들어 고객지원팀 같은 경우에는 주로 여성이 많다. 그럼에도 불구하고 남성이 지원하는 경우가 있는데 채용될 확률이 그만큼 낮다. 건축과를 졸업한 여학생이 현장 플렌트 사업부에 지원하는 경우에도 현장에는 주로 남성들이 많기 때문에 채용 확률이 그만큼 적다.

충원시기

충원을 요청한 부서나 팀에서는 신입사원을 채용할 시점을 감안해서 업무 분장을 한다.

기타 사항

기타 사항에는 특별하게 요청할 것들을 적는데 대부분 현업에 많이 필요한 역량 중에 선택해서 요청하는 경우가 많다. 예를 들면 공모전 입상자, 프레젠테이션 발표대회 입상자, 컴퓨터 활용 능통자, ○○언어 사용이 가능한 자, 해외여행에 결격 사유가 없는 자 등이다.

결론적으로, 인력 충원요청서는 신입사원이 필요한 부서나 팀에서 회사가 정한 양식에 준하여 필요한 인력에 대한 정보들을 기술하여 인사팀에 제안하는 것으로 직무와 연관성이 있거나 수행 능력을 갖춘 자, 팀원들과 잘 어울릴 수 있는 인재를 찾고자 하는 과정이다.

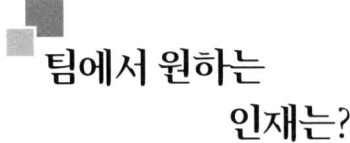

팀에서 원하는
인재는?

부서나 팀이 모여서 큰 회사의 조직을 형성한다. 조직 내에는 문화가 있고 나름 원칙과 규정이 있다. 조직 내 제일 작은 집단이 팀이고 팀을 구성하고 있는 팀원들은 늘 같이 생활한다. 회의도 같이 하고, 매출을 올리기 위해 아이디어도 같이 연구하고, 팀의 성과를 높이기 위해 항상 같이 노력한다. 가족들보다 회사 팀원들과 보내는 시간이 더 많을 수 있다. 같은 공간에서 같은 목표를 향해 나아가고 함께 생활한다. 이런 사람들이 원하는 것은 어떤 것일까?

예의바르고 성실한 인재

가장 기본적이면서도 쉽지 않다. 회사 생활을 하려면 일단 예의가 바르고 성실해야 한다. 명문대학을 졸업하고 스펙도 뛰어나며 언어 실력도 유창하지만 교양이 부족해서 선배를 무시하고 근무시간에도 빈둥거리기만 한다면 명문대학생이라고 좋아할까?

선배를 공경할 줄 알고 예의가 바른 사람은 선배들이 가르쳐 주고 싶고, 정보도 주고 싶고, 후배가 잘될 수 있도록 이끌어 주고 싶어 한다.

아침에 출근을 제일 먼저 하거나, 맡겨진 업무를 끝까지 마무리하는 것도 성실함에서 나온다. 예의바르고 성실한 면을 보여주면 성적이 높고 명문대학을 졸업한 것보다 훨씬 좋은 평가를 받게 된다.

유연하고 부드러운 성향을 지닌 재미있는 인재

면접을 할 때 압박해보면 그 사람의 성향이 보인다. 말에 꼬리를 물고 늘어져 가다보면 얼굴 표정이 심하게 변하는 사람이 있다. 이런 사람은 좋은 평가를 받지 못한다. 입꼬리가 조금 올라가면서 얼굴에는 웃음을 머금은 표정은 거울을 보면서 많이 훈련해야 한다.

이런 표정이 하루아침에 만들어지지는 않는다. 지금부터라도 넓고 크게 생각하고 베풀려고 노력하며, 남을 위해 헌신할 준비를 하거나 아침마다 묵상을 통해 평온함을 찾는 수행을 하게 되면 자연스럽게 만들어지는 표정이라고 생각한다.

팀원들과의 생활을 떠나서 비즈니스를 할 경우에도 상황에 대처하는 유연성과 부드러운 성향은 비즈니스를 유리하게 이끌 수도 있다. 거기에 재미있는 유머와 위트를 지녔다면 모두가 좋아할 것이다.

성공한 기업의 CEO들 중에 성공한 이유를 물었더니 '매일 유머 하나씩 외워서 비즈니스를 할 때 사용했더니 결과가 좋았다'라는 말들을 했다. 재미있는 사람은 팀에 에너지원이 될 수 있다. 그래서 사람들은 그를 좋아한다.

지원한 직무를 잘할 수 있는 역량을 지닌 인재

인력을 충원하려고 할 때 이미 신입사원이 맡을 업무를 결정하고 채용의뢰를 한다. 신입사원이 직무를 모르면 선배들이 붙어서 가르쳐야 한다. 사람이 붙어서 가르친다는 것은 시간과 비용, 인력이 낭비되기 때문에 채용하지 않는다.

중견기업에서는 지원하는 직무를 모르면 채용하지 않는다.

대기업은 직무를 모르더라도 미래 비전이 있다고 판단하면 채용해서 가르친다.

글로벌 마인드와 언어 능력을 갖춘 인재

나라간의 장벽이 무너진지 오래다. 특히 우리나라는 수출에 의존하는 나라여서 해외진출을 한 기업들이 많다. 기업들의 시장확대 전략은 계속 증가할 것이며 해외로 나가서 근무할 여건은 점점 많아진다. 거래하는 나라의 언어를 다 알기에는 어렵겠지만 맡은 업무를 해결할 수 있는 한 가지 정도는 능숙하게 해야 경쟁력이 생긴다. 출근하면 해외에서 전화부터 걸려온다면 아침마다 전화를 피해서 일할 수는 없다. 그것은 불행하고 힘든 생활의 연속이 될 것이다. 그렇다고 회사에서 통역관을 붙여줄 수 없다. 그래서 인력풀에서 언어가 되는 사람을 채용하게 된다. 세계 시장의 판세를 읽어내고 대응할 수 있는 언어력을 갖추는 것은 경쟁력을 높이는 수단이기도 하다.

문제를 해결할 수 있는 순발력이 있는 인재

회사는 매일 프로젝트가 진행되고 시장경쟁에서 우위를 선점하기 위해 치열한 경쟁을 하고 있다. 잘 진행되던 프로젝트도 외부의 환경이나 여건 변화로 문제가 자주 발생한다. 학교다닐 때 문제를 해결하는 과정을 배운 바 없기 때문에 나 몰라라 할 수는 없다. 당면한 문제를 지혜롭게 해결할 수 있어야 한다. 이런 관계로 면접 때 회사에 발생한 문제를 지원자들에게 물어보는 경우가 많다.

예를 들어 건축학과를 졸업하고 현장 직원으로 지원한 경우, '현장에서 일하던 근로자가 4층 높이에서 추락했다. 당신은 이 문제를 어떻게 해결하겠는가?' 와 같은 질문을 한다.

또 승무원으로 지원한 경우 비행기 내에서 일어났던 문제를 묻는다. '3살된 아이가 비행기가 이륙하자말자 울기 시작했다. 승객들이 아이의 울음소리 때문에 짜증을 내기 시작했다. 당신은 이 문제를 어떻게 해결하겠는가?'

회사는 문제를 지혜롭게 해결할 수 있는 사람이 필요하다. 문제의 원인이 뭔지를 파악하고 그 원인을 제거함으로써 해결할 수 있다.

열정과 도전정신이 있는 인재

신입사원이 열정적인 모습을 보여주지 않으면 채용하지 않는다. 입사하려는 열정도 보여야 한다. 애 늙은이처럼 답해서는 안 된다. 힘있고 강한 어조로 적극적으로 답변해야 한다. 경험이나 비전에 대해 묻는 경우가 많은데, 지원자의 도전정신을 보기 위해 하는 질문이다. 신입사원에게는 꼭 필요한 것이 열정과 도전정신이다.

팀원들은 이미 잘 만들어진 회사와 팀의 문화에 적응할 수 있는 유연하고 부드러운 실력을 갖춘 인재를 선호한다.

지원하는 직무를 모르면 왜 채용하지 않는가?

당신이 사장이라면 지원하는 일도 모르는 사람을 채용해서 4백만 원을 매달 지불하겠는가?

4백만 원을 벌려면 10%의 마진이 생긴다고 가정했을 때 매출 4천만 원을 올려야 이익이 4백만 원 생긴다. 4천만 원의 매출을 올린다는 것은 쉽지 않다.

요즘 기업의 채용 트렌드는 경력을 가지고 있는 사람들이 이직을 하면서 큰 기업으로 옮겨가는 추세를 활용해서 경력자들을 신입사원 채용조건으로 채용하는 것을 많은 기업이 선호한다. 경력을 가지고 있는 사람은 채용해서 현업에 배치하면 하던 업무를 연장해서 하기 때문에 즉시 성과를 낼 수도 있다. 직무를 모를 경우 누군가가 붙어서 가르쳐야 한다. 시간과 비용, 인력이 들기 때문에 기피한다.

면접은
왜 하는가?

지원 부서에 최적의 적합한 인재를 선택하기 위해 면접을 한다.

1차 서류심사에 통과한 사람들을 면접장에 부른다. 1차 면접은 실무진 면접으로 지원하는 직무를 알고 있는지를 충원요청한 팀에서 면접을 한다. 1차 면접은 채용인원의 5배수 정도 인원을 선발해서 본다. 2차 면접은 PT 면접, 임원진 면접, 토론 면접을 하루에 모두 보는 경우가 대부분이다.

면접을 통해서 지원자들의 다양한 역량을 체크한다. 예전에는 사장과 임원들이 팀원이나 팀장들의 의견도 듣지 않고 인력을 채용해서 적당한 부서에 배치했다. 그러다 보니 오류가 많이 발생했다. 면접을 하는 이유는 최고의 인재를 선택하려는 것이 아니라, 최적의 적합한 인재를 채용하려는 과정이다.

기업은 다양한 면접 방법을 연구해서 지원자들의 내면에 감춰진 가식들을 끄집어내고 자신들의 문화와 직무에 최적의 인재를 선발하기 위해 많은 노력과 비용을 들이고 있다.

면접에서 무엇을 볼까?

면접평가표					
지원자 성명	출생년도(나이)	지원 분야		전 공	
평가수준		최우수	우수	평균 이상	평균	평균 이하

평가수준	최우수	우수	평균 이상	평균	평균 이하
용모 및 태도					
1. 복장의 청결함 / 단정함 / 준비성					
2. 말하는 태도, 자세 / 답변기술 (결론 - 부연설명)	20	18	16	14	12
3. 건강상태, 신입사원다운 자신감 등					
전공 및 직무적합성					
1. 전공의 성실한 이수여부 / 지원 부서 적합성					
2. 각종 자격 / 면허취득 정도				24	22
3. 업무 수행력 및 경험(인턴, 아르바이트, 비정규직 등)					
인 성					
1. 올바른 가치관 형성					
2. 원만한 인간관계					22
3. 건전한 사고					
합 계					

* 현업에서 사용하고 있는 면접평가서로 일부 가렸음

용모 및 태도

첫 이미지가 채용에 얼마나 영향을 미치게 될까?

어쩌면 전부일 수 있다.

첫 이미지는 정말 중요하다. 좋은 이미지를 만들기 위해 노력해야 하고 전문가들로부터 조언을 구하고 매일 훈련을 반복하는 것도 도움이 된다.

■ 복장의 청결함 / 단정함 / 준비성을 본다

첫 이미지에 복장은 30% 정도 차지한다. 유행에 뒤진 슈트를 입었거나, 여자들 같은 경우 액세서리가 많은 옷을 입은 경우 감점 당한다. 남자들의 경우 바지 주름을 본다. 여러 번 입었더라도 주름은 제대로 잡아야 한다. 복장에 중요한 부분은 슈트를 입었을 때 옷맵시가 나느냐가 중요하다. 슈트를 입어본 사람이 옷태가 잘 난다. 매일 청바지에 잠바 차림으로 학교를 다니다가 면접한다고 해서 입지 않던 슈트를 챙겨 입으면 옷맵시가 날리 만무하다. 4학년이 되면 정장차림의 슈트를 입고 다니는 것을 생활화해야 한다.

일본 학생들은 3학년 때부터 리크루트 슈트를 챙겨 입고 다니면서 수업도 듣고, 기업체 방문을 해서 자기를 알리는 작업을 계속해간다.

남자들의 정장 컬러는 주로 쥐색, 진한 곤색, 검정색이 좋다. 2톤 칼라 정장보다는 단색 정장을 입도록 하라. 혁대의 색을 고르는 것도 검정색 컬러가 좋고, 구두도 검정색으로 준비하는 것이 좋다. 구두는 면접당일 꼭 닦고 가야 한다. 이것은 준비성에 해당된다.

■ 말하는 태도와 자세 / 결론부터 답하는 말하는 기술

말하는 태도는 또박또박 명쾌하게 해야 하며, 바른 자세를 유지하되 제스처가 필요할 경우에는 손을 어깨 높이 이하, 몸통을 벗어나지 않은 범위에서 자연스럽게 사용하면서 하는 것이 좋다.

답변할 때는 결론부터 이야기하라. 정말 중요한 대목이다. 학생들 대부분은 서론부터 말하기 시작한다. 한 사람에게 주어지는 면접 시간은 극히 짧다. 면접관들은 서론, 본론, 결론을 들어주려 하지 않는다. 결론을 말하기도 전에 끊어버리는 경우가 많다. 이런 경우 면접자는 당황해서 얼굴색이 바뀌고 면접관의 이야기가 귀에 들어오지 않는다.

회사에서 업무 보고를 할 경우 결론부터 이야기한다. 이런 것에 익숙한 면접관들이어서 서론부터 이야기하면 짜증난다. 그래서 듣지 않고 끊어버린다.

간략하게 결론부터 이야기하고 기다려라. 면접관이 궁금해서 또 물어오게 만드는 사람이 답변을 잘하는 사람이다.

■ 건강상태 / 신입사원다운 자세

회사는 건강한 사람을 채용하고 오랫동안 일할 수 있는 사람이 필요하다. 요즘 학생들은 날씬하게 보이기 위해 일부러 굶기도 한다. 회사는 날씬한 모델들만 채용해서 일하는 곳이 아니다. 건강미가 넘치는 사람을 더 선호한다.

공부하는 것을 멈춰라. 여러분이 알고 있는 것만으로도 세상 살아가고 일하는 데는 전혀 문제가 없다. 운동장에 나가서 뛰어라. 땀 흘

리고 뛰어다니면서 지원할 회사에 대해 분석하고 경쟁관계도 연구하면서 성공할 수 있는 전략을 만들어 내는 것이 더 중요하다.

신입사원으로 지원한 사람이 애늙은이처럼 말하거나 패기와 자신감이 없어 보인다면 누가 그런 사람을 채용하고 싶겠는가?

바른 자세로 힘있고 당당하게 말하고 눈빛이 살아 있어야 호감을 느낀다. 흐리멍텅한 눈빛에 여기저기를 두리번거리면서 면접에 집중하지 못하는 사람도 가끔 보게 된다. 이런 사람에게는 질문조차도 하지 않는다.

힘있고 당당하기 위해서는 운동을 해라. 늘 뛰면서 자기컨트롤을 하고 스스로에게 충전시킬 수 있는 에너지원을 만들어 내야 한다. 그것이 여러분이 꿈꾸고 있는 목표가 됐으면 한다.

전공 및 직무적합성

이 부분은 실무진 면접에서 주로 다루는 항목이다. 전공이 필요한 부서나 팀이 있다. 기술개발 분야, 프로그램 개발, 연구 분야 정도가 전공에 민감하다. 예를 들어 문헌정보학과를 졸업한 사람이 기술개발부에 지원하기는 곤란하다. 전문성이 떨어지기 때문인데, 특별한 경우에는 가능하기도 하다. 학창시절 기술개발 관련 프로젝트나 공모전에 참가해서 성과를 냈거나, 지원한 회사의 기술개발에 필요한 분야를 외부 기관에서 공부한 사실을 입증할 수 있다면 가능하다. 단 직무적성검사에서 1~5순위 이내에 잠재력이 들어 있어야 가능하다.

직무적합성은 직무마다 필요한 성향이 있다.

【 기업의 인재상 】

인재상이 모든 직무에 적용되는 것은 아니다

부서 업무에 적합한 인재를 선호함

영 업	자금·회계	생 산	R&D
열정과 도전정신이 높은 인재	윤리와 도덕성이 높은 인재	책임감과 성실성이 높은 인재	창의적이고 끈기 있는 인재

회사의 인재상이 전체 부서에 영향을 미치는 것은 아니다. 대부분의 학생들은 자기소개서를 작성할 때 회사의 인재상을 기반으로 접근해 간다. 삼성그룹의 인재상은 '한 명의 천재가 만 명을 먹여 살린다'이다. 그렇다면 전체 부서에도 천재들만 채용해야 하는가? 그렇지 않다. 영업부서에 지원한 사람의 경우 천재가 아니라 열정과 도전정신이 남보다 100배가 높아야 한다.

자금, 회계 부서에 지원한 경우에는 돈을 관리하기 때문에 가장 우선하는 성향이 윤리와 도덕성이다. 금전사고를 내면 큰일이기 때문이다.

생산부서에 지원하는 경우에는 어떠한 일이 생기더라도 생산라인이 멈춰서는 안 된다. 따라서 책임감과 성실성이 가장 우선시되어야 한다. 포스코의 용광로가 멈췄다고 가정해 보자. 새 것으로 교체해야 하며 그에 따른 비용과 시간이 상당히 소요될 것이다.

R&D 연구 부서에 지원한 경우에는 창의적이어야 하며 끝까지 마무리하는 끈기가 있어야 한다.

이렇듯 각 부서별로 필요로 하는 성향이 모두 다르다. 팀 구성원들은 본인들의 부서에 필요한 성향을 결정하고 신입사원들을 채용할 때 직무 적성에 적합한 인재를 찾으려 노력하고 있다.

■ 전공의 이수 여부 / 지원 부서 적합성

전공과 지원 부서가 다른 경우에 면접관들은 지원 동기를 확인한다. 예를 든다면 전공은 기계공학을 전공했으나 지원 부서는 마케팅 부서라면, 면접관들의 입장에서 지원한 이유가 궁금할 것이다.

'전공은 기계공학을 공부했는데, 마케팅 부서에 지원한 이유가 무엇인가요?'

'마케팅 부서에서 일할 수 있는 능력을 말해 보세요.'

'마케터는 어떤 역할을 하고, 당신을 채용해야 할 3가지 이유를 말해 보세요.'

이런 질문으로 전공과 지원 직무의 적합성을 확인한다.

현재 회사에서 근무하는 사람들의 85%는 전공과 수행 직무가 다르다. 지원한 직무를 수행할 수 있다는 역량을 준비하면 아무 문제가 되지 않는다. 전공과 연관시켜서 활용할 수 있는 것들도 준비해 두면 좋다.

■ 자격 및 면허 취득 여부 / 수료증 여부

자격증, 면허증, 수료증은 전문성을 보기 위함인데 필수조건은 아니다. 그러나 이공계 분야는 전공에 해당되는 일반기사 자격증은 채용 시 필수조건으로 많은 기업이 제시하고 있다. 이공계 분야를 공부하고 큰 기업으로 취업하려는 학생들은 전공과 관련된 자격증은 꼭 취득하기 바란다. 전공자격증은 가산점 평가에 100~200점을 받는다.

수료증의 경우 회사 업무 수행과 직결되는 것들은 가산점을 준다. 예를 들면 기획 & 문서작성, 프레젠테이션 스킬 등은 가산점을 부여한다. 업무를 보기에 꼭 필요한 스킬이기 때문이다. 이런 것은 자격증이 없고 수료증으로 대신하는데 학교가 전문가를 모셔서 개설하는 경우도 있지만 주로 외부 교육 전문기관에서 운영한다.

■ 업무 수행력 / 경험(인턴, 아르바이트)

학교 과정에서는 기초 지식을 학습한다. 회사 업무를 보는 것과는 다르다. 전국경제인연합회에서 대학에 요청한 개설과정 중에 제일 많이 요구했던 과정이 기획 & 문서작성 과정이고, 두 번째가 영어였다. 매뉴얼이나 문서가 영어로 된 것들이 많기 때문이다. 세 번째가 프레젠테이션 스킬이다. 대학을 졸업한 신입사원들에게 기안서를 작성해 보라고 하면 제대로 작성할 수 있는 사람은 많지 않다.

이러한 이유 때문에 기업은 높은 스펙과 명문대생보다는 인턴이나 아르바이트를 해본 사회경험을 지닌 인재를 더 선호한다. 인턴을 하면서 회사 생활을 해봤고, 일처리가 어떻게 돌아가는 지도 알고, 팀원간 서로 소통하는 것들도 경험해 봤기 때문에 경험해본 인재를 더 선호한다.

여러분도 스펙(학점, 토익점수)을 높이려고 모든 시간을 투자하지 마라. 지금이라도 인턴, 아르바이트 경험이 없다면 책을 내려놓고 사회 경험을 쌓을 수 있는 기회를 만드는 것이 좋다.

스펙은 우리보다 높은 사람들이 너무 많다. 우리보다 더 좋은 대학을 졸업한 사람도, 우리보다 영어를 더 잘하는 사람들도 너무 많다. 이런 부분을 경쟁요소로 생각하고 준비할 경우에는 경쟁력이 없다. 인턴이나 아르바이트를 통해 사회 경험으로 경쟁하는 것이 훨씬 유리하다.

인 성

인성(人性)은 개인의 성격을 뜻한다. 지원자의 성격이 어떤지를 보고자 하는 것이다. 면접에서는 성격 영역을 가치관, 인간관계, 사고방식, 사람 됨됨이, 충성심 정도로 구분해서 확인한다.

제출한 입사지원서를 보고 지원자의 인성을 확인하기에는 어렵다. 서류상에 인성을 대신할 수 있는 것이 봉사활동이다. 공부만 한 사람보다는 남을 위해 시간과 에너지를 헌신한 사람이 더 좋은 인성을 소유한 사람이라 판단한다.

■ 올바른 가치관 형성

가치관이란 인간이 자기를 포함한 세계나 어떤 대상에 대해 부여하는 가치나 의의에 관한 견해나 입장을 말한다.

가치관이 확고하게 각인되면 그것은 그 사람의 정체성이 된다.

스티븐 스필버그는 1959년 영화 'The Last Gun'으로 데뷔해서 'E.T. 조스, 인디애나 존스, 우주전쟁, 라이언 일병구하기, 쉰들러 리스트, 쥐라기공원, 영혼은 그대 곁에, 워 호스' 등을 만든 영화감독이다. 스필버그는 죽을 때까지 무엇을 할까? 아마도 영화를 만들다 죽을 것이다. 그것이 그의 정체성이다.

영화를 만들어 가는 데는 나름 가치와 의의가 부여되어 있을 것이고, 만나서 알고 지내는 관계는 아니지만 그가 지금까지 해온 과정들을 보면 죽을 때까지 영화를 만들 것으로 간주되는 것이 그의 정체성이다.

김구 선생의 정체성은 뭘까? 독립운동가가 그의 정체성이다.

그렇다면 기업에서 신입사원들에게 가치관을 묻는 것은 어떤 의미가 있을까?

어떤 일을 어떤 생각을 가지고 계속 해갈지를 확인하려는 것이다.

기업이 알고자 하는 가치관에는 인생관, 직장관, 직업관 정도로 구분해서 묻는다.

'당신의 인생관은 무엇입니까?'

'당신의 직업관은 무엇입니까?'

'회사란 곳이 당신에게 어떤 의미가 있습니까?'

이런 정도의 질문에는 나름대로 가치관을 부여한 답변을 준비해 둬야 한다.

■ 원만한 인간관계

다른 사람들과 잘 어울릴 줄 알고, 성격이 밝으며, 배려할 줄 아는 아름다운 마음씨를 지닌 사람을 좋아한다.

회사는 여러 사람이 모여서 공동체 생활을 하는 곳이며, 서로 관계를 가지고 비즈니스를 하는 곳이다. 학점이 너무 높은 지원자들에게 가끔 질문한다.

'당신은 학교에서 공부밖에 한 것이 없네요' 사람들과 어울려 생활한 흔적이 없기 때문에 묻는 것이며 이런 사람들에게는 다음과 같은 질문을 한다.

'학창시절 팀 플레이를 해서 맡은 포지션과 성과에 대해 말해보세요.'

또는 서클 활동에 대해 묻기도 한다. 이기적이고 개인적이라고 판단되는 사람들은 이런 질문에 대해 준비해 두는 것이 도움이 될 것이다.

■ 사람 됨됨이와 충성심

면접을 통해 확인하고자 하는 것 중에 제일 중요한 것이 '지원자의 사람 됨됨이를 확인'하는 것이다. 사람 됨됨이는 그 어떤 것보다도 평가에 가장 우선한다.

충성심도 사람 됨됨이를 알아보는 하나의 요소이다.

간단한 사례를 통해 평가방법과 답변하는 기술을 확인해 보자.

【사례1】 사람 됨됨이 확인

퇴근시간 당신의 약혼녀가 회사 정문에서 기다리고 있습니다. 약혼녀와 저녁식사를 하고 뮤지컬을 보러 가기로 선약이 되어 있습니다. 그러나 당신 옆자리에 있는 동료는 밤을 새워서 일을 해야 될 상황입니다. 당신은 어떻게 하시겠습니까?

답변기술

Case 1 : 약혼녀에게 회사 사정을 말하고 다음에 만나자고 양해를 구한 다음 돌려보내고 동료의 일을 돕는다.

Case 2 : 약혼녀를 만나 회사 근처에서 간단하게 식사하면서 회사 내부사정을 말한 다음, 뮤지컬은 다음에 보기로 하고 회사로 돌아와서 동료의 일을 돕는다.

답변분석

Case 1 : 약혼녀를 그냥 돌려보내게 되면 (-)감정계좌가 형성되고, 동료를 돕는 경우 (+)감정계좌가 만들어진다.

Case 2 : 식사라도 한 경우 (+)감정계좌가 형성되고, 동료를 도울 경우 (+)감정계좌가 만들어진다.

결 론

(-), (+)감정계좌가 만들어진 Case1보다는 (+),(+)감정계좌가 만들어진 Case 2가 더 좋은 답변이다.

【사례 2】 충성도 확인

잦은 야근에 가끔은 지방 공장에 내려가서 제품 패킹하는 업무를 돕거나 배달하는 업무도 해야 하는데 가능하겠습니까?

답변기술

Case 1 : 가능합니다. '회사가 희망이다'는 생각으로 적극 참여하겠습니다.

Case 2 : 죄송하지만 퇴근시간은 몇 시입니까? 입사 후 영어 회화 공부를 하려고 계획하고 있습니다. 시간을 조정해 보겠습니다.

답변분석

Case 1 : 긍정적이며 충성도가 높은 답변으로 분석된다.

Case 2 : 자기관리에 충실하게 보이나 충성도 면에서는 부족해 보인다.

결 론

Case 1이 기업이 원하는 답변이다. 충성도 부분에서는 자기관리나 자기계발에 관한 계획을 기대하지는 않는다. 충성도 부분만큼은 단순하게 판단해서 답해야 한다. 복잡하게 생각해서 3차원적인 답변을 하는 사람도 종종 있다.

기타 사항

가족관계나 출퇴근에 걸리는 시간을 묻거나 취미나 특기 같은 것을 묻기도 한다. 여자 지원자의 경우 결혼에 대한 이야기와 자녀 계획, 출산 이후 회사생활을 어떻게 할 계획인가에 대한 이야기, 자녀 양육에 관한 문제들을 묻기도 한다. 결혼에 대한 구체적인 계획이 있어야 하며, 특히 결혼시기는 입사 후 5~7년이 적당하다. 3년차까지는 회사가 일을 배우는데 투자한다고 생각하고 이후 회사에 기여한다고 본다.

■ 입사하겠다는 의욕과 열정

목소리의 톤과 스피드가 중요하고 적극적인 표현과 표정관리가 중요하다. 목소리의 톤은 '솔 톤'이 좋다. 평소보다 높은 목소리에 말의 높낮이가 있어야 하며, 말이 빠르고 느림이 있어야 한다. 같은 톤으로 일정한 스피드로 말하는 경우 열정부분에서 감점 처리한다.

말하는 훈련을 해야 한다. 눈빛도 중요하다. 눈빛이 살아있다는 말을 들어야 한다. 눈을 여러 번 자주 깜빡거리거나 면접관을 보지 않고 다른 곳을 자주 보는 사람이 있다. 이런 습관은 교정하는 훈련을 해야 하고 이런 경우 면접평가서에 '주위산만'으로 기록한다.

당당한 자세와 합격하고자 하는 열정적인 답변들이 넘치는 에너지로 보여져야 한다. 눈을 면접관과 마주치지 못하거나 낮은 목소리로 답하는 경우 의욕과 열정에 문제가 있다고 판단한다.

■ 자신감과 자존감

대기업, 중견기업은 면접 평가표에서는 출신대학이나 학점, 토익점수 같은 것을 면접관들이 보지 못한다. 그러나 면접자 자신이 스펙이 낮거나 출신대학이 지방대학이라 해서 주눅 들어 있는 경우가 있고, 면접을 대기하면서 옆 사람의 출신학교들을 물어보고는 자신감을 잃어버리는 경우가 왕왕 있다. 면접장에서 옆 사람들의 출신대학은 왜 묻는가? 물을 필요가 전혀 없다.

중소기업에서는 이력서를 면접관들이 보는 경우가 있다. 그러나 면접장에 갔다는 것은 회사가 정해둔 기본 커트라인을 넘어섰으며 제로 베이스부터 다시 시작한다는 의미다. 지원한 부서에 가장 적합한 사람을 선택하는 과정이므로 자신감을 갖고 준비하기 바란다.

자존감은 존재감이다. 부모 없는 자식은 없다. 사회적 지위가 낮더라도 부모는 부모다. 필자의 제자 이야기이다.

서울에 있는 대학교에 진학하지 못해서 경기도에 있는 D대학교에 진학했다. D대학교에 진학한 것은 형식적이었으며 기회를 봐서 다른 대학교로 편입할 계획을 가지고 있었다. 입학하면서 외국어에 집중했고 마침 3학년 초에 외국의 ○○대학교에 교환학생으로 나갈 기회를 잡았다. 나름 D대학교에 대한 콤플렉스를 극복하고자 열심히 한 결과 ○○대학교 복수졸업장을 받았다. 정말 열심히 한 결과다. D대학교에 복귀하고 취업활동을 하면서 이력서상에 D대학교를 적었더니 지원할 때마다 서류가 탈락했고, 행여 서류가 합격했더라도 면접장에 가면 질문을 하나도 하지 않거나 아니면 D대학교가 어디 있냐는 정도만 묻고 아무런 질문을 하지 않았다는 이야기를 했다. 그래서 지금은 지원하는 이력서에 D대학교 기록을 빼고 있다고 한다.

탈락한 원인이 D대학교에 재학했다는 이유라면 이것은 정말 사회적으로 큰 문제를 야기한 것이다.

제자는 나름 탈락한 원인에 대해 분석자료를 보여주면서 학교 네임밸류가 낮은 것이 탈락한 원인의 전부인 것처럼 말했다.

성적도 높은 편이고 토익점수도 930점대이고 영어, 일어, 중국어가 가능한 유능한 인재였다. 4개 국어가 능통하면서 외국 대학교 졸업장까지 취득한 이런 유능한 인재를 왜 채용하지 않느냐? 그 원인은 내가 D대학교를 다니고 있다는 이유가 발목을 잡고 있다고 믿고 있었다.

질문을 했다. '자기소개를 영문으로 30초만 해봐라.'

'그럼 제가 면접장에서 했던 것과 똑같이 해보겠습니다.'

그가 준비한 자기소개는 놀라웠다. 영어로 10초, 일본어로 10초,

중국어 10초로 구성된 자기소개를 유창하게 했다.

놀랍기는 하지만 겸손하지 못해서 탈락한 것이다.

D대학교를 재학하고 있는 것이 탈락의 원인이 될 수는 없다. 지원하는 직무에 가장 적합한 사람일 경우 채용한다. 적합한 인재를 채용하지 못하는 기업이 오히려 손해다. 면접관이 봤을 때는 고등학교 졸업 이후 공백 3년에 대한 불분명한 변명과 4개 국어를 할 수 있다는 과신 때문에 탈락한 것이다.

D대학교에 입학해서 ○○대학교 교환학생으로 졸업장까지 취득한 것은 가산점을 받게 되고 열심히 한 성실한 사람으로 평가받는다. 이력서상에 확인된 것만으로도 면접관들은 실력을 인정한다. 그러나 10초씩 구성된 자기소개는 겸손하지 못한 처세였다.

필자는 다음과 같은 지도를 했다.
- 이력서상에 D대학교에 입학한 재학생임을 적어라.
- ○○대학교 복수졸업장을 취득했다는 사실을 적어라.
- 자기소개는 영어, 일어, 중국어로 각각 준비해 두어라.
- 겸손하라.

○○대학교의 졸업장을 취득한 것을 과신하지 마라. 그보다 더 좋은 명문 사립을 졸업한 사람들도 많다. 이력서상에 자기자랑으로 일관했던 내용들을 모두 직무 수행 능력 중심으로 바꿔서 지도를 했다. 열흘 후 그는 영어 학습관련 H사에 입사했다.

자존감은 학교 간판이 될 수 없다. 자신의 실력으로 극복하면 된다. 기업은 명문대를 졸업한 인재만이 최고라고 생각하지 않을뿐더러 최고보다는 최적의 적합한 인재를 찾을 뿐이다. 학교 간판 때문에 자존감을 잃어버리는 어리석음을 범하지 말기 바란다.

■ 회사에 대한 정보파악

채용하는 회사의 관심사는 지원한 사람이 회사에 대해 얼마나 많은 것을 알고 있고 시장판세와 경쟁관계를 분석하고 있는가? 이런 점에 대해 관심을 갖고 있다.

예를 들어 반도체 회사에 지원했을 경우 반도체 산업이 어떤 제품에 영향을 미쳤고, 경쟁사는 어떤 산업으로 제품을 판매하고 있으며, 신상품은 어떤 제품을 개발하고 있는지, 미래 반도체 산업이 영향을 미칠 분야까지 연구해서 면접장에 간다면 좋은 결과를 얻을 것이다.

토론 면접과 PT 면접은 어떻게 하는가?

회사는 다양한 면접 방법을 연구해서 학생들의 역량과 가치를 발견하려고 애를 쓴다. 면접의 형태는 압박 면접, 전문성 확인 면접, 인성 면접, 직무 수행력 면접, 인간관계 및 커뮤니케이션 능력들을 일반 면접을 통해 확인하고 토론 면접과 PT 면접은 별도로 시간을 갖고 시행한다.

■ 토론 면접

시사적인 주제를 선정하거나 회사와 관련된 산업에 관해서 주제를 선택하는 경우가 있다. 토론 면접을 하는 이유는 기업에서는 항상 프로젝트가 진행되려면 팀원들이 모여서 실행하려는 프로젝트에 대해 다양한 정보와 자료를 가지고 팀원들의 전체 의견을 조율해서 결정한다. 그러나 학교에서는 혼자 공부했고, 혼자만 잘하면 됐다. 여러 사람이 같은 주제를 가지고 토론하는 것을 거의 해본 경험이 없기 때문에 토론 면접을 만들어서 토론하는 방법과 진행, 결과물 도출에 대한 방법 등을 체크하게 된다.

토론은 팀 구성을 홀수로 인원을 정하고 찬·반 의견의 균형이 깨지게 만들어서 소수의 의견을 어떻게 다수의 의견에 반영시켜서 결과물을 만들어 내느냐가 핵심포인트다.

■ PT 면접

지금까지는 두 가지 유형으로 구분할 수 있는데, 하나는 지원한 직무를 A4용지에 20분 동안 작성해서 5~10분 정도 발표하거나, 또 하나는 경쟁관계를 분석하고 경쟁우위를 점할 수 있는 전략들을 연구해서 발표하는 것이다.

PT 면접에서 면접관들이 평가하는 것은 직무를 발표할 때는 직무를 이해하고 있는지를 보고, 발표하는 태도나 적극성을 보게 된다. 경쟁관계를 분석해서 발표할 경우에는 경쟁관계를 이해하고 창의적인 아이디어를 평가한다.

■ 임원 면접

인성에 대한 질문을 많이 하고 대응하는 태도나 순발력을 보는 경우가 대부분이다. 실무에 관해서는 팀장급들이 1차 면접에서 다루었기 때문에 인성관련해서 준비를 하면 된다. 인성관련 질문 사례는 5 장 통하는 면접에서 다루기로 하자.

직무적성검사와 고득점 전략은 가능한가?

직무적성검사에 대해서는 앞에서 설명한 바 있어서 간략하게 고득점을 받는 방법에 대해 알아보자.

직무적성검사는 인성과 직무적합도로 구분되고 각 항목에 40% 이하는 과락 처리한다. 수리영역과 언어영역은 사실 중요하지 않다. 영업을 하는 사람에게 미적분이 필요하진 않다. 계산기만 잘 사용해도 충분하기 때문이다.

인성부분은 사람 됨됨이를 평가하는 항목들로 구성되어 있으므로 솔직하게 자신의 내면을 표기하면 된다. 중요한 것은 직무적합도에 대한 부분이다.

예를 들어 아나운서에 지원하는 사람이 필요한 역량은 무엇일까?

● 소통(커뮤니케이션)하는 능력이 있어야 한다.
● 공감의 능력이 있어야 한다.
● 한 분야의 전문성을 지니고 있어야 한다.

예문 12 : 나는 다른 사람들 앞에서 말을 잘 하는 편이다.
　　　　(매우 그렇다 · 그렇다 · 보통이다 · 전혀 그렇지 않다)
　　　　- 매우 그렇다

예문 25 : 나는 다른 사람들 앞에서 장기 자랑도 잘 하는 편이다.

　　　　(매우 그렇다 · 그렇다 · 보통이다 · 전혀 그렇지 않다)

　　　　- 매우 그렇다

예문 37 : 나는 다른 사람의 입장을 잘 이해하는 편이다.

　　　　(매우 그렇다 · 그렇다 · 보통이다 · 전혀 그렇지 않다)

　　　　- 매우 그렇다

예문 45 : 나는 순발력이 강하며 재치와 유머도 좋은 편이다.

　　　　(매우 그렇다 · 그렇다 · 보통이다 · 전혀 그렇지 않다)

　　　　- 매우 그렇다

위와 같은 평가에 '매우 그렇다'는 답을 했을 경우에는 에러가 뜬다. 왜냐하면 위의 역량은 개그맨에 더 잘 맞는 역량이기 때문이다.

1순위 역량에는 (매우 그렇다)로 표기할 수 있지만 그렇지 않을 경우에는 (그렇다, 보통이다)로 표기할 수 있어야 한다.

지원 직무에 1순위 역량이 뭔지를 파악하고 그렇지 않은 경우에는 극단적으로(매우 그렇다, 전혀 그렇지 않다) 표기하는 것은 삼가야 한다. 1순위에 해당하는 역량은 일관성을 가지고 표기하면 고득점을 취득할 수 있다.

실패한 자기소개서의 원인분석과 사례

맥킨지식 3단 프레임워크를 왜 활용해야 하는가?

맥킨지식 3단 프레임워크의 구조와 활용사례

스토리맵을 활용하여 항목별 생각을 정리하는 기술과 사례

자기소개서를 작성하는 10가지 노하우

제4장

역량과 가치로 디자인하는
자기소개서 작성법

1초에 사람을 거른다. 1초에 자신의 역량과 가치를 전달하는 사람만이 면접장에 갈 수 있다.

편지글로 쓴 자기소개서는 읽지 않는다. 채용관계자들이 여러분의 성공을 위해 펜을 들고 줄을 쳐가면서 자기소개서를 읽어주는 사람은 단 한 사람도 없다. 그들이 좋아하는 스타일로 작성해서 보내야 읽어준다.

역량이란? 업무를 수행할 수 있는 능력을 말하는 것이고,

가치란? 지원하는 회사에 도움이 되는 아이디어를 제안하는 것을 말한다.

역량과 가치는 밥 값할 수 있는 능력과 경쟁관계에서 승리할 수 있는 아이디어를 한눈에 알아볼 수 있도록 디자인해서 전달해야 실무자들이 읽어본다.

230명을 채용하는 모 은행에 88,000명이 지원했다. 도대체 이 많은 지원서류를 어떻게 선별작업을 할까?

좋은 스펙을 지니고 인턴, 아르바이트도 많이 했고, 봉사활동도 하고, 필요한 자격증들도 많이 취득했는데도 불구하고 자기소개서에서 탈락한 경험이 있다면 본장에서 그 해답을 얻을 수 있을 것이다.

일반기업에서의 채용 시 평가 비중은

스펙 : 학점과 토익점수 10%

역량 : 업무 수행 능력 40%

가치 : 기업의 갈증요인을 해결할 수 있는 아이디어 제공 50%

취업 준비생들은 이러한 정보가 없어서 대부분 10%를 차지하고 있는 스펙에 모든 시간을 투자하고 있다. 기업의 입장에서 회사가 정한

커트라인을 넘어서면 스펙은 문제가 되지 않는다. 커트라인을 넘어서면 역량과 가치를 강화시킬 수 있도록 준비해야 한다.

역량은 인턴, 아르바이트를 통해 습득하는 것과 문서작성, 프레젠테이션, 프로젝트 수행들을 통해서 강화할 수 있다. 이러한 것은 학교 밖에서 얻을 수 있으므로 취업을 위해 학교, 도서실, 영어학원만 전전하면 백수된다.

【 채용 시 평가비중 】

일반기업 배정현황임
※금융권 = 스펙 60% + 자기소개서 40%

인턴, 아르바이트를 지원할 직무와 연관성 있는 분야로 했을 경우 최상의 조건이 되지만, 그렇지 못하더라도 경험한 것과 하지 않은 것은 큰 차이가 있다.

가치는 취업을 위해 준비하는 학점, 토익점수, 역량, 경험을 넘어서 가장 우선시 되는 것이다. 가치는 회사의 갈증요인을 해결할 수 있는 아이디어를 제안하는 것으로 신제품 개발에 필요한 아이디어를 제안하는 것도 이에 해당되고, 경쟁사를 앞지르기 위한 전략을 제안하는 것, 기존의 기술력을 기반으로 새로운 산업으로 확장전략을 제안하는 것도 해당된다.

따라서 3학년까지 기본적인 학점, 토익점수, 자격증, 인턴, 아르바이트, 컴퓨터 자격증 등을 취득하고 4학년 때는 지원할 회사가 속한 산업이나 경쟁관계, 시장판세를 분석하고 시장을 선점할 수 있는 가치를 연구하는 시간으로 활용해야 취업에 성공할 수 있다.

취업을 위해 다양한 역량을 기업은 필요로 하고 있다.

마치 대학이 취업을 위해 존재하는 것처럼 보이지만 전공이외의 사회생활을 위해 필요한 역량들을 갖추는 곳이라 생각하고 계획적으로 준비해 가야 한다.

3학년까지 취업에 필요한 각종 역량 부분을 갖추고 4학년 때는 지원할 회사와 산업, 경쟁관계를 분석하고 아이디어를 개발하는 것이 중요하다. 4학년 때 토익공부하고 자격증도 취득해야 하고 인턴, 아르바이트도 해야 한다면 취업 재수생이 되고 말 것이다.

【 취업을 위해 준비할 학년별 로드맵 】

4학년	1. 회사 및 직무결정 2. 산업 및 경쟁관계 분석(팀 구성을 통한 아이디어 공유) 3. 지원사 갈증요인 확인 및 대안 연구 4. 자기소개서 작성 및 면접 준비
2, 3학년	1. 로드맵에 따른 과정 이수(문서작성, 프레젠테이션, 비즈니스 매너, 커뮤니케이션 스킬, 컴퓨터 자격증 등) 2. 인턴, 아르바이트 경험, 봉사활동 3. 스피킹레벨, 토익점수, OPIC 이외 외국어 취득 4. 자격증 취득(전공 및 컴퓨터 관련) 5. 지원사 커트라인 학점 관리 6. 공모전 도전(4~5명 팀 구성)
1학년	1. 꿈과 목표 수립 2. 직무적성검사를 통한 잠재력 확인 3. 전공과 지원 직무 결정 4. 학년별 로드맵 설계 5. 서클활동과 봉사활동 경험

실패한 자기소개서의
원인분석과 사례

　채용이 되기까지는 운도 따라야 한다. 그러나 운보다도 더 많이 차지하는 것이 밥 값할 수 있는 능력을 지녔거나 회사에 도움이 될 수 있는 아이디어를 제공할 수 있다면 성공률이 훨씬 높아진다.

　탈락한 서류들은 그런 매력을 지니지 못했거나, 읽는 사람이 좋아하는 타입이 아니거나, 식상해서 그냥 휴지통에 버렸을지도 모른다.

자기 PR만 늘어놓은 자기소개서는 싫어한다

탈락한 원인 분석

1. 자기 PR만 늘어놓는 경우
2. 식상한 내용으로 일관했을 경우(태어난 곳, 장녀, 군대이야기, 회장 역임 …)
3. 이력서에 기록한 스펙, 역량과는 전혀 다르게 쓴 사람(학점 3.1, 뭐든
   열심히 했고, 잘한다, 책임감이 강하고 성실하다)
4. 회사가 던진 항목에 대해 핵심 키워드를 알지 못하고 쓴 경우
5. 지원 회사의 이야기는 전혀 쓰지 않은 경우
6. 어려운 한자, 영문, 기타 외국어로 쓴 경우
7. 다 읽었는데 결론이 뭔지 모르는 경우
8. 읽기 싫어하는 스타일로 적었을 경우

초등학교 때는 전교 어린이 회장을 역임하였으며, 중고등학교 때는 학급 반장을 내내 했고, 대학에서는 단과대학 학생회장을 했으며, 학점 4.0, 토익점수 850점을 획득하고, 장학금 6회를 받은 성실한 인재입니다. (중략)

* 모 은행에 제출된 자기소개서 일부 내용임

이력서에 각종 자격증과 학점, 토익점수, 상벌사항 등 자랑하고 싶은 것들을 모두 적을 수 있도록 양식이 만들어져 있다. 이력서에 기록한 것만으로도 충분하게 자신을 알리고 있는데도 불구하고 자기소개서에 다시 반복해서 PR하는 것은 최악이다.

저희 부모님께서는 어렸을 때부터 저에게 독립심을 키워 주시고 모든 것 하나하나를 스스로 할 수 있게 교육하시면서 자립심을 키워 주셨습니다. 그러한 교육을 통해 저는 자연스럽게 리더십을 키울 수 있었고, 중고등학교에서 간부로 또 대학교에 진학해서는 학부 학회장으로서 제가 속한 단체를 이끌며 맡은 임무를 성공적으로 수행해 왔습니다. 여러 활동들을 해오면서 많은 사람들과 인맥을 형성해 왔습니다. 많은 사람들과의 만남을 통해 설득력 있는 의사소통 능력을 키워왔고 다른 사람들에게 신뢰받는 삶을 살아왔습니다. 많은 사람들과의 인간관계, 많은 경험을 통해 누구보다 뛰어난 적응력을 키워왔으며 맡은 임무를 충실히 해내는 책임감을 가질 수 있었습니다.

Counseling

❶ 은행에서는 학생회장과 같은 단체를 대표한 경력을 지닌 사람을 선호하지 않는 경향이 있다.

❷ 은행은 은행에서의 인턴이나 아르바이트를 했던 경험을 중시한다.

❸ 평가 비중이 스펙 60%, 자기소개서 40%를 차지하는데 자기소개서에는 은행에 적합한 성향과 업무 수행력을 적어줘야 평가를 하는데, 이력서 내용을 그대로 옮겨 놓을 경우에는 최악의 평가로 이어질 수 있다.

❹ 자기소개서는 인생에 살아온 스토리를 전개하는 것이 아니다. 지원하는 회사의 산업이나 지원하는 직무에 대해 잘할 수 있는 내용을 깊이 있게 써내야 성공할 수 있다.

식상한 내용으로 일관했을 경우

학생들은 기업을 모른다. 그래서 자신에 대한 이야기나 식상한 내용으로 자기소개서를 작성한다.

기업에서는 회사의 인재상에 부합되고 지원하는 직무에 최적의 적합한 인재를 선별하기 위해 비용을 들여가며 관계자들이 모여서 채용기준을 정하고 부서에 적합한 성향과 지원 직무를 수행할 수 있는 역량을 분류한다. 또 채용공고 전에 조율하는 작업을 전체 부서의 팀장들이 모여서 토론을 하며 기준을 정하고 심지어는 외부 전문가들을 모셔서 선진기업의 사례나 좋은 정보를 얻기 위해 비용을 아끼지 않고 있다.

식상한 내용으로 구성된 대표적인 사례는 다음과 같다.

저는 강원도 강릉에서 태어나 아버지 ○○○와 어머니 ○○○사이에

2남2녀 중 3째로 태어나 …

1남 2녀중 장녀로 태어나서 …

○○년에 군대에 입대하여 …

IMF 때 아버지 사업이 어렵게 되어 …

돈은 많지 않지만 자상한 부모님 밑에서 교육을 잘 받고 자랐으며 …

항상 남을 위해 먼저 배려해야 한다는 부모님 가르침을 …

자기소개서를 1차 검토하는 데는 1초 걸린다. 자기소개서 지원 동기와 이력서에 붙인 사진만으로 서류를 검토한다.

우선 중요한 것이 사진이다. 사진을 보고 느낌이 와야 한다. 같이 일하고 싶은 호감을 줘야 한다. 사진이 그런 느낌을 주지 못할 경우 자기소개서를 읽지도 않고 휴지통에 버린다.

자기소개서는 지원 동기만을 우선 검토하는데 다음의 내용을 중점적으로 본다.

❶ 지원한 직무에 대해 경험했거나 할 수 있는 역량을 적은 사람

❷ 회사에 문제를 제기하고 대안을 제시한 사람

❸ 신상품 또는 새로운 전략을 제안함으로써 회사에 기회를 제공하는 사람

지원한 서류에 위에서 말한 식상한 내용으로 시작한 서류는 1초에 휴지통에 들어간다.

각 항목에 타이틀을 먼저 적어야 한다. 타이틀은 여러분이 그 항목에 말하고 싶은 결론을 개조 문화해서 간략하게 작성하여 전달해야 한다. 그래야 눈에 띄고 읽어보게 된다.

　　1남 2녀 중 둘째로 태어나 할아버지, 할머니와 함께 지내어 주위로부터 예의가 바르다는 소리를 많이 들으며 자랐습니다. 감귤농사를 지으시는 부모님을 도와 드리며 크다보니 어릴적부터 부지런함과 성실함이 자연스럽게 몸에 배었습니다. 성인이 되어서는 누리사업단 아르바이트, 국가장학생 아르바이트, 수학여행 학생단체 인솔관리 등의 각종 아르바이트를 통해서 생활비를 벌었습니다. 그리고 4년 내내 장학금을 받으며 생물, 화학, 물리 등 탄탄한 기초를 갖추었고 4학년 때에는 물산업 에드워터 프로그램을 통해 새로운 제품 개발과 사람들과의 교류를 접하면서 적극적인 모습과 리더십 있는 저를 발견하였습니다.

[지원 동기] 대인관계 구축 능력, 생각하면 꼭 이루어 내는 집념, 책임감, 성실함, 목표를 향해 나아가는 도전정신, 이 모든 저의 장점들과 재능들을 가장 잘 발휘할 수 있는 일이 제약영업이라고 생각합니다. 때로는 어려움도 따르겠지만 유연성을 발휘하며 극복하겠습니다. 제 생활신조가 유지경성입니다. 뜻이 있으면 반드시 이루어 낸다는 의미입니다. 늘 말보다는 행동으로 보여드리는 인재가 되도록 하겠습니다. 요즘 인성을 갖춘 인재를 찾는 것이 회사의 입장에서 가장 큰 어려움이라고 생각합니다. ○○이 원하는 인성을 갖춘 저는 ○○의 큰 일꾼이 되기 위해 이렇게 지원하게 되었습니다.

❶ '타이틀'이 빠졌다. 내가 말하고 싶은 내용의 결론을 압축해서 제일 상단에 적도록 한다.

❷ 식상한 내용으로 시작했다. 1남 2녀 중 둘째로… 1초에 클릭 휴지통 으로 버려진다.

❸ 내용은 좋으나 작성기법과 구성이 잘못되었다. 편지글로 작성하기 보다는 3단 구조로 작성하길 바란다.

❹ 지원 동기에 적어야 할 핵심 키워드에서 벗어났다. 밥 값할 수 있는 능력을 적지 않았다.

❺ 읽는 사람을 가르치려는 내용은 절대 금물이다.

이력서에 기록한 스펙, 역량과는 전혀 다르게 쓴 사람

이력서에 기록된 학점이 3.1이었다. 자격증에는 전공관련 자격증은 물론 컴퓨터 자격증도 없었다. 경력란에는 커피숍과 중식당에서 서비스한 내용이 적혀 있었다. 그러나 자기소개서에는 다음과 같이 적혀 있었다.

장점과 단점을 기술하시오. (500자)

저의 장점은 계획이 세워지면 성실하게 그 일을 끝까지 수행한다는 것입니다. 동아리 연합회장을 하면서 조직을 이끌었으며, 서울 지역 동아리 연합 행사를 주관하여 성공리에 끝낸 경험도 있습니다. 이러한 경험은 회사생활을 하는데 있어서 주어진 책임감을 다할 수 있으며 맡겨진 일에 대해서는 책임감을 가지고 임무를 완수하는데 도움이 될 것 으로 확신합니다.

책임감을 가지고 성실하게 했다면 최소한 학점은 3.5 이상이어야한다. 대기업의 경우에는 커트라인을 통과한 이력서는 다른 사람들이 볼 수 없지만, 중견기업이나 중소기업에서는 여러 사람이 볼 수있다. 학점도 낮고 토익점수도 없고 관련 자격증이나 심지어 컴퓨터자격증 하나 없다는 것은 학교생활을 성실하게 하지 않은 것으로 간주하기 때문에 내용이 일치하지 않는다.

Counseling

❶ 일단 묻는 항목이 장점 · 단점 두 가지를 묻고 있다. 따라서 묻는 항목두 가지를 나눠서 작성해야 한다.

❷ 장점은 지원 직무에 적합한가를 보는 것으로 직무의 특성을 분석해서적합한 성향을 기술해야 한다.

예 : 영업부에 지원 - 열정과 도전정신이 강한 인재를 원한다.

❸ 단점의 경우 지원 직무에 치명적인 단점은 피해야겠지만 단점이라고 생각하는 것을 적고 ○○한 과정을 통해서 개선하고 있다고 적으면 된다.

❹ 학점이 낮은 경우 다른 목표와 목적을 위해 무엇을 했는지를 명쾌하게적어야 하고, 그에 따른 성과를 적어야 평가를 올바르게 할 수 있다.

맥킨지식 3단 프레임워크를 왜 활용해야 하는가?

    기업에서는 편지글 형식의 문서는 단 한 장도 없다. 그러나 대부분의 학생들이 입사지원서를 작성할 때 편지글로 적어서 보낸다. 그래서 읽지 않고 휴지통에 버려진다.

    다음에 나오는 편지글과 회사문서를 비교해 보라.

    생각을 나열해 놓은 것과 틀에 맞춰서 작성한 것을 객관적으로 비교해 보면 어떤 것이 생각을 전달하는데 유리한지 알 수 있을 것이다.

편지글과 회사문서 비교

회사에는 여러분이 작성하는 편지글 형식의 문서는 단 한 장도 없다. 따라서 기업에 근무하고 있는 사람들이 눈에 익숙해 있는 형식으로 자기소개서를 작성해야 읽어본다.

과장으로 진급하기 위해서는 진급 포인트가 6점이 되는 대리사원 중에서 영어는 TOEIC 575점 이상, OA는 활용급을 취득하는 것이 기본자격이며, 능력평가와 업적평가의 결과를 반영하여 인재개발위원회에서 결정한다.

1. 과장 진급 자격요건
   진급 Point : 6점 이상
   TOEIC : 575점 이상
   OA : 활용급
2. 반영사항 : 능력, 업적평가 결과
3. 심의처 : 인재개발위원회

기업에는 문서 때문에 상사와 부하직원 사이에 많은 갈등이 생긴다. 문서란 것은 작성하는 사람의 생각을 글로 옮겨서 상대방을 설득하는 도구이기도 하다. 문서 때문에 생기는 갈등에 원인을 발견하고 개선함으로써 상사와 부하직원 간에 좋은 관계를 형성하고자 하는 목적에서 설문조사를 했다.

설문조사 결과는 다음과 같았다.

1. 6위로 싫어하는 서류
   지나치게 어려운 문장이나 외국어를 많이 써서 상사가 해석하지 못하게 쓴 서류

예 : 知之者 不如好之者, 好之者 不如樂之者 라는 말이 있습니다.

2. 5위로 싫어하는 서류

글자와 숫자만 나열해서 도대체 무슨 말인지 알 수 없게 쓴 서류

예 : 모 기업에 제출한 자기소개서 지원 동기에 작성한 글

잘 다져진 밑바탕 / 영업이익?

❶ 매출 : CPA 수험 기간 동안의 회계, 세법 기초 지식

❷ 매출원가 : 5년 × 365일 = 1,825일

❸ 매출총이익 : 선배님의 가르침을 받아들일 수 있는 기본 바탕

❹ 판매 및 관리비 : 신입사원 연봉

❺ 영업 손실 : - 30,000,000

❻ 주석 : 초기 손실이 예상되나 업무 숙달 시, 레버리지 효과로 회사에 값을 할 수 있는 인재라 판단됨

3. 4위로 싫어하는 서류

근거 없는 주장을 할 경우 논리성이 부족해서 혼줄 나는 경우가 많다.

예 : 귀사의 제품은 A사에 비해 소비자 가격이 20%가 높아서 판매가 저조하다고 판단됩니다.

4. 3위로 싫어하는 서류

같은 내용인데 말을 바꿔서 분량을 많이 늘어놓은 경우다.

예 : 모 기업의 성장과정에 기술한 내용임.

제가 하는 업무에서 신뢰감을 주고 싶습니다. 정직하게 일하며, 제가 상대하는 사람이 절 믿고 저와 함께 일할 수 있게 되길 원합니다. 학창시절, 부모님께서 참고서 비용을 책값보다 넉넉하게 주셨지만, 저는 항상 거스름돈을 부모님께 돌려드렸습니다.

부모님께서 피땀 흘려 버신 돈이기 때문에 늘 부모님께 정직한 아들이 되고 싶었습니다. 거짓말을 해서 부모님께 불편한 마음을 드리는 것이 두려웠습니다.

5. 2위로 싫어하는 서류

서류를 다 읽어 봤는데, 도대체 뭘 할 줄 안다는 거야?

예 : 모 제약회사에 제출한 지원 동기임.

즐기고 싶습니다. 매번 지루한 표정을 지어봤자 돌아오는 건 없다 생각합니다. 입만 나불거리긴 싫습니다. 지금까지의 표면적인 능력은 100% 채워지지 않은 저이지만 최선을 다할 준비는 200% 되어 있습니다. 이러한 즐김을 위해선 건강이 최우선이라 생각됩니다. 나 혼자만의 건강이 아닌 모든 사람들이 건강하고 질 높은 삶을 위해 귀사에 입사해 같이 동참하고 싶습니다.

6. 1위로 싫어하는 서류

상사가 싫어하는 스타일로 작성된 서류다.

위 사례에서 본 것처럼 편지글로 서류를 작성해서 보고했다면 아마도 서류는 하늘을 날아다녔을 것이다. 회사에서는 그런 서류가 단 한 장도 없기 때문에 상사가 싫어하는데 여러분이 쓰는 자기소개서와 비교해 봐라. 대부분의 학생들은 편지글로 쓴다. 그래서 좋은 역량을 지니고 좋은 아이디어를 제공하는데도 불구하고 탈락하는 경우가 많다.

이런 보고서 정말 읽기 싫다!

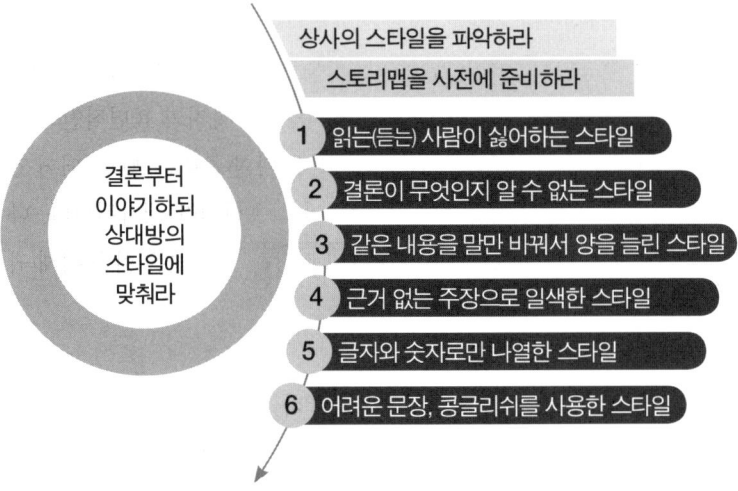

다음의 편지글 형식의 사례를 참고하기 바란다.

【 편지글 형식의 사례 】

지원 동기 및 열정에 대하여 (800byte)

저는 하나로마트, 롯데백화점에서 아르바이트를 하였고, 지금은 GS25시에서 아르바이트를 하고 있습니다. 일을 하다 보니, 마트와 백화점은 박리다매와 매출을 중요시 생각하는 반면, GS25는 행사 상품이라던지 FF상품, 혹은 제품의 센스있는 이름 등과 같이 고객에게 그저 일로서의 쇼핑이 아닌 쇼핑의 즐거움까지 주기에, 물품구입에 즐거움을 더한다는 점에서 저의 생각이 GS리테일의 생각과 일치한다고 느낍니다. 항상 고객의 동태를 보며, 무엇을 생각하고 무엇을 원하는가, 고객이 원하는 물품이 고객이 찾기 편하게 되어 있는가를 자주 생각하면서 매장에 섰고, 단순히 물품구매를 넘어, 사람과 사람이 만나는 곳, 거기에 사는 즐거움과 직원의 친절을 많은 사람에게 전달해 주고 싶다는 생각에 GS리테일에 지망했습니다.(676)

입사 후 포부(vision)에 대하여

입사 후의 생활은 저에게 배움의 연속이라 생각합니다. GS리테일의 경영이념과 조직가치와 함께 업무에 맞는 역량을 키우기 위해서 지속적인 노력이 필요하다고 생각합니다. 물론 배움에 있어서 항상 순조로울 수는 없기에 저는 항상 긍정적인 마인드를 가지고 앞으로의 일에 도전할 것입니다. 긍정의 암시는 그때까지의 과정을 즐겁게 만들고, 그런 즐거움은 저에게 달성한 모습이 명확히 보이기 때문에 노력하는 즐거움이 있습니다. 물론 회사생활에서 인간관계에도 어려움이 있을 것이라고 생각합니다. 그러나 이는 일생에 있어 새로운 만남이기도 하며, 긍정의 힘으로 자신의 성장과 실력을 키워나간다는 점에서 인간관계 속에서 배울 점이 있다고 생각합니다. 앞으로 저는 상품과 고객을 연결하는 매개역할과 고객과의 커뮤니케이션을 통해 고객의 요구를 받아들여 그것을 좀 더 회사와 고객에게 도움이 되는 제안을 할 수 있는 사원이 되고 싶습니다.(797)

위의 사례에서 봤듯이 편지글 형식으로 글을 썼을 때는 직장생활을 하는 사람이 싫어하는 스타일(같은 말을 길게 늘어놓은 형식)로 작성되기 때문에 휴지통으로 던져질 경우가 많다. 직장인들에게 익숙한 문서형식으로 생각을 옮겨서 적어야 한다.

맥킨지식 3단 프레임워크의
구조와 활용사례

3단 프레임워크란 생각을 3단으로 구성하라는 말이다.

회사에서 업무 보고를 할 때도 결론부터 말한다. 회사에 근무하는 사람들은 서론, 본론, 결론으로 말하는 것을 싫어한다. 그래서 결론부터 말하고 결론에 대한 근거를 제시하고 어떻게 하겠다는 방법을 말하면 된다.

학생들은 서론, 본론, 결론식으로 배워왔기 때문에 말할 때나 글을 쓸 때도 서론부터 쓰거나 말을 한다. 이제는 결론부터 쓰고 말하는 습관을 익혀야 한다.

결 론	타이틀 : 내가 말하고 싶은 결론
근 거	커버링 메시지 : 왜 위와 같은 결론을 내렸는지에 대한 이유 2~3줄
방 법	생각을 개조 문화해서 1. 2. 3. 식으로 나열하면 된다.

면접 때도 면접관의 질문에 장황한 서론을 설명하다보면 면접관이 말을 끊어버리고 다시는 질문하지 않게 된다. 결론을 말하지 못할 경우 일하는 스타일을 싫어해서 탈락시킨다.

자기소개서 작성 프레임

[지원 동기]

다각화 전략으로 판로 개척 ➡ 전하고자 하는 결론 = 타이틀

유한킴벌리의 해외사업부에 지원한 동기는 주력 상품인 여성생리대와 화장지가 국내 시장점유율 경쟁에서 1위를 점하고 있지만 매출이 급감하고 있다는 사실을 감지하였기 때문입니다. 이는 새로운 산업에서 적이 출현하였기 때문이며, 새로운 적은 '비데산업'으로 사료됩니다.

타이틀을 적게 된 이유 설명

1. 시장확대전략으로 이동 - 시대의 대세로 비데산업은 향후 계속적인 시장 확대를 예측할 수 있으며 이는 … (중략)
2. BRIC'S 중심의 이동경로 검토 - 적합한 해외시장은 우선 BRIC'S 중심의 시장을 개척해야 하며, 진입의 … (중략)
3. 전략적 제휴와 M&A 고려 - 해외시장을 개척하는 데는 기술이전을 통하여 지분을 확보하는 방법과 … (중략)

나열식 분류식 구조화 [핵심 - 개조 문화]

3단 프레임워크를 활용한 사례와 편지글 형식의 사례를 비교해 봐라. 어떤 것이 더 빨리 상대를 설득할 수 있겠는가?

편지글은 읽는 사람이 쓴 사람의 생각을 이해하기 위해서 펜을 들고 줄을 쳐가면서 읽어야 한다. 대한민국에 어떤 인사담당자도 당신의 성공을 위해 줄을 쳐가면서 자기소개서를 읽어줄 사람은 단 한 사람도 없다는 사실을 기억하기 바란다.

자신의 역량과 가치를 읽는 사람이 좋아하는 스타일로 작성해서 보내야 관계자들이 읽어 준다.

필자의 제자들 중에는 3단 프레임워크로 작성해서 서류를 제출한 결과 자기소개서를 매우 잘 썼다는 이유로 채용된 사례가 많다. 컴퓨터 어딘가에서 돈을 주고 다운받은 식상한 자기소개서를 믿고 그와 같은 형식으로 쓰고 있다면 당장 멈춰야 한다.

스토리맵을 활용하여 항목별 생각을 정리하는 기술과 사례

다음의 사례는 프로스펙스라는 스포츠용품 회사에 입사지원서를 제출한 자기소개서의 스토리맵이다.

자기소개서를 작성할 때 대부분의 학생들이 편지글 형식으로만 서류를 쓰던 습관이 있어서 3단으로 구분하기가 어렵다고 했다. 일단 스토리맵에다 생각을 정리해서 옮기면 된다.

【 스토리맵 사례 1 】

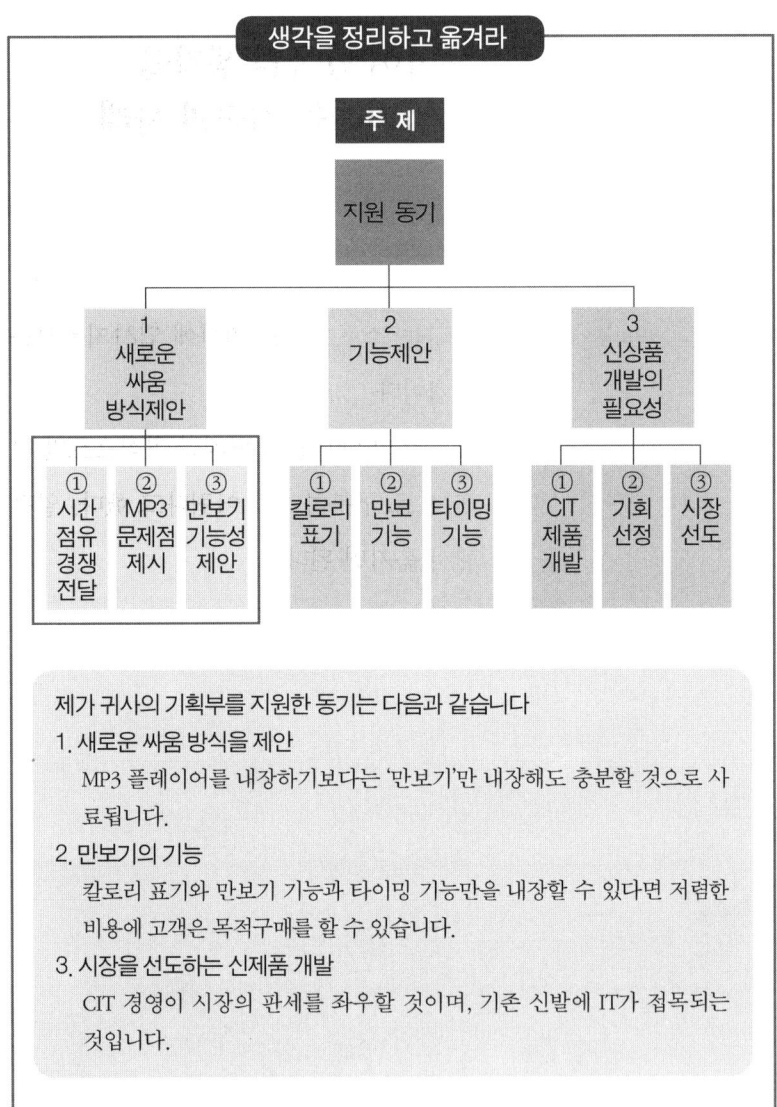

제가 귀사의 기획부를 지원한 동기는 다음과 같습니다

1. 새로운 싸움 방식을 제안

    MP3 플레이어를 내장하기보다는 '만보기'만 내장해도 충분할 것으로 사료됩니다.

2. 만보기의 기능

    칼로리 표기와 만보기 기능과 타이밍 기능만을 내장할 수 있다면 저렴한 비용에 고객은 목적구매를 할 수 있습니다.

3. 시장을 선도하는 신제품 개발

    CIT 경영이 시장의 판세를 좌우할 것이며, 기존 신발에 IT가 접목되는 것입니다.

1단계 : 주제의 키워드 발견

기업에 자기소개서 문항을 통해 지원자들에게 던지고 있는 '메시지'의 의도가 뭔가를 파악해야 한다.

- 왜 이런 내용을 묻는 것일까?
- 기업의 입장에서 듣고 싶어 하는 메시지는 뭘까?
- 어떻게 하면 묻는 메시지에 답을 달아서 보낼 수 있을까?

간단하게 묻는 자기소개서 질문 항목이 있는가 하면, 최근에는 복잡하게 구성되는 자기소개서도 많다. 간단한 경우에는 성장과정, 성격의 장·단점, 지원 동기, 미래포부로 구성되어 있다. 복잡한 경우에는 한 문장에 여러 가지 묻는 항목을 포함하고 있다.

❶ 자신이 회사에 필요한 사람임을 보일 수 있도록 자신에 대해 좀 더 자세히 적어주십시오. (자기소개 400자 이내)

❷ 현대자동차에 지원하게 된 동기와 희망직무 및 이유를 서술하십시오. (경험, 관심, 전공과목 등 연계) (500자)

❸ 외환은행에 지원한 동기와 입행한다면 어떠한 역할을 통하여 본인의 성장과 외환은행의 발전에 기여할 수 있는지 설명하여 주십시오.

묻는 항목에 대한 분석과 기업이 듣고자 하는 키워드를 발견해야 기업이 원하는 정답을 적어서 보낼 수 있다.

2단계 : 키워드 나열

자기소개서에 나열된 문항들은 기업이 그 문항을 통해서 지원자의 역량을 파악하고 회사에 필요한 인재를 찾아내려는 의도를 가지고 있다.

따라서 자기소개서 문항에 맞는 키워드를 나열해야 글의 범위와 전문성을 담아낼 수 있다.

앞에 나온 스토리맵을 살펴보면 스포츠용품회사인 나이키는 시장 점유율 1위를 차지했음에도 불구하고 매출이 빠지고 있다. 같은 산업의 아디다스가 경쟁사지만 아디다스 역시 매출이 빠지고 있다. 그렇다면 다크호스로 떠오르는 다른 브랜드가 있어서 매출이 빠지는 것일까?

새로운 산업에 새로운 적이 출현했기 때문에 매출이 빠진다는 사실을 시장 경쟁관계를 분석하면서 알게 되었다. 스포츠용품 회사인 나이키에 경쟁사는 게임산업의 닌텐도라고 스티브잡스가 알려줬다.

현재의 기업환경은 자기만 잘해서도 부족하다. 새로운 산업에서 융복합화 상품들이 만들어지면서 생각지도 못하는 산업에 영향을 미친다.

한때 MP3 플레이어가 생겨나면서 작고 앙증맞은 디자인의 레인콤이라는 작은 기업이 한국시장 58% 점유, 세계 시장 27%를 점유하는 놀라운 성장을 계속해 갔다. 그러나 얼마가지 않아서 휴대폰에 음악을 100곡 다운 받을 수 있는 콘텐츠가 추가되면서 MP3 플레이어를 만들던 회사들은 시장에서 사라져 갔다.

또 미디어 세상으로 전환되면서 인쇄와 출판업들이 사라지고 있다. 이런 환경에서 기업은 살아남기 위해 인재 채용에 각고의 노력을 기울일 수밖에 없다.

2단계로 지원하는 스포츠용품 회사에 지원한 키워드를 나열한 것으로 다음과 같다.

- 새로운 싸움 방식을 제안
- 기능제안
- 신상품 개발의 필요성 어필

그런 다음 구체화시키는 작업을 정리해야 마무리가 된다.

3단계 : 구체화시킬 수 있는 내용 정리

기업이 듣고자 하는 메시지를 담아서 제시한 자기소개서 문항에 걸맞는 키워드를 발견해서 나열한 다음 세부항목을 구체화하는 작업이 필요하다.

- 새로운 싸움 방식 제안

❶ 시장점유율 경쟁의 한계성과 신발을 신고 돌아다니는 시간 점유율 경쟁으로 전환된다는 사실을 어필한다.

나이키 스포츠용품의 표적고객은 젊은 청소년들이다. 그들은 닌텐도를 하느라 돌아다니지 않는다. 기존에 시장을 점유하면 제품이 팔려나갔는데 이제는 특별함을 주지 못하면 신발을 신고 돌아다니지 않게 되었다. 스티브잡스가 제안한 것은 자신이 만든 아이팟을 신발에 내장해서 음악을 듣고 다니면 신발을 오래 신을 것이라 제안했다.

❷ 신발에 비싼 MP3 플레이어 기능을 탑재한 문제점을 지적한다.

나이키는 스티브잡스의 제안을 받아들여서 신발에 아이팟을 내장해서 음악을 듣고 다닐 수 있도록 했다. 그러나 가격이 너무 비쌌고, 음악을 들을 수 있는 전자제품들이 너무 많아서 생각처럼 팔려나가지 않았다.

❸ MP3 플레이어 기능을 대체할 수 있는 만보기의 가능성을 어필했다.

시장판세를 분석해 보면 음악을 들을 수 있는 전자제품은 너무도 많기 때문에 다른 대체품을 연구해야 한다. 그것이 만보기다. 만보기만으로는 부족하다. 표적고객들이 관심을 가지고 물건을 구매할 수 있는 경쟁력 있는 콘텐츠를 제안해야 한다.

■ 기능제안

사람들은 다이어트에 관심이 많다. 따라서 만보기의 기능에 다이어트를 할 수 있는 기능을 탑재함으로써 목적구매를 할 수 있도록 만들어야 한다.

❶ 칼로리 표기

다이어트를 하는 사람들은 자신이 하루 섭취한 칼로리와 소모한 칼로리에 대해 관심이 높다. 만보기의 기능에 소모한 칼로리를 볼 수 있도록 하는 것이 필요하다.

❷ 만보기 기능

하루 만보를 걷기로 했다면 만보를 걷기 위해 소요되는 시간을 점유할 수 있다. 신발을 신고 돌아다니는 시간을 점유할 수 있다.

❸ 타이밍 기능

3시간 운동하겠다고 생각했다면 3시간 운동 후에 음악소리가 나오면 그만하면 된다. 3시간 신발을 신고 돌아다니는 시간을 점유한 것이다.

고객이 원하는 니즈를 발견하고 요구를 충족시킬 수 있는 콘텐츠를 신발에 탑재하는 것이 나이키와 아디다스를 공략할 수 있는 전략이다.

■ 신상품 개발의 필요성

산업별로 최근의 화두는 대체품을 개발하는 것이다. 기존의 기술력을 활용해서 다른 산업 또는 다른 제품을 어떻게 만들어 내느냐가 기업에서는 큰 문제다.

❶ CIT 산업으로 전환

CIT(Convergence + IT : 기존 제품과 IT의 결합) 산업으로 전환되고 있다. 기존의 제품과 IT가 결합해서 새로운 시장과 고객을 창출하고 있다. TV도 IT와 결합해서 다양한 콘텐츠를 탑재한 THINK TANK 로 시장을 확산해 가고 있다.

❷ 기회선점

신발의 기능이 신고 이동하는데 편리를 제공하는 것 이외에 건강을 관리하고 다이어트에 도움을 주는 역할을 한다면 기존의 신발보다는 더 많은 고객을 불러 모을 수 있을 것이다. 따라서 시장을 선점할 수 있는 기회를 만들 수 있다.

❸ 시장선도

제품이 가치를 지니고 있으면 시장의 판세를 바꾸고 회사의 경쟁력을 높여줌과 동시에 시장을 선도하는 힘을 얻게 된다.

이런 식으로 스토리맵을 활용하여 자기소개서를 작성하기 전에 반드시 생각을 스토리맵에다 정리할 수 있어야 하고, 그 정리된 내용을 옮겨 놓게 되면 그것이 문서작성 기법이 된다. 자기소개서가 문서가 되서는 안 되기 때문에 하단부의 구체적인 내용을 붙여서 스토리로 만드는 것이 방법에 해당되는 것이고, 그것은 많은 자료와 정보를 수집하고 산업을 분석해야 만들어 낼 수 있다.

【스토리맵 사례 2 】

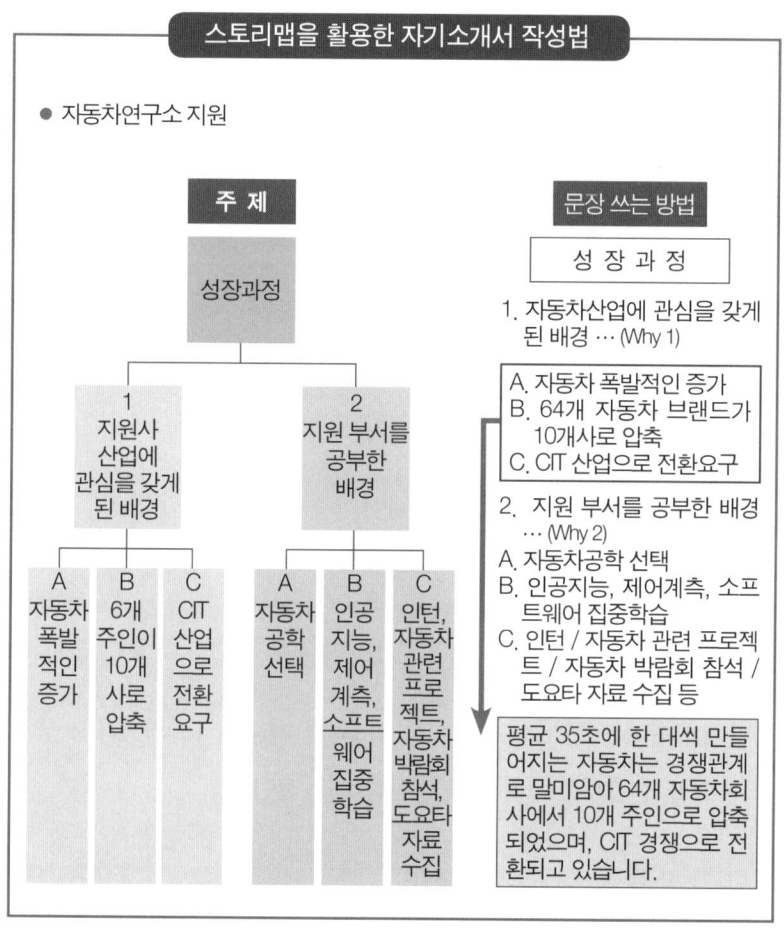

위 사례는 자동차연구소에 지원한 내용이다.

일단 주제가 성장과정이다. 성장과정은 어디서 태어났고, 형제가 어떻게 되고, 부모님이 어떻게 키웠다는 내용이 아니다. 지원하는 산업에 관해 관심을 가졌거나 공부하게 된 배경을 적어야 한다.

부주제에 해당되는 키워드를 2가지로 생각하고 부주제별 구체화 작업을 3개씩 나열하였다.

- ■ 자동차 산업에 관심을 갖게 된 배경
- ❶ 자동차의 폭발적인 증가
- ❷ IMF 이후 세계 64개 자동차 주인이 10개로 인수합병된 사실
- ❸ CIT 산업으로 전환되는 자동차 시장

- ■ 연구소를 지원하게 된 배경
- ❶ 자동차공학을 선택
- ❷ 인공지능형 자동차 개발과 제어계측 관련 학문 집중
- ❸ 인턴, 자동차 센서 개발 프로젝트 참여 외

이렇게 나열한 것이 문서작성법이다.

자기소개서는 문서가 되어서는 안 되기 때문에 1번의 3가지 구체화 사실을 연결해서 스토리로 표현하라는 것이다.

구체화한 내용	연결시킨 스토리
가. 자동차의 폭발적인 증가 나. IMF 이후 세계 64개 자동차 주인이 10개로 인수합병된 사실 다. CIT 산업으로 전환되는 자동차 시장	평균 35초에 만들어지는 자동차는 경쟁관계로 말미암아 64개 자동차 회사에서 10개 자동차 회사로 압축되었으며 CIT 산업으로 전환되고 있습니다.

스토리맵을 활용하는 이유는 생각을 정리하는데 있지만 정보와 자료가 누락되거나 중첩되는 것을 막기 위함이다.

어떤 내용을 써서 전달할 것인가가 중요한데 그러기 위해서는 지원하는 회사의 관련 정보와 자료를 많이 찾고 분석해야 좋은 키워드를 찾아내고 구체화할 수 있다.

자기소개서를 작성하는
10가지 노하우

필자가 대학에서 진로와 취업에 관해서 10년 동안 강의한 경험을 토대로 노하우를 알려주고자 한다. 이러한 노하우가 취업을 준비하는 학생들에게 도움이 되었으면 하는 바람이다.

자기소개서를 제출해서 탈락한 사람들은 왜 탈락했는지에 대한 이유를 발견할 수 있고, 빠르게 자신의 역량과 가치를 전달할 수 있는 방법을 터득할 수 있을 것이다.

자기소개서가 통과해야 면접장까지 갈 수 있다. 1초에 능력을 전달할 수 있어야 성공한다.

구체화시키는 기술과 사례

【구체화 사례 1】

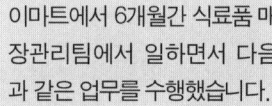

자기소개서 구체화시키는 작성법

저는 이마트에서 6개월간 식료품 매장관리팀에서 <u>열심히 일한 경험이 있습니다. 경험을 살려서</u> 홈플러스에 입사하게 된다면 최선을 다해 일하겠습니다.	이마트에서 6개월간 식료품 매장관리팀에서 일하면서 다음과 같은 업무를 수행했습니다. 1. 재고파악 2. 발주업무 3. 거래처 관리 4. 상품진열 및 유효기간 점검 5. 클레임 처리

학생들이 작성한 자기소개서를 클리닉하다 보면 가장 많이 지적하는 것이 구체화시키는 기술이 부족하다는 점이다. 위에서 본 바와 같이 이마트에서 6개월간 식료품 매장에서 일했다고만 하지 무슨 일을 했는지는 나열하지 않았다.

홈플러스 인사담당자 입장에서는 이마트 식료품 매장에서 6개월간 어떤 일을 했는지 알아야 직무 수행력을 인정할 수 있다. 따라서 왼쪽의 글을 오른쪽처럼 구체적으로 기술할 수 있어야 한다.

식료품 매장에서 6개월 일하면서 다음과 같은 업무를 수행했습니다.

❶ 재고파악

❷ 발주업무 및 거래처 관리

❸ 상품진열 및 청소 업무

❹ 유통기간 점검 및 반품처리 업무

❺ 클레임 처리 및 문제해결

❻ 일일 판매보고서 작성 및 주간 목표 달성을 위한 계획수립

이런 식으로 했던 업무를 구체적으로 기술해 줘야 읽는 사람이 판단하기 쉬워진다.

홈플러스 인사담당자는 구체적으로 나열한 업무를 보고 홈플러스 식료품팀에 채용하면 즉시 현업에 활용할 수 있겠다는 판단을 해야 면접장에 부른다.

탈락한 서류의 대부분은 '○○에서 ○○한 일을 한 경험이 있다'라고만 쓴다. 읽는 사람이 무엇을 했는지 몰라서 망설인다. 읽는 사람 입장에서는 식료품 매장에서 근무한 경험과 식료품 팀에서 어떤 일을 했는지 구체적으로 적어주면 판단하기가 쉬워진다.

여러분도 경험한 것들을 이처럼 구체적으로 기술할 수 있어야 성공할 수 있다.

공부만 한 사람이 유통 분야로 지원하고 싶다면 어떻게 하면 될까?

⇒ 집 근처에 있는 편의점에서라도 아르바이트 경험을 하라.

공부만 한 사람과 유사 산업에서 경험한 사람이 만나면 현장 경험을 한 사람을 선호한다. 편의점에서 아르바이트를 한 경험을 구체적으로 기술하면 유통회사(이마트, 홈플러스 외)에서 일하는 것과 다를 바 없다.

○○편의점에서 다음과 같은 업무를 수행했습니다.

❶ 자금관리
❷ 유통기간 점검 및 반품처리
❸ 상품 진열 및 청소 업무
❹ 고객응대 및 판매 업무
❺ 발주 및 거래처 관리 업무
❻ 클레임 처리 및 문제해결
❼ 일일 매출 정리 및 보고 업무
❽ 근무자 조편성 및 출결 체크

이렇게 편의점에서 했던 업무를 구체화시켜 놓고 보면 이 업무가 유통회사에서 하는 업무와 다를 바 없다.

　이와 같이 여러분이 진로를 선택하고 지원할 회사가 정해졌다면 그 회사가 속한 산업군에서 작더라도 경험을 하고 위와 같이 구체적으로 했던 업무를 나열할 수 있으면 경쟁력을 갖게 된다.

【 구체화 사례 2 】

자기소개서 구체화시키는 작성법

귀사는 글로벌 경쟁에 대응하기 위해서는 BRIC'S 중심으로 이동하셔야 하며, 그 중에서 가장 좋은 선택은 <u>중국으로 진입</u>하는 것이라 사료됩니다.

중국으로 진입하기 위해서는 다음의 방법이 있습니다.
1. M & A
2. 기술이전을 통한 지분 확보
3. 중국 A사와 50 : 50 합작
4. MOU 체결
5. 직영
※이중에서 기술이전과 MOU 체결방법을 제안합니다.

　위의 사례는 모 분유회사에 제출한 자기소개서다.

　신생아 출산율이 감소하면서 분유회사 뿐만이 아니라 모든 산업에 지각변동이 생겼다. 따라서 지각변동이 생기는 기업들의 갈증요인을 해결할 수 있는 전략을 제시하는 서류로써 대단한 가치를 지닐 수 있었는데, 왼쪽처럼 작성했을 경우에는 그저 막연할 뿐이다.

　이런 경우 경영학에 있는 제품 - 시장 매트릭스를 활용하면 쉽게 전략을 도출해 낼 수 있다.

시장침투 전략

시장침투 전략은 기존 제품을 기존 시장에 침투하는 전략을 말한다.

기존 제품의 외형을 바꿔서 회사의 손실을 만회하려고 가격을 높일 경우, 소비자가 알게 되면 회사는 존폐위기에 놓일 수 있게 된다. 따라서 시장침투 전략은 좋은 선택이 아니다.

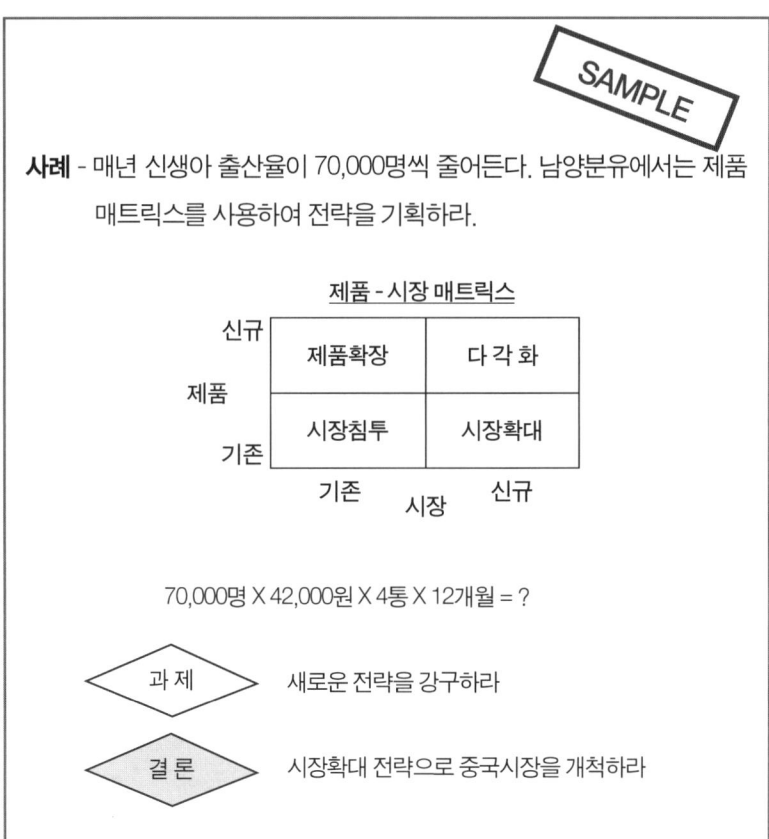

사례 - 매년 신생아 출산율이 70,000명씩 줄어든다. 남양분유에서는 제품 매트릭스를 사용하여 전략을 기획하라.

제품 - 시장 매트릭스

신규		
제품	제품확장	다 각 화
기존	시장침투	시장확대
	기존	신규

시장

70,000명 X 42,000원 X 4통 X 12개월 = ?

과 제 　새로운 전략을 강구하라

결 론 　시장확대 전략으로 중국시장을 개척하라

제품확장 전략

신제품을 개발하여 기존 시장에 침투시키는 전략이다.

우선 신제품을 개발하기 위해서는 시간, 비용, 인력을 투입해야 한다. 아이들에게 좋은 성분을 추가로 첨가해서 기존에 판매하던 분유를 프리미엄급으로 출시하고, 아이들의 머리가 좋아지고, 피부가 깨끗해지며, 면역력이 강해지고, 키도 쑥쑥 커진다고 광고하면 주부들은 똑똑하고 키가 큰 건강한 아이로 키우기 위해 프리미엄급 분유를 선택할 것이다. 그러나 이것은 일시적이다. 출산율이 낮아지면 또 신제품을 만들어야 한다. 제품확장 전략으로는 충분하지 못하다.

시장확대 전략

기존 제품을 새로운 시장으로 가지고 나가는 전략이다. 신시장을 어디로 정할까?

최근 중국에서 생산된 분유를 먹고 중국에 유아들이 머리가 커지고 눈에 핏줄이 생기더니 끝내 숨을 거두었다는 보도를 들은 바 있다. 그후 중국 부모들은 중국분유를 아이들에게 먹이지 않는다.

이런 혼탁한 환경은 한국 기업에는 호재로 작용할 수 있다. 한국은 연 출생아가 439,000명 정도 된다. 중국은 대략 40,000,000명 된다. 한국시장의 100배에 달한다. 이런 시장에서 아이들의 생명을 위협할 수 있는 사건이 발생한 것은 시장확대를 시키기에는 최적의 조건이 마련된 셈이다.

기존의 제품을 중국으로 이동시키면 된다. 한국에서 생산된 우수한 품질의 분유를 중국으로 어떻게 가지고 갈 것인가가 문제다.

구체화한 사례 2에서 본 바와 같이 2가지로 생각을 정리할 수 있다.

1. 중국으로 진입하는 것이 바람직함
2. 중국으로 진입하는 방법은 다음과 같음

   ❶ M&A
   ❷ 기술이전을 통한 지분확보
   ❸ 직영하는 방법
   ❹ 중국 내 유통망을 갖추고 있는 A사와 MOU를 체결하는 방법
   ❺ 중국 A사와 50 : 50 합작하는 방법

이 중에서 기술이전과 MOU(Memorandom of Understanding : 양해각서) 체결 방식을 제안합니다.

위 1 항목과 2 항목을 비교해보면 1 항목도 중국으로 가야 한다는 주장을 제안했고, 2 항목도 중국으로 가야 한다는 내용을 제안했으나 1과 2에는 큰 차이가 있다.

보통 학생들이 쓸 때는 1 항목처럼 자기소개서를 작성한다. 그러한 제안은 누구나 할 수 있다. 2 항목처럼 작성해서 제안해야 한다. 2 항목처럼 작성했을 경우에는 면접 때 무엇을 물어볼까?

'당신은 기술이전과 MOU 체결방법 중 어떤 것을 선택하겠습니까?'

→ MOU 방식을 선택하겠습니다.

'왜 그렇게 생각하십니까?'

→ 기술이전은 중국 기업에 기술을 빼앗길 수 있지만 MOU 체결방

식은 A사에 마진을 보장하는 상태에서 수출만 하면 A사의 유통망을 활용해서 중국 시장을 조기에 선점할 수 있다고 사료됩니다.

이런 자기소개서가 가치를 지닌 서류이며, 그 어떤 취업 영향 요소 중에 가장 우선하게 된다. 이렇게 쓰는 자기소개서가 고수다.

따라서 시장확대 전략은 비용과 인력이 들지 않으면서도 기존 제품을 중국으로 수출하면 된다. 가장 적합한 전략이라 할 수 있다.

다각화 전략

신제품을 개발하여 새로운 시장으로 판매를 하는 전략이다. 앞서 말한 바와 같이 신제품을 만들려면 비용과 인력이 들기 때문에 부적합하다.

프레임워크나 툴을 이용하여 전략을 만들어 내고, 근거와 정보를 제공할 수 있다면 최적의 가치를 만들어 낼 수 있다. 따라서 이런 가치를 만들어 내는 과정들을 구체화시킬 수 있으면 취업에 성공할 수 있다.

당사를 지원한 목적과 동기에 대해 기술하시오.

【지원 목적】NY 분유의 갈증요인 해결

신생아 출산율 감소로 인해 NY 분유에 막대한 매출손실을 예상할 수 있었습니다. 이는 회사의 제품이나 직원들의 문제가 아니라 출생률 감소에 따른 영향으로 사료됩니다. 이런 현상은 계속적이고 장기화할 전망이며, 이를 극복하기 위해서는 새로운 제품 및 판로를 개척해야 합니다.

1. 신생아 출산율 감소에 따른 매출저조 극복
2. 제품 - 시장 메트릭스를 활용한 전략 연구
3. 매출확대를 위한 아이디어 제안

【지원 동기】시장 확대 전략으로 중국으로 진입

중국 신생아 출산은 4천만 명에 이르고 있으나 최근 중국산 분유를 먹은 아이들이 사망하는 사고가 발생했으며, 중국산 분유에 대한 불매운동이 일고 있습니다. 한국시장의 100배에 달하는 중국시장으로 진입할 것을 제안드리며, 진입방법은 다음과 같습니다.

1. M & A
2. 중국 A사에 기술이전을 통한 지분확보 방법
3. MOU를 통한 시장선점
4. 중국 A사와 50 : 50 합작
5. 직영

이들 중 기술이전과 MOU 체결 방법을 제안합니다.

이렇게 작성된 서류는 여러분도 처음 보았을 것이다. 앞으로는 이런 수준의 아이디어를 제공하고 작성하는 기법도 편지글 형식이 아닌 3단 프레임워크를 활용한 3단 구성법으로 바꿔야 성공할 수 있다.

Counseling

1. 프레임워크나 툴을 활용하여 논리적인 산출물을 만들어 낼 것
2. 구체적으로 생각을 나열할 것
3. 산업과 경쟁관계를 분석하고 정보와 자료를 모을 것

개조 문화시키는 기술과 사례

개조식 표현이 필요한 부분은 제일 상단에 적을 결론 부분의 '타이틀'이다. 방법 부분은 개조식으로 간략하게 단어를 압축 요약해서 짧고 간결하게 쓴다. 그리고 필요하다면 개조문 아래 부연설명을 서술식으로 간략하게 적으면 된다.

여러분들이 주로 사용하고 있는 서술식 문장을 개조식 표현으로 바꾸는 연습을 해보자.

서술식 표현	개조식 문장 연습
저는 항상 아이디어가 될 수 있는 뭔가를 찾고 개선하면 좋을 것 같은 방법을 늘 연구합니다.	
GS25시 편의점에서 아르바이트를 하면서 물건을 판매하는 일을 했습니다.	
잘하는 것도 없지만 그렇다고 못하는 것도 없는 사람입니다.	
컴퓨터를 잘 만지며 친구들이 컴퓨터에 대해 많이 물어옵니다. 그럴 때면 이해하기 쉽게 가르쳐 줄 수 있습니다.	
저를 채용해 주신다면 그간 경험한 인턴 및 아르바이트 경험을 살려 최선을 다해 일하겠습니다.	

Counseling

1. 길게 쓰는 문장을 짧고 간결하게 만들 것

2. 압축 요약해서 키워드만 전달할 것

3. 결론 부분 '타이틀', 방법 부분 나열은 개조 문화시킬 것

개조식 표현 : 문장 앞에 번호나 기호를 붙여가며 짧게 끊어서 중요한 요점이나 단어를 나열하는 방식

개조식 표현 예시

- 당사의 고객은 품질을 중시함
- 경쟁사는 아시아 시장에서 M / S를 확대하고 있음
- 신속한 의사결정이 가장 중요함
- 문서 공통의 skill up 교육이 필요함
- 경기가 급속히 하강하고 있음

문서작성 항목 부호를 잘 표현해서 성공한 사례

최근 기업에서는 문서작성과 관련해서 항목 부호 붙이는 것들이 모두 바뀌었다. 이런 사실을 학생들이 알리 만무하다. 그러나 문서에 부호나 항목 표기하는 것이 중요하다. 다음은 현대자동차에 제출한 자기소개서이며 항목 부호를 잘 붙여서 면접관으로부터 크게 칭찬을 받은 서류다.

1. 지원 동기

X 가. 으로 시작된다.

X 는 1칸 띄운다는 표시다. 그 아래 부호는 2칸이 들어가서

XX 1)로 표기한다. 그 다음은 3칸 들어가서

XXX 가)가 된다.

예전에는 항목 하나씩 내려올 때 3칸씩 들어가서 표기를 했으나 최근 문서작성 항목 표기법이 개정되면서 항목 하나씩 내려갈 때 1칸씩 들어가서 표기하는 것으로 바뀌었다.

여러분도 자기소개서를 작성하면서 생각을 개조 문화할 때 항목의 부호를 붙일 경우가 있다. 이럴 때는 최근 바뀐 항목 부호를 부여하기 바란다.

■ 묻는 질문의 항목을 나열하라

현대자동차에 지원하게 된 동기와 희망직무 및 이유를 서술하시오.
(경험, 관심, 전공과목 등 연계)

1. 지원 동기 '러시아 시장 공략의 적임자'
인공지능형 텔레메틱스 자동차만이 소비자에게 '놀라움'을 전달할 수 있으며, 21세기 산업트렌드인 '스마트'를 충족시킬 수 있습니다.

① '시장확대전략'으로 판로 개척 - BRIC'S 시장을 중심으로 시장판로를 확대시켜가는 전략이 필요할 것이며, 특히 무궁한 잠재력을 지니고 있는 러시아 공략은 경쟁구도에 큰 의미가 있을 것으로 사료됩니다.

② '상트페테르부르크'에 적합한 인재 - 러시아 해외연수를 통한 현지 문화 이해와 현재의 인맥 네트워크는 현지 업무를 수행하는데 많은 도움이 될 것으로 확신하며, 시간절약과 업무 효율을 높이는데 기여할 것입니다.

2. 희망직무 및 이유

【희망직무】 해외 영업본부 동구팀

【지원 이유】 상트페테르부르크에서의 유학생활과 인맥 네트워크 활용

① 상트페테르부르크에서 유학생활을 했습니다. 현지 투입과 동시에 업무 수행이 가능합니다.

② 유학을 하면서 쌓은 인맥이 업무를 수행하는데 많은 도움이 될 것입니다. 한국인 교민을 비롯하여 법조계에서 일하고 있는 러시아 친구, 대학교수님 등 활용가능한 네트워크를 갖고 있습니다.

다음 항목 부호의 변환된 내용을 익혀서 활용하기 바란다.

■ 최신 항목 표기 변환

기준에 맞추어 쓴다(표시 위치 및 띄어쓰기)

After

문서번호 X:X인재oooo-oo   2012. 8. 30
수신 X : X 수신처 참조
제목 X : X 문서작성 교육 실시의 건
            문서작성 교육을 다음과 같이
실시하오니 참석하여 주시기 바랍니다.
          - X 다   음 X -
1. X 첫째 항목oooooooooo…
X가. X둘째 항목 …
XX1) X 셋째 항목oooooooooo…
XXX가) X 넷째 항목oooooooooo…
XXXX(1) X 다섯째 항목oooooooooo…
XXXXX(가) X 여섯째 항목oooooooooo…
붙 임 X : X 1. Xooooooooooo1부
            2. Xooooo……1부X. 끝.

                        발 신 명 의
_____
수신처 X : X ooo,ooo,oooo.

Before

문서번호 X:X인재oooo-oo   2012. 8. 30
수신 X : X 수신처 참조
제목 X : X 문서작성 교육 실시의 건
            문서작성 교육을 다음과 같이
실시하오니 참석하여 주시기 바랍니다.
          - X 다   음 X -
1. X ooo…
2. X ooo…
XXX1) Xoo…
      2) Xoo…
    XXX(1)Xooo…
    XXX(2)Xooo…
        XXX-Xoooo…
        XXX-Xoooo…

유 첨 X : X 1. Xoooooooooo 1부
            2. Xoooo……1부X (끝)
                        발 신 명 의
_____
수신처 X : X ooo,ooo,oooo.

기업에서 사용하는 언어와 단어 선택의 기술과 사례

졸업예정자들 즉 학생들이 자기소개서를 작성할 때는 대부분 학생들이 사용하는 언어들을 선택한다. 그러나 기업의 실무자들은 학생들이 사용하는 언어를 좋아하지 않는다. 학생들 언어이기 때문이다.

군인들은 군인들의 언어가 있듯이 기업은 기업에서 사용하는 언어와 단어가 있다. 기업에서 사용하는 단어들을 써야 관심을 갖고 읽어준다.

다음은 학생이 삼성제일모직에 쓴 자기소개서를 필자가 클리닉을 한 것이다.

학생이 사용한 단어를 정리해 보면 다음과 같다.

학생이 사용한 단어	필자가 클리닉한 단어
창의적인 졸업작품	패션을 사랑하는 열정
어학연수와 동아리	기회를 파악하는 빠른 판단력
다양한 사람과 교류	정해진 예산 최고 매출
밝은 성격과 사교성	상품을 기획하는 인재
영화감상 동아리 부회장	목표고객 잠재고객
고등학교 때 활동	브랜드 품격과 새로운 디자인
창작동아리와 선후배들	예산, 원단, 디자인
봉사활동	클래식 가치
시각장애인 복지관	원단, 단추, 실, 협력업체
미술지도 도우미	

취업경쟁에서는 졸업예정자들만이 경쟁을 하는 것이 아니다. 현업에 근무하면서 이직을 생각하는 사람들과 함께 경쟁을 치르고 있다. 회사를 옮기는 사람들은 학생들이 사용하는 언어나 단어들을 사용하지 않는다. 마치 여러분의 친구들이 군에 갔다 휴가를 나오면 거의 군인들이 쓰는 언어와 단어를 사용하는 것과 같다.

현업에 1~3년 근무한 중견기업 재직자들이 큰 기업으로 갈아타려고 지원하는 사람들 중에 10% 정도 된다는 것을 신문기사를 통해 읽은 적이 있다.

현업에 재직 중인 사람들의 강점은 대학을 졸업하려는 예정자들보다 많다.

첫째, 조직 내에서 팀 활동을 통해 커뮤니케이션이 원활하다.

둘째, 지원 직무에 대해 경험했기 때문에 지원 동기 부분에서 경쟁력을 갖고 있다.

셋째, 기획력 및 문서작성이 자유롭다.

넷째, 시장판세와 경쟁관계 분석이 용이하며 전략 도출이 가능하다.

다섯째, 학생 때 사용하던 언어와 단어를 사용하지 않고 회사에서 사용하는 언어와 단어를 사용하며 역량과 가치를 동시에 전달하기가 용이하다.

■ 직무와 연관된 단어와 언어 선택

삼성제일모직 자기소개서 샘플

After

【자기소개서】

자신이 회사에 필요한 사람임을 보일 수 있도록 자신에 대해 좀 더 자세히 적어주세요. (자기소개 400자 이내)

　패션을 사랑하는 열정과 기회를 파악하는 빠른 판단력이 상품기획 MD의 요건입니다.

1. 정해진 예산으로 최고의 매출을 올리는 상품을 기획하는 인재

2. 목표 고객을 설정하고 잠재고객을 끌어들이는 시장을 확장하는 인재

3. 제일모직 브랜드 품격과 일치되는 새로운 디자인을 제안할 수 있는 인재

저는 이런 인재가 되기 위해 다음과 같이 노력하겠습니다.

1. 최소의 예산, 최고의 원단, 최고의 디자인을 잡아라. - 학생이었기에 의상을 제작할 때, 언제나 예산의 한계가 있었습니다. 하지만 최소의 예산, 최고의 원단, 최고의 디자인은 언제나 저의 모토였습니다. 발품을 팔아서 최고를 찾아내겠습니다.

2. 클래식의 가치를 아는 목표고객과 잠재고객 - 중·장년층에게는 클래식의 가치를 제안하고, 젊은층에게는 고품격의 대명사가 되어야 합니다.

3. 디자인 속에는 디자인, 원단, 단추, 실, 협력업체의 인력 등 수많은 요소가 포함되어 있습니다. 상품기획 MD로 예산을 정확히 배분·분석하여 트렌드와 부합하면서도 제일모직 브랜드 품격과 일치되는 디자인을 제안하겠습니다.

【자기소개서】

자신이 회사에 필요한 사람임을 보일 수 있도록 자신에 대해 좀 더 자세히 적어주세요. (자기소개 400자 이내)

　제일모직을 위한 '열정, 글로벌 인적 네트워크와 나누는 마음'을 가진 사람입니다.

　첫째, 최고의 가치를 추구하는 열정을 가졌습니다. 외부적인 요인에 의한 문제를 기회로 삼아 목표한 바를 꼭 이루겠다는 집념으로 창의적인 졸업 작품을 완성하였습니다.

　둘째, 어학연수와 동아리를 통해 다양한 사람과 교류하고 있습니다. 밝은 성격과 사교성으로 영화감상 동아리 부회장을 역임하고 고등학교 때부터 활동했던 시 창작동아리의 선후배들과도 각별한 관계를 유지하고 있습니다.

　셋째, 학교의 사회봉사와 토론토대학교에서의 봉사활동으로 나누는 법을 배웠습니다. 성북시각장애인복지관에서 미술지도 도우미와 교구제작을 통해 시각장애를 가져도 정도에 따라 색을 구분할 수 있으며 작은 봉사로 나누는 기쁨과 감사하는 마음을 배웠습니다.

1. 학생들이 사용하는 언어나 단어를 사용하지 말 것

2. 직장에서 사용하는 언어와 단어를 사용할 것

3. 현업에 근무하는 선배나 지인에게 클리닉을 받을 것

자기소개서 질문 항목의 핵심 키워드에 맞춰서
작성하는 기술과 사례

자기소개서의 기본항목은 성장과정, 성격의 장·단점, 지원 동기, 입사 후 미래 포부 정도이다. 그러나 요즘에는 질문하는 항목들이 다양하고 복잡해졌다.

기본항목을 분석하면 다른 복잡한 질문들도 모두 해석이 가능해진다.

■ 성장과정

성장과정을 왜 물을까? 말 그대로 어디서 태어나서 어떻게 자랐는지를 보는 걸까? 아니면 특별한 의도가 있는 것일까?

학생들 대부분은 자기소개서를 작성해본 경험이 없어서 말 그대로 해석해서 어디서 태어났고 어떻게 자라왔다는 내용을 적는다.

그러나 기업의 의도는 그것이 아니다. 기업이 듣고자 하는 성장과정의 메시지는 지원 회사가 속해 있는 산업군에 관심을 가졌거나 지원한 직무에 대해 공부했거나 관련 분야에서 경험한 것들을 듣고자

하는 것이다. 따라서 성장과정은 지원한 자가 얼마나 관심을 가지고 준비했는가를 알려고 하는 것이 핵심 키워드다.

성장과정에는 지원한 회사가 속해 있는 산업군에 관심을 가졌거나, 지원한 직무를 학습했거나 경험한 사실들을 기술함으로써 '준비된 인재'임을 보여야 한다.

■ 기본 항목과 핵심 키워드

성장과정
지원한 산업이나 부서에 대해 관심을 갖거나 공부를 하게 된 배경(준비된 사람)

장·단점
지원 부서의 특성을 고려한 자신의 강점 표현
단점은 개선 프로그램을 통해 보완하고 있음을 표현
(적합한 인재)

지원 동기
가장 중요한 부분
· 지원하는 부서의 업무를 수행할 수 있는 역량
· 시장 판세를 읽고, 지원사의 차등화 전략 제언
(밥 값할 수 있는 인재, 돈 벌어줄 인재)

장래포부
지원분야 전문가로 성장할 수 있는 단계별 전략을 구체적으로 기술 (명쾌한 비전 제시, 단계별 기술)

■ 장·단점

장점은 지원자의 자랑을 듣고자 하는 것이 아니다. 지원자가 잘하는 것을 소개하라는 것도 아니다. 회사가 듣고자 하는 것은 '지원 직무에 적합한 성향을 지닌 인재'인가를 확인하고 싶은 것이다.

예를 들어, 인사팀에 지원하는 사람일 경우 가장 필요한 성향은 '이성적인 판단과 객관성을 지닌 인재'이다.

인사팀은 채용에서부터 퇴사까지 인력을 관리하는 업무다. 사람을 관리하는 업무다 보니 개인적인 감정이 개입되는 것도 주의해야 하고, 원칙과 규정에 의한 객관적인 판단력을 지녀야 공정하게 업무를 처리할 수 있다.

인사팀을 지원할 경우 장점에는 '이성적인 판단과 객관성을 지닌 인재'로 타이틀을 걸면 된다.

자금, 회계 분야에 지원할 경우 장점에는 어떤 타이틀이 좋을까? '윤리와 도덕성'이다.

첫째, 자금 사고를 내지 말아야 한다.

둘째, 타인의 자금을 관리하는 업무라서 믿음과 신뢰를 줘야 하고, 책임을 갖고 지켜줘야 된다.

셋째, 숫자 개념이 있어야 된다.

이런 장점이 있어야 적합한 인재라고 본다.

장점은 지원 직무에 '적합한 인재' 인가를 확인하려는 것이 기업의 의도다.

단점은 왜 적으라는 걸까? 어떤 지원자들은 단점을 적지 않고 장점 같은 단점을 적는다.

'너무 업무에 집중한 나머지 가끔 스트레스를 받을 때가 있습니다.'

회사 입장에서는 바라는 바이며 좋은 장점이라고 판정한다.

적당한 단점은 적고 ○○한 과정을 통해서 개선의 노력을 하고 있다고 적으면 된다. 자신의 단점을 시인할 줄 아느냐를 보는 것이다. 시인하고 개선하는 노력을 적어주면 아무런 문제가 없다. 그러나 치명적인 단점은 피해야 한다.

예를 들어, 인사팀에 지원하는 사람이 '정이 너무 많다. 감성적이다. 천기누설을 잘한다.' 이런 사람은 인사팀에 부적합한 사람이다. 자금팀에 지원하는 사람이 '도벽이 있다' 이것은 치명적인 단점이다.

■ 지원 동기

대기업에서는 지원자가 너무 많아서 1차 자기소개서를 검토할 때 지원 동기와 사진만을 보는 경우가 있다. 지원 동기가 그만큼 중요하다.

'지원 동기를 어떻게 써야 할까요?' 학생들이 물어오는 경우가 있다. 지원 동기는 본인이 써야 하는데 준비가 덜 된 상태에서는 어떻게 써야 할지 막연한 게 당연하다.

회사이름만 보고 지원할 경우 지원하는 이유가 간단한데도 쓰지 못한다. '남들이 다 가니까 나도 지원한다'가 정답이다.

생각조차 하지 않았던 회사에 입사지원서를 제출한다고 합격하겠는가? 할 수도 있겠지만 성공률은 높지 않을 것이다. 준비된 것이 없기 때문에 내용이 부실할 수밖에 없고 인사담당자를 움직일 수 있는 매력을 갖추지 못해서 휴지통에 들어갈지도 모른다.

지원할 회사를 미리 정하고 직무도 미리 정해서 회사와 관련된 정보와 자료를 많이 모으면 모을수록 가치있는 것들을 만들어 낼 수 있고, 한 방에 취업이 되는 기적을 만들 수도 있다. 필자는 지도하는 학생들이 지원한 회사에 한 번에 입사하는 것을 원칙으로 하고 카운슬링을 한다. 그러기 위해서는 학기 초에 개인별 스펙과 역량을 분석하고 진로 카운슬링을 통해서 방향과 지원 회사의 수준과 직무를 선택하고 관련된 산업을 분석하게 한다.

이러한 과정은 자기소개서에 역량과 가치를 담아내기 위해서 준비하는 것들이다.

지원 동기에는 무엇을 적어야 할까?

- 지원할 직무를 수행할 수 있는 역량을 기술하라.
- 회사가 성장하는데 기여할 수 있는 아이디어를 제공하라.
- 회사의 문제를 지적하고 타당성 있는 대응전략을 제시하라.

이 세 가지가 핵심 키워드다. 세 가지 중에 한 가지라도 명쾌하게 작성할 수 있어야 면접장까지 갈 수 있다.

❶ 지원할 직무를 수행할 수 있는 역량을 기술하라

지원한 직무를 수행할 수 있는 역량을 적는 것은 가장 기본이다. 인턴이나 아르바이트를 했을 경우에는 일을 하면서 경험한 것들을 구체적으로 기술하고, 공부만 했을 경우에는 지원 직무와 연관성 있는 전공 분야를 활용할 수 있도록 작성한다. 또 다른 것이 있다면 학교 내에서 취업을 위해 했던 캠프나 과정 등을 통해서 취득한 자격증이나 수료증과 관련해서 회사에 도움이 될 수 있겠다는 내용을 적어도 좋다.

피해야 할 것은 인터넷에 있는 지원 회사의 안내들을 카피해서 적는 것은 최악의 결과를 얻을 수 있으므로 피하도록 하라. 예를 들면 ○○회사는 창사이래 ○○한 것을 개발하여 재계 ○위에 있고… 하는 내용들이다.

❷ 회사가 성장하는데 기여할 수 있는 아이디어를 제공하라

이것은 가치를 제공하는 것이며 다른 어떤 것보다도 우선한다.

가치를 만들어 내려면 지원하는 회사와 산업에 대해 많은 정보와 자료를 찾아서 분석해야 하고 경쟁관계까지도 연구해야 좋은 결과물을 만들 수 있다. 필자는 학기 초부터 지원 회사와 직무를 정하고 그 회사가 속해 있는 산업을 분석하고 회사에 제안할 아이디어를 만드는데 집중한다. 이러한 이유로 서류를 내고 한 번에 합격한 경우가 많다.

회사에 기여할 수 있는 아이디어들은 다음과 같다.
- 기존 기술을 기반으로 새로운 제품을 만들어 낼 수 있는 대체품에 대한 아이디어
- 새로운 판로를 제안하는 아이디어
- 전략적 제휴나 파트너십을 제안하는 아이디어
- 기존제품에 추가될 콘텐츠를 제안하는 아이디어

● 비용을 줄일 수 있는 아이디어 등

❸ 회사의 문제를 지적하고 타당성 있는 대응 전략을 제시하라

경험했던 것들을 기술해 보면 다음과 같다.

● 식음료 산업에 지원할 경우 식음료 산업을 분석하고 지원 회사와 경쟁사의 제품 포장에 대한 디자인을 제안해서 성공한 사례

● 믹스 캔커피(커피, 설탕, 프림이 들어있는 커피)는 시중에 있지만 블랙 캔커피에 대한 소비자들의 요구를 조사해서 제안했던 사례

● 시장판세를 읽고 경쟁관계에 대한 경영전략 및 마케팅 전략을 제시했던 사례

● 전통적 비즈니스 방식의 문제 제기와 대안 제시(급여 테이블, 출근 문제, 고정비 손실의 문제 등)를 했던 사례

취업에 성공하기 위해서는 4학년 초부터 아니면 그 이전부터 지원하고 싶은 회사와 직무를 선택하고, 산업군이나 경쟁관계들을 철저하게 분석해서 나름대로 타당성 있는 아이디어를 만들어 내야 된다.

어느 날 갑자기 채용공고가 뜬 이름이 알려진 회사에 아무 생각 없이 예전에 썼던 자기소개서 내용을 날짜와 부서를 수정해서 제출할 경우에는 탈락한 경력이 하나 더 쌓일 뿐이다.

복잡한 구조를 가진 자기소개서 작성법

최근 자기소개서는 묻는 항목이 복잡해지고 전문성을 기술할 수 있도록 디자인되고 있다. 다음은 외환은행에서 사용한 자기소개서

샘플이다. 한 문장에 여러 가지 내용을 묻고 있다.

이런 경우 학생들은 당황해 하고 어떻게 작성해야 하는지를 많이 질문한다.

■ 묻는 항목을 나열하라

질문항목 : 타인을 위하여 봉사한 경험과 이유, 느낀 점을 구체적으로 기술하여 주십시오.

이런 경우에는 항목을 나눠야 하는데 3가지를 묻고 있다.

경 험 / 이 유 / 느낀 점

일단 묻는 질문에 알고자 하는 3가지를 구분해서 나열한 후에 작성해야 한다.

3가지를 묻고 있는데도 불구하고 학생들은 편지글로 3가지를 포함해서 작성한다. 인사담당자는 경험은 무엇이고, 이유가 무엇인지, 느낀 점은 어떤 것인지를 밑줄을 쳐가면서 읽어야 된다. 그래서 읽지 않고 휴지통에 버린다.

결국 회사는 이런 경험과 이유, 느낀 점을 통하여 지원자가 회사에 어떤 도움이 될까를 판단하는데 그 판단을 '회사 기여도'로 지원자가 미리 적어서 보내면 읽는 사람 입장에서는 편리하다.

이와 같이 주어진 질문사항에 대해 일단 묻는 항목들을 나열하고 그것이 회사의 어떤 부분에 영향을 미치고 도움이 되는지를 나열해서 작성하는 것이 복잡한 구조를 갖고 있는 형식에서는 바람직한 작성법이라 할 수 있다.

■ 말귀를 알아듣는 사람과 일 잘하는 사람의 차이점

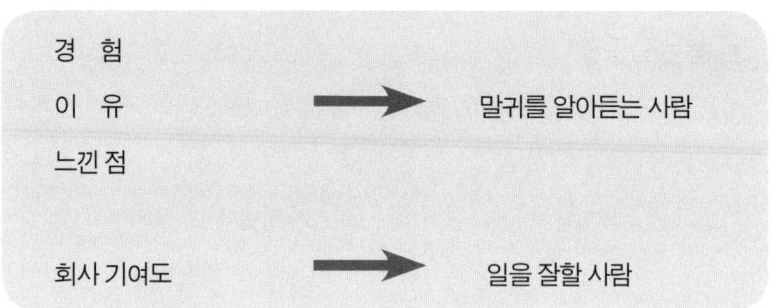

3가지 묻는 항목을 편지글로 쓰는 사람은 말귀를 알아듣지 못하는
사람이다.

자기소개서 질문항목은 '회사가 여러분에게 던지는 메시지'다. 전
하는 메시지는 3가지를 알고 싶어서 던졌는데, 여러분이 편지글 형
식으로 구분도 하지 않고 작성한다면 채용해서 일할 때도 말귀를 못
알아들으면 곤란하다고 판단한다.

3가지를 구분해서 작성하는 사람은 말귀를 알아듣는 사람이다. 소
통이 가능한 사람으로 평가한다. 채용해서 일을 하더라도 업무를 지
시하면 최소한 말귀는 알아듣겠다는 평가를 하게 된다.

더 좋은 케이스는 읽는 사람이 최종 파악하고 싶은 '회사에 기여할
수 있을까?'에 대한 정리를 미리 해서 기술해 주는 사람은 일을 잘할
사람으로 평가한다. 하나를 가르치면 열을 깨우치고 행동할 사람으
로 평가해서 선택하는데 주저하지 않는다.

■ 묻는 질문의 항목을 나열하라

1. 타인을 위하여 봉사한 경험과 이유, 느낀 점을 구체적으로 기술하여 주십시오.

【경험】

【이유】

【느낀 점】

【회사 기여도】

2. 아마존의 눈물은 제작진의 노력과 열정에 큰 의의를 둘 수 있을 것입니다. 귀하가 가장 열정적으로 활동한 경험 및 동기, 결과에 대하여 구체적으로 설명하여 주시기 바랍니다.

【경험】

【동기】

【결과】

【회사 기여도】

3. 외환은행에 지원한 동기와 입행한다면 어떠한 역할을 통하여 본인의 성장과 외환은행의 발전에 기여할 수 있는지 설명하여 주십시오.

【지원 동기】

【역할】

【회사 기여도】

최소한 여러분들은 말귀는 알아들어야 하고, 어떻게 하면 일 잘하는 사람으로 평가 받을 수 있을지를 고민해 보기 바란다.

업무 수행 역량을 표현하는 기술과 사례

지원 직무와 관련이 있으면 더 좋겠지만 그렇지 못하더라도 경력란에는 적어야 한다. 경력 사항에 3개 이상은 기록할 수 있어야 한다.

학생들 입장에서는 공부한 것이 전부일 수 있지만 채용하려는 회사 입장에서는 현장 경험을 해본 사람을 더 선호한다.

다음의 사례는 자동차 보상서비스 분야를 지원하는 학생의 글이다.

자동차 보상서비스에 필요한 3종 대인 손해 사정인 시험을 준비하면서 습득한 지식을 기반으로 병원에 있는 교통사고자를 대상으로 보상만족도 조사를 했던 경험을 구체화시켜서 성공한 사례이다.

이처럼 자격증을 취득했거나 공부하면서 배운 것, 또는 경험한 것들을 연관성 있게 기술하면 좋은 평가를 받는다. 여러분이 경험한 것을 지원 직무와 연관된 스토리로 작성할 수 있는 기술이 필요하다. 기업의 입장에서 채용하려는 직무에 필요한 역량이 무엇일까를 고민한 다음 본인이 경험했거나 알고 있는 것들을 조합해서 한 눈에 알아볼 수 있도록 나열하는 기술을 익히기 바란다.

1. 본인이 희망하는 직무와 선택 이유, 그리고 희망 직무를 수행하기 위해 준비해온 과정에 대하여 기술하여 주십시오.

【희망 직무】 자동차 보상서비스 분야

【선택 이유】 보험의 2차 역할을 정확하게 수행할 수 있는 역량 보유

미래의 위험을 예방하는 것이 보험의 1차 역할이라면 사고발생손해를 보상하는 것이 보험의 2차 역할이라 할 수 있습니다. 저는 고객의 가치를 창출하는 보험의 2차 역할자로서 '일하기 좋은 한국의 기업' 을 9번째 수상한 현대해상과 함께 하겠습니다.

【준비 과정】 손해사정 기초지식 습득, 교통사고 환자 보상서비스 만족도 조사 참여

저는 위 직무를 성공적으로 수행해 낼 수 있는 능력 3가지가 있습니다.

① 대학재학시절 3종 대인 손해사정인 시험을 준비하면서 보상책임 여부판단의 기초지식을 쌓았으며, 실제로 저의 기초지식으로 주변지인들에게 도움을 준 경험이 있습니다.

② 고객들의 니즈파악은 현장에서 해야 한다는 생각으로 병원에 있는 교통사고 환자들을 직접 만나 보상서비스에 대한 만족도 조사를 한 경험이 있습니다. 고객들로부터 얻어낸 자료를 토대로 잘 응용한다면 피해자들과 합의를 할 때 큰 빛을 발휘하리라 생각합니다.

③ 대형 마트에서 일할 당시 고객서비스 우수직원상을 받은 경험이 있습니다. 저희 CS 마인드는 향후 업무를 수행하는 보상직에 큰 장점이 될 것입니다.

기업 갈증요인의 가치를 전달하는 기술과 사례

요즘 기업의 갈증요인 중에 하나가 기존의 기술을 활용하여 다른 산업이나 신제품을 어떻게 만들어 낼 것인가가 경영에 핵심 키워드다.

이러한 때 지원자들이 제안하는 아이디어들은 가끔 기업을 위기에서 탈출시키는 명약이 되기도 한다.

예전에 S그룹 계열사인 MP3 플레이어를 만드는 회사에 신입사원이 대체품으로 홈씨어터를 만들어야 된다는 제안을 했었다. 회사가 미처 깨우치지 못했던 부분이었다. 학생이 제안한 아이디어는 이제 휴대폰에 음악을 다운받아 들을 수 있는 콘텐츠가 내장될 것이며, 그때는 MP3 플레이어를 만드는 회사는 위기에 처할 것이란 의견이었다. 학생이 제안했던 내용은 현실이 되었으며, S그룹 계열사는 기반 기술인 소리를 소리로 바꾸는 대체품을 홈씨어터로 결정해서 현재 대한민국 홈씨어터 대표 브랜드로 시장을 선점하고 있다.

이처럼 학생들이 제안하는 아이디어는 회사를 위기에서 탈출시키는 역할을 할 수 있으며, 가치있는 아이디어를 제안하는 사람은 학교 레벨이나 스펙, 어학실력, 자격증, 인턴 경험들을 무시하고 채용에 가장 우선하게 된다.

앰코코리아가 국내 반도체 산업에 미친 영향과 향후 나아갈 방향은 무엇인지 기술하세요.

【영향】반도체 강국 건설

앰코코리아는 자원 불모지인 대한민국에서 지식자원만으로 탄생시킨 반도체를 세계 최고의 기술력으로 반도체 강국을 건설한 주인공이라고 생각합니다.

【나아갈 방향】기존의 뛰어난 기술력을 바탕으로 대체품 개발

과포화 상태인 반도체 시장에서 우리 앰코코리아가 나아가야 할 방향은 앰코코리아가 가진 뛰어난 기술력을 바탕으로 대체품을 개발해야 한다고 생각합니다.

① 자동차 내외부 관리 시스템

자동차의 운행거리에 맞춰 타이어 교체시기 및 오일, 워셔액, 정비일자 등 운전자가 쉽게 자신의 자동차 상태를 파악할 수 있어 최적의 주행상태를 유지시킬 수 있습니다.

② 보안 및 범죄방지 신제품(ex.어린이 책가방 GPS)

보안과 범죄방지가 화두로 떠오르고 있는 시점에서 우리 앰코코리아가 시장에 발빠르게 뛰어든다면 큰 성장을 할 수 있다고 생각합니다.

③ 다기능 복합화된 제품

기존의 경박단소한 범주를 뛰어넘어 다기능 복합화된 제품을 대체품으로 생산해야 한다고 생각합니다.

인턴, 아르바이트 경험을 지원 부서와 연계시켜서 작성하는 기술과 사례

학생들이 경험한 사회생활은 버릴 게 하나도 없다. 디자인을 잘 하면 업무를 수행할 수 있는 역량으로 변하기 때문이다.

이미 역량을 지니고 있는데도 불구하고 어떻게 표현하는지를 몰라서 못하는 사람이 많다. 표현하는 방법과 기술을 설명하면 다음과 같다.

❶ 지원하는 직무에 관한 업무를 이해하고 있어야 한다.

❷ 자신이 경험한 것들 중에 가장 연관성 있는 것을 선택하라.

❸ 일은 서로 연관성을 가지게 되어 있다. 구체적으로 나열해보면 연관성이 보인다.

❹ 성과 또는 회사 기여도로 표기하고 해봤던 경험이 지원하는 업무에 ○○부분에 기여할 것이라는 내용으로 마무리하면 전달력이 더 좋다.

경력기술(인턴 등) (100자 이상 600자 이내)

【경력 기술】현장 실무를 경험한 인재
현대자동차 이탈리아 법인의 영업부서에서 6개월간 판매 촉진을 위한
이벤트와 프로모션 실무를 경험했습니다.

2010년 현대자동차 월드컵 프로모션 in Italy
① '가족을 위한' 월드컵 홍보행사 진행 - 풋살게임, 인간 테이블 축구
　 게임 등 자동차의 직접적인 소비자인 어른뿐 아니라, 미래 잠재고
　 객인 어린이와 청소년층에 브랜드 어필(친근감과 호감 심어줌)
② 월드컵 기간동안 자동차 구매 고객에게 삼성노트북 지급 - 한국산
　 자동차와 함께 노트북의 우수성이 시너지 효과 창출, 해외시장 고
　 객에게 한국의 브랜드 파워 어필

　이때의 경험을 통해 매출 기획은 장기적이고 전사적인 시각으로 이루
어져야 하고, 단순히 제품 알리기를 넘어 그것들이 가진 '가치'를 시장
에 전달할 수 있음을 깨달았습니다.
　식품은 자동차보다 소비자의 일상생활에서 구매 빈도가 높은 품목인
만큼, 소비자에게 전달할 수 있는 메시지도 그만큼 크다고 생각합니
다. 더 큰 메시지를 전달하고자 하는 열정으로 매일유업에 지원했습니
다. 실무에서의 배움을 바탕으로, '건강'과 '행복'이란 가치를 전하는 매
일유업의 CM전문가가 되고 싶습니다.

자기소개서 Best 10

필자는 10년째 학생들과 함께 진로와 취업에 대한 고민과 문제를 해결하려는 노력을 해오고 있다. 나름대로 생각을 종이에 명쾌하게 옮길 수 있는 능력을 지닌 것에 대해 크게 감사하고 있다. 이런 재주가 있어서 학생들의 자기소개서를 클리닉해 줄 수 있다는 것만으로도 축복이라 생각한다. 지금까지 1만 명 정도는 자기소개서를 클리닉해준 것 같다.

그중 기억나는 사례들로 합격의 기쁨을 같이 한 학생들이다.

● 신세계 백화점에 처음으로 입사지원서를 써서 한 방에 붙은 문형준 학생
● 제일모직 면접 시에 자기소개서 잘 썼다고 어디서 카피한 것 아니냐며 사장님으로부터 칭찬 듣고 입사한 김영민 학생
● GS칼텍스 입사 시 자기소개서 질문항목을 구분해서 작성했고 면접 시 자기소개서 중심으로 100% 질문을 받았으며, 영업부를 지원했으나 문서작성 능력이 뛰어나다고 기획실로 배치가 된 박미란 학생

선택은 여러분이 해야 한다. 편지글로 작성할 것인지, 아니면 3단 프레임워크를 활용해서 작성할 것인지?

성공한 제자들의 자기소개서는 천여 통이 넘는다. 다 보여주지 못해서 아쉽지만 몇 개라도 여러분에게 보여줌으로써 자기 중심의 글이 아닌 읽는 사람을 가장 빠르고 쉽게 설득할 수 있는 글을 작성할 수 있는데 도움이 되기를 바란다.

지원 동기 및 포부(500자 이내, 497자 맞춤) - 자신의 동기 및 포부에 대해 말씀해 주십시오.

【지원 동기】 자산관리 서비스의 부상과 POP

미래금융시장 주도를 위한 핵심은 자산관리 서비스라고 생각하여 이와 관련된 역량을 키워왔습니다.

① 다수의 금융자격증을 취득하고 자산관리시장 환경분석, 차별화 아이디어 제시 등의 노력을 지속해 왔습니다.

② 글로벌 탑 텐이라는 비전하에 출시한 삼성의 자산관리 브랜드 POP을 통하여 자산관리사로서의 저의 역량을 펼치고자 합니다.

【포부】 기업에 필요한 전문가 지향

가치창출, 아이디어 제시, 인재육성 등에 두루 공헌할 수 있는 전문가가 되겠습니다.

① 입사 후에도 CFP 및 MBA 취득 등의 노력을 지속하고, 업무와 조직문화에 빠르게 적응하여 성과를 창출할 수 있는 인재가 되겠습니다.

② 기업의 성장과 위험극복을 위한 아이디어를 제시하고, 성과창출 중심의 팀워크를 발휘하여 타인의 롤 모델이 되겠습니다.

③ 후에 자산관리사로서 쌓은 고객 유치·관리의 노하우와 서적 집필을 통해 유능한 인재들을 배출하겠습니다.

당신이 가장 몰입했던 일과 그 속에서 본인의 역할은 무엇이었는지 작성하세요.

【가장 몰입했던 일】 교환학생 중 축구 동아리 활동

【특별한 경험】 축구대회

기숙사 대항 축구대회에서 연습을 계획하는 과정에서 모두가 자신들의 시간만을 주장하고 뜻대로 연습계획이 잡히지 않자 모두가 포기하였습니다.

【해결책 제시】 뚜렷하고 세심한 분석력

공동의 목표를 달성하기 위해 모두가 원하는 것부터 파악하여 합리적인 제안으로 목표를 달성할 수 있었습니다.

① 기숙사를 직접 돌며 학생들의 시간표를 받아내었습니다.

② 동양인 남자 한 명의 적극적인 모습에 몇몇 비협조적인 학생들이 있었음에도 꿋꿋이 역할을 수행하였습니다.

③ 학생들의 시간표에 맞춰 공정하게 일주일 세 번의 연습 시간을 나누어 연습조를 편성하고 편성표를 학생들에게 나누어 주었습니다.

【역할】 모두의 행복을 추구

자신감과 열정으로 모두의 의견을 수렴하는 리더 역할을 하였습니다.

① 공동의 목표 달성을 위해 화합을 추진하였습니다.

② 공정성을 위해 모두의 입장을 고려하였습니다.

③ 공평하고 뚜렷한 계획으로 모두에게 만족감을 주었습니다.

삼성전자 - 자기소개 (400자 이내)

'공정 온도를 낮추겠습니다.'

Fiexible Display는 유동성 있는 기판을 필요로 하지만 대체로 이러한 기판은 내열온도가 낮아 고온에서의 공정을 요하는 TFT를 증착시키기는 어렵습니다. 저는 고온을 필요로 하지 않는 유·무기 hybrid TFT를 개발하여 기관 소재와 공정의 한계를 극복하겠습니다.

【관련경험】 1년간 유·무기 hybrid 실험실에서 수열합성법을 이용한 MOFs 합성 실험을 하였습니다.

① Pyrex tube cutting 및 sealing

② 컴퓨터를 이용한 oven 제어

③ 전자 현미경, EDS, Powder XRD, TGA를 이용한 생성물 분석

④ ICSD, Scifinder database를 이용한 다른 연구자들의 연구결과 비교 분석

【지원 동기】 원칙과 규정을 준수하는 이성적인 성향을 지닌 위생원에 적합한 인재

아웃백 스테이크 하우스에서 직원으로 일하면서 식재료에 대해서 관리하고 음식을 직접 만드는 주방일을 했습니다. 직접 식재료를 발주, 재고정리를 하였습니다. 이러한 경험을 통하여 위생원 업무를 잘 수행할 수 있을 것이라고 생각하여 지원하게 되었습니다.

① 위생원 업무에 대한 이해

② 업무 수행에 따른 역량보유

- 위생사 면허증 보유
- 커뮤니케이션 능력
- 경청과 배려의 감성과 이성적 판단력을 지님
- 긍정적인 마인드

③ 헬스와 축구로 다져진 건강한 체력

④ 새로운 것을 배울 수 있는 열정과 도전정신

자유롭게 보광훼미리마트에 자신을 어필하세요.(700byte 이내)

【시장의 판세 분석】

훼미리마트는 시장점유율 1위를 점하고 있지만 격차가 크지 않고, 각 업체들의 공격적 출점전략으로 5년 이내에 1CVS당 인구수가 2,500명 이하인 성숙기에 접어들 것입니다. 차별화를 준비해야 합니다.

① 창업주의 요구해결

베이비붐 세대의 은퇴가 가속화되면서 가맹점주로의 창업과 안정성에 대한 요구는 커지고 있습니다. 타 업종보다 편의점의 사업존속이 길다는 것은 그들에게 매력적입니다. 존속기간을 늘리기 위해 출점경쟁을 피하고 점포기획과 관리, 교육에 투자가 필요합니다.

② 이익확대

매출이익률이 높은 상품의 판매증가가 요구됩니다. 편의점 식품이 맛, 가격, 위생에서 높은 수준임을 회사 내에 전담팀을 만들어 지속적으로 마케팅, 홍보를 해서 '편의점 = 식사'라는 인식을 심어주어야 합니다.

사례 6

자신의 인생목표를 기술하고, 하나투어 입사가 자신의 인생에 어떤 의미가 있는지 기술하시오.(500자)

【인생목표】 가장 잘할 수 있는 일을 선택하고 새로움을 창조해내는 에너자이저가 되자.

【입사의미】 좋아하고 즐기면서 새로움을 창조해내는 풍부한 가치를 지닌 곳!

블루칼라 시장이 사라지고 이제는 화이트칼라 시장이 붕괴되는 끝자락을 붙들고 취업이란 관문에 놓여 있다는 생각을 종종합니다. 직장이 자신을 평생 지켜주지 못한다고들 하지만 누구를 만나서 어떻게 일하느냐에 따라서 결과는 달라지리라 확신합니다. 하나투어는 제게 상호 원원하는 좋은 파트너가 될 것으로 확신합니다.

① 항상 가치있는 생각을 하며 효과와 효율을 추구하는 마인드를 형성하겠습니다.

② '회사가 희망이다'는 감사한 마음으로 항상 회사의 성공과 좋은 성과를 위해 헌신적으로 일하겠습니다.

③ 여행분야의 창조적 에너자이저가 되고자 하는 꿈과 목표를 실현시킬 수 있는 기회의 장으로 생각하고 항상 자기계발의 끈을 놓지 않겠습니다.

【산출물】 변화를 선도하는 혁신자로 크고 위대한 회사를 만드는데 일조할 것이며, 참 좋은 회사를 만들어 후배들에게 물려줄 수 있는 사회적 책임을 다하겠습니다.

'동일본지진사태' '세계 최대 온라인여행사' '여성' '소셜커머스' '중국'의 5개 키워드 중 3개의 키워드를 선택, 연결하여 하나투어와 관련시켜 본인의 의견을 개진하시오.(1000자)

【선택 키워드】 세계 최대 온라인여행사 / 여성 / 소셜커머스

【결 론】 하나투어의 역량을 소셜미디어(트위터, 블로그, 페이스북)를 통한 의사결정권자인 여성을 대상으로 비용을 들이지 않고 혁신자(innovator)를 만들어 목표점에 도달한다.

【근 거】 전통적 비즈니스 방법의 한계성 도래

① 소셜미디어를 통한 마케팅 전개방법이 시대적 트렌드로 부상함

② 여행상품의 의사결정권자는 대부분 여성이며, 여성을 표적고객으로 선정하는 것이 남성을 대상으로 하는 것보다 훨씬 효과가 높을 것으로 사료됨

③ 소셜미디어는 PULL 전략이 가능하며, PULL 전략은 마케팅활동과 세일활동을 동시에 포함하며, 고객 스스로가 찾아오는 마케팅전략 기획이 가능하게 됨

【방 법】 소셜커머스를 대내외적으로 확장시켜 세계인과 교류하는 글로벌 네트워크 형성

소셜미디어의 특징은 팔로워, 팔로윙 간의 장벽없는 접촉이 가능하며,

급속도로 전파된다는 점입니다. 하나투어의 가치있는 상품을 알리고 고객을 집결시킬 수 있는 최적의 환경을 만들 수 있을 것으로 사료됩니다.

① 트위터로 묻고, 페이스북으로 만나고, 블로그로 답하는 프로세스로 연계해야 함

② 익스피디아의 한국 상륙을 견지하며, 경쟁력을 갖추는 일환으로 소셜미디어(트위터, 블로그, 페이스북)를 기반으로 소셜커머스와 쌍방향 커뮤니케이션할 수 있도록 개발

③ 하나투어 소셜미디어를 통하여 고객들과 직접 대화하고 서로의 의견을 개진하며 고객의 니즈와 욕구를 최대한 반영할 수 있는 '고객과 함께 만들어가는 상품'의 재미와 모험을 즐길 수 있도록 할 것임

하나투어가 고객의 관점에서 추구해야 할 최고의 가치는 무엇이라고 생각하는지 기술하시오.(1000자)

【하나투어 가치혁신】 차별화는 끝났다. 차등화(差等化)전략으로 가치를 혁신하자.

우후죽순으로 생겨나는 여행사들과의 차별화 전략은 눈에 띄지 않습니다. 차등화 전략으로 최고의 등급을 인정받는 것만이 생존이 가능하고 성장할 수 있습니다.

① 특정고객(해외 판로 개척이 필요한 기업 CEO)을 대상으로 해외 신상품 개발 BRIC'S(브라질, 러시아, 인도, 중국)를 중심으로 세계기업이 몰려들고 있으며, 이미 임금 수준이 높아진 관계로 기업가들은 매력을 잃었다고 판단합니다. 따라서 제3국을 찾고 있는 시점에서 하나투어가 사업가능한 제3국을 개발하여 CEO에게 제공함으로써 고부가 가치 상품을 만들어 낼 수 있을 것으로 사료됩니다.

② 여행지를 고객이 선택할 수 있는 맛과 재미 제공 - 여행자의 입장으

로서 패키지 상품으로 여행을 다니다 보면 어느 지역은 가고 싶지만 어느 한 지역은 가고 싶지 않을 때가 있습니다. 예를 들어 미국 여행이 있다면 회사 입장에서 수용할 수 있을 만한 여행지를 여러 곳을 선정해 놓고 고객이 몇 가지 선택하는 프로그램을 만드는 것입니다. 그렇게 하여 현지에서 각 고객이 원하는 곳을 중간지점에서 환승하는 시스템을 도입하는 것입니다. 그렇게 된다면 기존에 있던 패키지 상품을 가지고 팀별 고객들이 버스 정도만 갈아 타는 것으로 소비자의 갈증을 해소하며 다른 여행사와는 다른 하나투어만의 차등화를 만들어 낼 수 있을 것이라 생각합니다.

③ 하나투어 패키지에서만 만나볼 수 있는 프로그램을 개발 - 제가 하나투어로 베트남 여행을 갔을 때 저는 하나투어 여행객임에 자부심을 느낄 수 있었습니다. 전 일정이 다른 여행사와는 별반 다르지 않는 프로그램이기에 저희 가족이 실망하고 있을 때 갓바섬이라는 곳을 들어갔습니다. 섬에 있는 워터파크 형태의 리조트는 동남아 특유의 휴양을 즐길 수 있어 너무 좋았고, 다음날 다른 여행객들과 식사를 할 때 갓바섬은 하나투어 고객만이 들어갈 수 있는 곳이라 알게 되었습니다. 이처럼 다른 고객이 누리지 못하는 하나투어만의 특별 여행지를 더욱더 구축해 나가야 할 것이라 생각합니다.

'Asian Beauty Creator'를 실현하기 위하여 귀하가 할 수 있는 역할에 대해 서술하시오.

【아시아 시장의 잠재고객 확대 전략 제언】
중국 방문판매 시장 진출 허가를 받아내면서 글로벌 시장에 대한 공격적인 전략을 구사하는 아모레퍼시픽은 기존 브랜드 진출 전략을 뛰어넘어 기업의 해외 인지도 향상과 잠재고객까지 확충할 수 있는 방법을 찾아야 합니다. 이러한 상황에서 저는 중국, 대만, 홍콩 등의 아시아 국가를 상대로 '아모레퍼시픽 아시아 대표 모델선발대회' 개최를 제언합니다.

【프로모션 기획】
① A 방송사와의 협력 제휴를 통한 모델선발과정 프로그램화 및 아시아 전역 방송
② 각 국가별로 예선을 거쳐 본선은 대한민국에서 개최
③ 본선 진출자에게 개별 피부 진단과 자사 제품 맞춤 처방
④ 최종 지원자를 선발, 아시아를 상대로 아모레퍼시픽 모델로 활동

【기대효과】
① 아시아뿐만 아니라 전 세계에 아모레퍼시픽의 모토인 'Asian Beauty Creator' 인지도 향상
② 본선 진출자들의 제품 사용에 따른 피부 개선 방영, 자사 제품력 홍보
③ 참가자들의 화장품 사용 실태에 대한 데이터 확보로 향후 국가별 마케팅 전략 수립 DB로 사용
④ 모델선발대회 참가자 및 시청자들을 미래의 아모레퍼시픽 잠재고객으로 유도

위의 제언은 잠재고객을 확대하고 신규고객을 창출하는 고객 확대 전략으로 기여할 것으로 사료됩니다.

(주)LG생활건강 - 신입채용 각 문항 1000자 이하

LG생활건강 세일즈아카데미에 지원한 동기가 무엇이며, 향후 세일즈 리더로 성장할 포부 및 자신이 추구하는 리더십 스타일을 기술하여 주시기 바랍니다.

【지원 동기】 유통방식을 차별화해야 합니다.

소비는 여성의 결정에 따라 이루어집니다. 저는 5년의 자취생활로 주부의 마음을 누구보다 더 잘 이해할 수 있다고 생각합니다. 마음을 담아 그들의 니즈를 파악하여 최고의 브랜드 파워를 지닌 LG생활건강이 되는데 일조하고 싶습니다.

다양한 상품 속에서 소비자는 선택의 폭이 넓어졌지만, 오히려 비교·평가가 복잡하고 어려워졌습니다. 또한, 경쟁이 점점 치열해지고 있는 상황에서 다른 각도로 소비자에게 접근해야 한다고 생각했습니다. 이에 따른 '정기배달 서비스' 전략은 이렇습니다.

① 고객별 맞춤서비스 - 개설된 인터넷 사이트의 전문가와의 상담을 통해 성향에 맞는 제품을 수량·기간을 선택 후 정기배달을 받는 맞춤서비스입니다. 이는 자신에게 맞는 제품을 선택할 수 있고, 다 사용하기 전에 쇼핑을 해야 하는 번거로움을 줄일 수 있습니다. 제품과 서비스의 결합을 통해 지속적으로 고객을 확보할 수 있습니다.

② 2차 구매유도 - 계절에 따른 애로사항에 대비한 다양한 상품을 옵션으로 선택할 수 있도록 하거나, 정기배송 시 신제품의 샘플을 함께 포장하여 제공하면 적절한 홍보 효과로 구매를 유도할 수 있습니다.

【포 부】

① 직무에 대한 전문성 향상 - 우선 직무와 업무에 대해 이해를 하고,

비즈니스 매너를 익히겠습니다. 그리고 다른 기업을 분석·비교함으로써 아이디어를 얻어 LG생활건강의 발전을 위해 노력하겠습니다.

② 꾸준한 자기계발 - 항상 시장현황을 주시하고, 변화에 발빠르게 대응하겠습니다. 또한, 영어와 중국어를 공부하여 회화수준을 높여 해외와의 교류에 문제가 없도록 노력하겠습니다.

【추구하는 리더십 스타일】 따뜻한 카리스마

① 경청 - 자신의 의견만을 내세우기보다는 동료의 의견을 경청하려고 노력합니다. 또한, 더 좋은 아이디어와 결과를 위해 토의하고 타협합니다.

② 배려 - 조직의 목표를 이루기 위해 혼자만 뛰는 것이 아니라 주변의 동료를 둘러보면서, 그들이 자발적으로 임할 수 있도록 노력합니다.

자신의 살아온 성장과정을 스토리형식으로 기술하시고, 성장과정 중 생각의 전환을 가져온 사건과 그 사건으로 본인은 어떤 영향을 받았는지 구체적으로 기술하여 주시기 바랍니다.(975자)

【성장과정】 한국형 소비성향 이해

까다로운 한국형 소비자의 취향에 적극적으로 대응해 만족을 이끌어내야 합니다. 즉, 꾸준한 소비자와의 소통으로 소비자의 니즈를 정확히 파악해야 합니다. 이에 맞는 저의 직무 수행력은 다음과 같습니다.

① 커뮤니케이션 능력 - 아르바이트를 하면서 상대방의 니즈를 파악하고 일을 진행하는 법을 배웠고, 200여 시간의 봉사활동을 통해 배려와 이해심을 키웠습니다.

② 열린 마음 - 동아리 활동을 하며 다양한 사람을 접했고, 자주 발생할 수 있는 상황과 문제를 예측하고 해결하는 법을 배웠습니다.

③ 유통관련 지식 습득 - 현재 유통관리사 2급 취득을 위해 공부를 하고 있으며, 관련 수업에서 프로젝트를 진행하면서 유통에 대한 전반적인 이해를 하였습니다.

【사 건】 대학시절 봉사활동을 통해 배려하는 법을 배우고 성숙하는 계기가 되었습니다.

① 선입견 없이 바라보기 - 정신질환자들의 사회활동을 돕는 봉사활동을 했습니다. 평소 부족한 사람들을 돕는다는 생각이었는데, 회원이 '일반인'과 '우리'라는 표현을 하는 것을 듣고 자세를 바꿨습니다. 저와 그들의 차이점은 단지 겉으로 드러나는 정도일 뿐이었고, 친구가 되어야겠다고 생각하여 가까운 사이가 될 수 있었습니다.

② 목표를 이루는 삶 - 장애인 마라톤 대회의 진행보조로 참여했습니다. 몸이 불편한데도 정신력으로 42.195km를 완주하는 것을 보며 자신의 목표를 이루는 데는 환경이 아니라 자신에게 있다는 것을 깨달았습니다.

【영 향】 자신의 한계를 정하지 않고 적극적으로 도전하였습니다.

① 부족한 영어실력이었지만, 해외 컨퍼런스에 참여하기 위해 전력을 기울여 준비했고, 참가비지원을 받아 참여할 수 있었습니다.

② 컨퍼런스 내내 자신감을 잃지 않으려 노력했고, 선입견 없는 열린 마음으로 많은 친구를 사귈 수 있었습니다. 또한, 조별 미션수행에서 팀원들을 격려하고 응원하여 사기를 북돋아 1등을 차지하는데 이바지했습니다.

LG생활건강 인재상(뛰어난 장사꾼, 안목이 남다른 인재, 명예를 존중하고 확고한 도덕성을 갖춘 인재, Global Competency를 갖춘 인재) 중 본인과 가장 잘 부합하는 것을 한 가지 선택 후, 본인 경험과 함께 구체적으로 기술하여 주시기 바랍니다.

【인재상】뛰어난 장사꾼

【경　험】자료를 근거로 고객의 니즈를 정확히 파악하고 이에 대응하는 것은 중요하다고 생각합니다. 이는 곧 긍정적인 반응으로 이어져 소비자를 만족하게 하고, 목적을 달성할 수 있게 합니다.

① 고객맞춤서비스를 제공하여 큰 효과를 얻었습니다 - 축제 주점을 준비할 때 교수님과 재학생, 선배님 등 연령층별로 나눠서 이에 맞는 메뉴들을 준비하였고, 소비촉진을 위한 이벤트도 진행하였습니다. 이를 통해 다른 주점보다 많은 손님이 방문하였고 높은 매출을 기록하였습니다.

② 자료를 근거로 상품과 다양한 서비스를 개발하였습니다.

　가. 국내 외국인 대상 요금제

　　통신사 관련 상품을 개발하라는 과제수행 중 한국에 머무르는 외국인 100명을 대상으로 설문조사를 하고 요금제를 기획하였습니다. 다양한 형태의 요금제와 보험, 교육 등 다른 업체와 결합한 부가서비스를 개발하여 트렌드에 맞는 상품이라는 칭찬을 받았습니다.

　나. 구두굽 소음 방지 스티커 - 1등 수상

　　웅진코웨이 GHP 비즈니스 커리어 교육 중 신사업을 기획하라는 과제에 구두굽 소음방지 스티커를 기획하고, CF 구성과 발표를 하였습니다. 도서관이나 회의실에 나는 구두굽 소리에 대한 불만과 이를 줄이기 위한 여성들의 애환에 많은 동의를 얻었고, 이를 방지하기 위한 스티커 '사뿐이'를 생각하게 되었습니다. 상황극을 통한 제품의 이해와 다각화된 시장 전략으로 1등을 수상하였습니다.

② 시선을 사로잡아 문전성시를 이루게 하였습니다 - 해외 컨퍼런스 중 한국을 홍보하기 위해 태극기를 그려주는 페이스 페인팅과 엿을 준비하였고, 한복을 입어볼 수 있는 코너를 마련했습니다. 한류열

풍으로 유명한 노래들을 크게 틀어놓고, 화려한 색의 한복으로 주의를 끌었습니다. 그 결과, 참여한 10여 개 국가 중에서 대한민국 부스에 가장 많은 사람이 방문하였습니다. 이때 저는 한복을 입혀주는 역할이었는데, 한복에 대해 간단한 설명을 했을 뿐만 아니라 설명 판넬을 준비하여 한복과 한국을 알리기 위해 노력했습니다.

국내소비자 시장에서의 경쟁구도를 고려할 경우 LG생활건강이 어떤 분야를 강화하여야 하는지에 대해서 본인의 의견을 기술하여 주시기 바랍니다. (966자)

【새로운 시장 개척】 영원한 1등은 없고, 영원한 2등도 없습니다. 환경은 빠르게 변하고, 소비자의 니즈도 다양해지고 있습니다. 저는 이에 대응해 새로운 시장을 개척해야 한다고 생각합니다. 저의 전략은 다음과 같습니다.

① 한 가지 기능에 집중한 제품 - 다양한 기능과 마케팅 전략을 가진 상품에 소비자는 나름의 기준을 가지고 자신에게 맞는 제품을 선택합니다. 기능을 단순화하고, 타깃을 세분화하여 한 가지의 기능에 집중한 제품이 필요하다고 생각합니다. 샴푸를 예로 들면, 탈모방지를 위한 한방샴푸에서부터 발샴푸, 천연미네랄이 함유된 두피트러블 전용샴푸 등이 출시되었고, 한방샴푸는 시장점유율을 크게 차지하고 있습니다.

　예) 공중화장실 변기를 닦는 티슈(멸균티슈), 파마전용 샴푸

② 친환경 이미지 - 지구는 빌려 쓰는 것이라는 말이 있습니다. 환경에 관한 관심이 높아지고, 자연주의를 지향하는 소비자가 늘어남에 따라 현재 LG생활건강에서는 Beyond를 출시하였습니다. 하지만, 이보다 더 나아가 친환경이라는 기업이미지와 제품이미지를 소비자에게 적극적으로 호소해야 한다고 생각합니다. 예를 들어, 친환경

캠페인을 실시한다든지 화학제품의 비율을 줄인 제품 출시, 제품의 용기를 친환경 설계하는 것이 있습니다.

③ 다양한 유통경로 - 소비자는 제품을 구매할 때, 가격을 비교한다든지 혹은 충성브랜드를 선택합니다. 보통 이벤트나 프로모션이 진행되는 제품에 의해 선택이 변경되기도 하는데, 이는 장기적인 관점에서 바라봤을 때 고객충성도가 낮아 꾸준한 고객 확보가 힘듭니다. 그래서 저는 기존의 방법과는 차별화된 색다른 유통경로가 필요하다고 생각합니다. 이에 따른 제 전략은 '정기배달 시행'입니다. 인터넷을 통해 소비자의 성향을 전문가와 상담하고, 이에 맞는 제품을 추천받은 후 정기적으로 배송을 받는 시스템입니다. 이로 말미암아 지속적으로 고객을 확보할 수 있고, 브랜드 충성도를 높일 수 있다고 생각합니다.

사례 9

【지원 동기】 샘표의 옛 명성을 회복하자.

저의 어머니만 하더라도 '샘표' 브랜드에 대한 기업 이미지는 대단했습니다. 최근 식생활 문화가 서구화되면서 경쟁상품 출시와 경쟁사들의 약진으로 샘표 이미지는 많이 퇴보한 것 같습니다. 이런 샘표의 이미지를 제가 회복하는데 일조하고자 지원했습니다.

① 샘표의 '브랜드 콘셉트'를 개발하겠습니다

브랜드 콘셉트 : 소비자가 '샘표' 제품을 구매해야 하는 이유를 말합니다. 예를 들면, 다시다는 고향의 맛이기에 구매합니다. 삼성은 삼성이 만들면 다르기 때문에 구매합니다. 게토레이는 물보다 빠른 음료이기 때문에 구매합니다. 풀무원이 주부 선호브랜드 1등인 이유는 '국산 유기농'으로 만들기 때문입니다. 샘표는 왜 구매해야 하

209

는가?

② 샘표의 제품확장 전략 및 다각화 전략으로 영업 범위를 확대시켜 가겠습니다.

제품확장 전략 : 신제품을 개발하여 기존 시장에 투입하는 전략

다각화 전략 : 신제품을 개발하여 새로운 시장에 투입하는 전략

③ 동유럽으로 진출하자

국내의 한계성과 시장포화상태를 감안하여, 세계 시장확대 전략으로 판매를 넓힐 필요가 있다고 사료되며, 저의 역량을 마음껏 펼칠 수 있는 기회라 여겨서 지원하게 되었습니다.

사례 10

당신이 가장 몰입했던 일과 그 속에서 본인의 역할은 무엇이었는지 작성하세요.

'DNS서버를 구축하여 컴퓨터들에게 주소를 지어주다'

작년까지 대진대학교 컴퓨터공학과의 200대에 가까운 PC들은 고정 IP를 사용했었습니다. 이것은 학과의 운영에 대한 세 가지 문제점을 야기시켰습니다.

① 잦은 IP 충돌

② 고정 IP를 사용함으로써 보안상의 문제 야기

③ 학과서버 기능 마비

저는 이 문제점들을 보완하기 위해서 중앙 집중관리체계로 IP를 관리하는 DNS 서버를 구축하여 계속 되풀이 되는 문제를 막기 위한 계획을 세워 학과에 제안을 하였고 승인을 받을 수 있었습니다. 이후 실험실 원들에게는 IP 적용을, 저는 서버 구축을 담당하여 역할 분담을 하였고

이후 컴퓨터 공학과에 IP 충돌로 인한 문제점들을 막을 수 있었습니다.

우리 회사에 기여할 수 있는 본인의 강점은 무엇인지 서술하세요.

'마인드 맵을 그리는 습관'
저는 모든 일에 대한 마인드맵을 그리는 습관을 가지고 있습니다. 이 습관으로서 어떤 일을 하더라도 현재 놓여있는 위치와 앞으로 해야 할 일, 지금까지 해온 일에 대한 정보를 시각화, 구조화하여서 명확하게 정리하고 차근차근 실행하는 장점을 가지고 있습니다. 이러한 과정을 소홀히 하지 않는 것이야말로 가장 빠르고 정확한 결과물을 내는 방법이라고 생각합니다. 이런 장점은 앰코테크놀로지에 4가지 기여를 할 수 있습니다.
① 입사 시 업무에 대한 빠른 이해로 적응시간의 최소화
② 업무에 대한 체계적인 정리로 상황에 대한 빠른 대처
③ 10년 후 팀을 이끌 때 그동안 정리해온 마인드맵을 바탕으로 장·단점을 분석하여 더 효율적이고 빠르며, 비용을 절감할 수 있는 의견 제시 가능

제 5 장

통하는 면접 스킬

면접을 하면서 어떤 것들을 물어볼까?

면접 준비는 어떻게 해야 할까?

왜 면접이 복잡해지고 있을까?

PT 면접, 토론 면접은 어떻게 하는 걸까?

특별한 답변기술이 있을까?

첫 이미지는 면접 결과에 어떤 영향을 미칠까?

면접은 다양하고 복잡한 과정들을 거치면서 함께 일할 코드가 맞는 파트너를 선택하는 과정이라 정의할 수 있다.

최근 인재 채용에서 서류심사, 외국어 능력, 학점, 자격증 등의 기초 자료에서는 지원하는 사람들의 수준들이 모두 비슷하여 별반 차이가 없기 때문에 면접 시험이 중요한 평가 요소로 작용하고 있다.

불과 얼마 전까지만 해도 스펙만으로 취업이 가능했지만 이제는 기업을 경영하는 환경이 더 악화되고 경쟁이 글로벌화 됨으로써 채용할 때 봐야 할 것들이 더 많아지고 전문화되고 있다.

회사가 정해둔 커트라인을 통과하고 인력충원을 요청한 팀에서 면밀하게 검토한 서류 중에 업무를 수행할 수 있다고 판단되거나, 가치를 지닌 사람, 또는 특별한 끼나 확인이 필요한 사람들을 5배수 정도 1차 불러서 확인해가는 절차가 면접 과정이다.

지원 직무에 적합하고, 사람들과 잘 어울릴 수 있는 성향을 지니고, 회사에 돈을 벌어줄 수 있는 사람을 선택하기 위해 다양한 절차와 과정을 개발해서 확인해 가는 과정들은 점점 복잡해져가고 있다.

친구들 사이에 달변가라는 말을 듣는 사람이라 해서 면접에 합격하고, 말 주변이 없어서 남들 앞에 나서본 경험이 한 번도 없는 사람은 면접에서 탈락할 확률이 높은 걸까?

필자의 경험으로는 면접에는 말하는 기술이 필요하다고 생각된다.

짧은 5~10초 사이에 자신의 생각을 정리해서 전달하는 기술이 필요하다.

말 잘하는 것과 잘 말하는 것은 같은 맥락일지라도 확연하게 차이가 난다. 여러분들은 지금까지 말 잘하는 사람이었다면 이제부터는 잘 말하는 방법을 배워서 생활화해야 할 것이다.

본장에서는 기업에서 활용하고 있는 면접 평가표와 면접 실전 사례들을 기반으로 면접의 다양한 종류 분석과 해결책을 제시할 것이며, 성공적인 면접을 위해 여러분들이 사전에 무엇을 어떻게 준비해야 하는지를 명쾌하게 풀어가고자 한다.

왜 통하는 면접인가?

말이 통(通)하는 사람을 만나면 소통이 원활해지고 시너지효과를 낼 수 있다. 소통이 불가능하면 모든 것이 단절되고 폐쇄된다.

살을 맞대며 살아가는 부부도 이혼하게 된다. 이혼사유 중에 성격이 맞지 않고 소통이 되지 않는다는 이유가 가장 많다. 아이를 둔 부부도 이혼을 하는데, 하물며 돈 몇 푼 벌자고 성격도 다르고 소통도 되지 않은 사람과 함께 지내고 싶은 사람은 없을 것이다. 회사는 여러 부서에 다양한 사람들이 모여서 하나의 목표를 향해 일사분란하게 일하는 경제생활의 전쟁터이다.

경제생활의 전쟁터에서 생존하거나 성장하기 위해서는 조직원간에 소통이 원활해야 하며 눈빛만 봐도 상대의 마음을 읽을 수 있어야 전쟁터에서 승리할 수 있다.

면접장에서 학생과 회사 임원 간에 소통이 돼야 한다. 회사 임원들은 학생들의 입장에서 이해하려고 하지 않는다. 회사 입장만 생각하고 회사에 이익이 될 사람을 선발하고 회사 직원들과 잘 어울릴 수 있는 소통력을 지닌 인재를 선발하려고 할 뿐이다.

면접장에서의 소통이란?

기업을 이해하는 수준으로 봐야 할 것이다. 기업은 인재가 필요한 곳에 '맞춤형 인재'를 찾고 있으며, 면접 형태도 다양화되고 있다. 지원자(Sender)와 기업(Receiver)간 서로 통하는 대화를 준비해야 성공할 수 있다.

서로 통하기 위해서는 기업이 속한 산업환경, 경쟁관계, 시장선점 요인, 제품의 변화 예측, 기존 기술을 기반으로 대체품 개발에 대한 아이디어, 전공에 대한 지식과 직무에 대한 이해, 논리적 표현기술 등을 두루 준비해야 한다.

일반 기업 면접
평가서와 면접 항목

　기업마다 다소 차이는 있겠지만 대동소이하다. 학생들 입장에서는 면접 평가표가 어떻게 생겼는지 알고 있는 사람은 드물다. 학교에서 모의 면접 때 면접관으로 참석하시는 분들이 대부분 기업 인사담당자들이라 자사에서 사용하고 있는 면접 평가표를 지참하고 면접을 본다.

　면접 평가서에는 학교와 학점, 토익점수를 표기하는 곳이 없다. 면접은 제로 베이스에서 처음부터 다시 시작하는 것이다.

　면접장에서 낯선 옆 사람에게 학교며 토익점수며, 학점을 왜 물어보는가? 자존감이나 자신감이 없어서 그런 것이다.

　다시 말하지만 면접은 제로 베이스에서 처음부터 다시 시작하는 것이다. 자신감도 없는 사람을 누가 채용하고 싶겠는가?

　면접 평가표는 용모와 태도, 전공 및 직무적합도, 인성, 기타 성향이나 경험 등으로 구성되어 있다.

일반기업 면접 평가표					
지원자 성명	출생년도(나이)	지원분야		전 공	

평 가 수 준	최우수	우수	평균 이상	평균	평균 이하
용모 및 태도					
1. 복장의 청결함 / 단정함 / 준비성					
2. 말하는 태도 / 자세 / 답변기술 (결론 - 부연설명)	20	18	16	14	12
3. 건강상태, 신입사원다운 자신감 등					
전공 및 직무적합성					
1. 전공의 성실한 이수여부 / 지원 부 서 적합성					
2. 각종 자격 / 면허취득 정도	30	28	26	24	22
3. 업무 수행력 및 경험(인턴, 아르바이 트, 비정규직 등)					
인 성					
1. 올바른 가치관 형성					
2. 원만한 인간관계					
3. 건전한 사고방식	30	28	26	24	22
4. 투철한 책임감 / 사명감					
5. 윤리의식 및 봉사활동					
기 타					
1. 자신감과 적극성	20	18	16	14	12
2. 도전정신과 창의력					

합 계	

서류가 통과해서 면접에 갔다는 것은 이력서에 기록된 사실만으로 지원 회사에 근무하는 수준이 가능하다는 증거고, 면접은 입사지원서에 기록된 사실들을 확인하고 사람 됨됨이를 파악하기 위해 대면을 하면서 궁금한 것, 확인하고 싶은 것들을 테스트하면서 평가하는 과정이다.

용모 및 태도

용모는 외적으로 보여지는 이미지다.

■ 두발 상태

일단 귀가 나오고 목선이 보여야 하며 단정해야 한다. 남자의 경우 덥수룩한 머리보다는 깔끔한 스타일이 좋다. 젊은 면접관들일 경우 문제될 것이 없지만 면접관들이 연세가 있으시고 보수적 성향이 있다면 문제가 된다.

중요한 것은 귀가 보여야 한다. 이마를 덮는 경우가 있는데 흉터가 없다면 이마를 보여주는 것이 좋다.

여자의 경우 밝고 경쾌한 느낌과 자신감이 있어 보여야 한다.

면접 때마다 두발 상태를 점검한다. 일주일 전에 머리 손질을 했다 하더라도 다시 하고 가야 한다. 면접관 입장에서는 당신이 우리를 위해 무슨 준비를 하고 왔는지를 보기 때문이다.

이마가 보이도록 하라. 이마를 가리고 면접장에 오는 사람들이 많은데 좋은 이미지를 줄 수 없다.

목선이 보이도록 긴 머리는 뒤로 묶어야 한다. 그물망으로 단정하게 묶고 가도록 한다.

머리에 비싼 비용을 들여서 염색한 긴 머리를 면접관이 보면 어떤 생각을 할까?

'일하기보다는 머리에 신경을 더 쓰겠군? 머리 손질하려면 2시간은 걸리겠군, 일하는데 지장있겠는걸! 면접에 대한 기본도 모르고 온 학생이구만' 할 것이다.

남자들은 머리에 무스를 바르는 것이 기본이다. 남자들도 머리에 염색한 사람들이 더러 있다. 심지어는 귀걸이까지 하고 오는 경우도 있는데, 취업하고 싶은 생각이 없는 사람으로 간주한다.

두발 상태는 그 사람의 성격이나 스타일을 나타내는 것이다. 깔끔하고 단정하게 준비하는 것이 최선이다.

■ 슈트와 맵시

리크루트 슈트를 준비할 때는 단색 정장으로 준비하는 것이 좋다. 컬러는 검정색 · 쥐색 · 진한 군청색이 무난하다. 가끔은 회색이나 베이지색을 입고 오는 사람이 있는데 백 명 중에 한 명 정도 된다. 입지 못하는 것은 아니지만 혼자 튀게 되면 별생각이 다 들면서 초조해질 수 있다.

남자의 경우에는 바지에 주름 잡는 것을 잊지 말아야 한다. 일주일 전에 바지를 다렸더라도 다시 주름을 잡아야 한다. 그 회사에 입사를 위해 준비했다는 성의 표시이다.

와이셔츠는 주로 흰색과 하늘색 컬러가 대부분이다. 흰색이 일반적이지만 하늘색을 골라야 하는 사람이 있다. 얼굴이 하얀 사람은 하늘색 컬러를 선택하면 좋다. 얼굴이 검은 사람은 흰색을 선택하면 오히려 강해 보여서 좋다.

타이는 어떻게 맞추는 것이 좋을까?

직무에 따라서 다를 수 있는데 특히 연구직이나 개발직을 선택한 경우 스마트하게 보이는 것이 좋다. 흰색 와이셔츠에 붉은색 타이를 하게 되면 상당히 돋보인다.

타이는 단색이 많고 색깔도 다양하다. 얼굴이 세련되지 못하게 생긴 사람들은 좀 세련되어 보이도록 진한 타이를 선택하는 것이 좋고, 날카롭게 보이는 사람들이 흰색 와이셔츠를 선택하는 것은 최악이다. 하늘색 와이셔츠에 좀 더 진한 하늘색 타이를 선택하면 부드러운 이미지를 연출할 수 있다. 검정색 와이셔츠에 검정색 타이를 하는 경우도 있는데 피하는 것이 좋다.

구두는 검정색이 무난하다. 검정색 정장에 밤색 구두를 신고 오는 사람들도 있다. 개성이긴 하지만 후회하지 말고 검정색 구두를 선택하라.

밤색 구두에 바지 아랫단을 좁게 해서 입는 경우 최악의 평가를 받게 된다. 바지 아랫단을 너무 좁게 쫄바지를 만들지 말고 8.5인치 이상으로 하라.

여자의 경우 어떤 옷을 선택해야 할까?

여자의 슈트도 남성과 같이 단색 컬러로 가야 한다. 검정색, 쥐색, 진한 군청색이 좋다. 옷의 스타일이나 디자인은 뉴스 프로그램을 맡고 있는 여성 앵커가 입고 있는 정도면 된다. 요란한 문양이나 디자인이 아닌 단순한 정장이 좋다. 유행에 뒤떨어지거나 엄마나 언니에게 옷을 빌려 입지는 말라.

여자의 경우 블라우스는 두 가지 종류가 있다. 옷깃이 있는 경우와 없는 넥블라우스다. 옷깃이 있는 경우에는 목이 길다고 판단되는 사람들이 선택하면 좋다.

목이 긴 사람이 옷깃이 없는 넥블라우스를 입었을 경우에는 썰렁해 보인다. 반면에 목이 길지 않다고 생각되는 사람은 옷깃이 없는 넥블라우스를 선택하는 것이 좋다. 그래야 목이 길어 보인다.

블라우스를 선택할 때 액세서리가 요란하게 장식된 옷들이 있는데 그런 것은 피하는 것이 좋다.

옷맵시는 옷을 입어본 사람이 좋다.

일본 학생들은 3학년부터 대부분이 정장차림으로 학교를 다닌다. 우리나라에서도 호텔경영학과 학생들이 1학년 때부터 정장 차림으로 학교를 등교하는 것을 봤는데 고학년이 될 때는 옷맵시가 상당히 세련되고 멋져 보였다.

청바지 차림에 잠바를 걸치고 운동화를 신고 다니다가 면접하는 날에야 정장을 입으면 마치 남의 옷 빌려 입는 것 같아서 본인도 어색하고 면접관들이 볼 때도 불안정해 보일 수 있다.

3학년 때부터 정장차림으로 학교 다니기를 권한다. 자세도 바르고 태도도 바뀌게 되며 취업할 때쯤 되면 옷맵시도 좋아질 것이다.

■ 표정 관리와 전체적 이미지

표정 관리와 전체적 이미지를 한마디로 표현하면 첫 이미지라 할 수 있다.

첫 이미지는 면접에 상당한 영향을 미친다. 첫 이미지를 구성하는 것들이 머리 스타일, 정장과 옷 입은 맵시, 구두 상태, 바지 주름, 얼굴 표정 등으로 외적으로 보이는 것들이다.

첫 이미지는 면접장에 입실할 때 아주 짧은 시간에 형성되며, 형성된 이미지는 면접의 전체를 좌우할 수 있다.

밝은 표정을 짓는 사람, 여유롭고 편안한 느낌을 주는 사람, 옷을 입어도 맵시가 나는 사람들에게 호감을 갖게 되고 그런 사람에게 더 많은 질문을 하게 된다.

면접관이 질문을 많이 한다는 것은 채용할 의지가 있기 때문으로 해석하면 된다. 표정 관리나 이미지가 좋지 않은 사람은 함께 일하고 싶은 생각이 들지 않기 때문에 질문도 하지 않는다.

좋은 표정을 만드는 것은 하루아침에 할 수 없다. 그러나 훈련을 통해서 어느 정도 만회할 수는 있다. 거울을 보면서 입 꼬리를 올리는 훈련을 반복적으로 한다거나 아·이·우·에·오를 발음하면서 표정 변화를 보면서 교정하도록 한다.

취업을 위해 3학년 때부터 몸매 관리, 표정 관리, 리쿠르트 슈트 등은 미리 준비해 두는 것이 좋고, 자주 슈트를 입어봐야 한다. 좋은 이미지를 만드는 것은 여러 번 반복되는 훈련을 통해 가능하다.

태도는 신입사원다운 자세를 보고자 하는 것이다. 면접장 밖에서도 대기하는 태도를 인사담당자들은 모두 체크하고 있다. 면접장 밖에서도 면접은 이루어지고 있다는 사실을 알기 바란다.

인사팀 담당자들이 싫어하는 사람은 다음과 같다.

- 대기하면서 옆 사람과 큰 소리로 이야기 하는 사람

- 신문을 넓게 펴고 읽으면서 옆 사람에게 피해를 주는 사람

- 불필요한 질문을 하는 사람

- 다리를 꼬고 앉아 있는 사람

- 책상에 엎드려 있는 사람

- 부산하게 여기저기 옮겨 다니는 사람

대기하면서 좋은 느낌을 주는 사람은 어떤 사람일까?

- 회사의 사보나 정보, 자료를 검토하는 사람

- 책을 조용하게 읽고 있는 사람

- 안내하는 인사담당자와 아이컨텍을 잘하면서 밝은 표정을 짓고 있는 사람

- 지시나 안내에 잘 따르는 사람

- 바른 태도와 좋은 매너를 갖춘 사람

❶ 바른 자세

면접장 밖에서 대기하는 동안에도 바른 자세나 태도는 인사담당자 로부터 체크되고 있다.

바른 자세는 허리를 곧게 펴고 눈을 크게 뜨고 전방을 응시하며, 얼굴에는 미소를 머금은 정도면 된다.

남자의 경우 손은 무릎 위에 가볍게 주먹을 쥐고 올려놓으면 되고, 여자의 경우에는 양손을 모아서 아랫배 단에 올려놓으면 된다.

면접관들이 싫어하는 태도는 다음과 같다.

- 등이 굽은 사람
- 말을 하면서 눈동자가 좌우로 많이 움직이는 사람
- 말을 하면서 면접관과 눈을 맞추지 못하는 사람
- 다리나 손가락을 떠는 사람
- 표정이 너무 굳어 있는 사람
- 남이 말할 때 귀 기울이지 않는 사람
- 남이 웃기는 대답을 했을 때 큰 소리로 웃는 사람
- 특이한 행동을 하는 사람(질문을 받으면 자리에서 벌떡 일어나는 사람, 질문을 받으면 손가락으로 자신을 가리키면서 '저 말입니까?' 확인을 하는 사람, 질문을 했는데 자기가 아닌 것처럼 시치미를 떼고 있는 사람)
- 무릎 사이에 손을 넣고 비비는 사람
- 양복 상의를 벗고 와이셔츠만 입고 들어오는 사람
- 긴 머리카락을 늘어뜨리고 있는 사람

이런 사람들은 면접관이 싫어한다. 질문도 하지 않는다. 준비가 덜 된 사람으로 간주하기 때문이다.

❷ 인사법

면접장으로 들어서면서 면접이 끝날 때까지 인사를 몇 번이나 할까?

5번 한다. 첫 번째는 면접장으로 문을 열고 들어서면서 인사를 한다. 이때가 상당히 중요하다.

90도로 깊게 인사해야 하는 회사가 있고, 가볍게 목례만 해도 되는 회사가 있다. 90도로 인사하는 회사들은 대부분 역사가 오래된 회사들로, 은행도 깊이 인사하는 사람이 예의가 바르다고 평가한다.

목례로 가볍게 눈인사만 해도 되는 경우는 신생 기업이나 벤처 기업들이 그렇다.

두 번째 인사는 자리에 앉기 전에 면접관들을 향해 한다. 이때는 정중하게 인사를 해야 한다. 손을 겹쳐서 아랫배에 대고 인사를 하는데, 배꼽에 겹친 손등은 정렬되고 인사하는 각도는 45도 정도 되면 좋다.

세 번째는 자리에 앉으면서 '감사합니다'라고 인사한다. 이때 주의할 점은 세팅된 의자를 면접자가 잡고 당기면서 자리에 앉지 마라. 세팅된 의자에 엉덩이를 맞춰서 앉아야 하고 의자에 손을 대거나 소리가 나서는 안된다.

네 번째는 면접이 끝나고 면접관들이 '수고하셨습니다. 돌아가십시오'라는 사인을 하면 '수고하셨습니다'로 응수하는 인사다.

이때는 면접에서 실수했더라도 큰 목소리로 인사를 해야 한다. 면접에서 제대로 답변을 못한 사람이라도 큰 소리로 인사하면 가산점을 주기도 한다. 그렇지 못하고 목소리가 낮거나 목만 꾸벅 숙이는 사람이 있는데 이럴 때는 평가서에 '성격이 소심함'이라고 기재되며 탈락한다.

다섯 번째는 앉은 자리에서 '수고하셨습니다' 인사와 동시에 자리에서 일어나서 마무리 인사를 한다. '감사합니다. 돌아가겠습니다'로 마무리 한다.

회사마다 조금씩은 다를 수 있다. 어떤 회사는 2번 하는 회사도 있다. 들어가서 인사하고 마치고 나올 때 한다.

　인사는 '솔' 톤으로 하라. 그래야 열정적이고 자신감도 있어 보이고 합격해야겠다는 의지도 보여진다. 인사를 할 때 정중함을 표시하는 것은 천천히 머리를 숙였다가 천천히 머리를 드는 것이다.

　인사할 때 주의할 것은 다음과 같다.

■ 인사말을 던지고 머리를 숙여야 한다

'안녕하십니까?' 면접관과 아이컨텍을 하면서 머리를 든 상태에서 말하고 그런 후에 머리를 숙인다.

■ 웃음을 머금은 밝은 표정을 지어라

　무표정하거나 면접관들과 아이컨텍없이 인사를 하는 사람이 있는데 좋은 이미지를 주지 못하게 되고, 호감을 주지 못한 관계로 질문도 하지 않는 경우가 있다.

■ 정중하게 마음을 담아서 하라

　머리만 꾸벅 숙이고 빨리 머리를 들어 올리는 사람이 있다. 이런 경우에는 채용 대상에서 멀어진다. 천천히 머리를 숙인 후 잠시 멈췄다가 머리를 드는 것이 좋다.

■ 왼손으로 넥블라우스의 상단을 가리고 인사하라

　넥블라우스를 입은 여성 지원자의 경우 왼손으로 블라우스의 상단을 가리고 인사하면 좋다.

❸ 안정성과 유연성

면접을 하면서 면접관들이 유심히 살피는 것 중에 하나가 안정감과 유연한 태도다. 면접 시 답변할 때 다양한 스타일의 유형을 면밀히 살펴본다.

■ 말하면서 땀을 많이 흘리는 경우

면접장에 들어오면서부터 땀이 나기 시작해서 질문을 받으면 더 많이 흘리는 사람이 있다. 이런 경우에는 건강상에 문제가 있느냐는 질문까지 받는다. 다른 관점에서 보면 배짱이 없어 보이고 자신감이 없어 보이는 것으로 평가하기 쉽다. 응급처치법으로 긴 호흡을 통해 마음을 가라앉히는 것이 좋다.

■ 얼굴이 붉어지면서 말을 더듬는 경우

평소에는 얼굴이 붉어지는 경우도 없고 말을 더듬지도 않는다. 그러나 면접장에만 들어가면 말을 더듬는 학생이 있다. 어떤 학생은 얼굴에 경련까지 일으키는 경우가 있는데, 이런 경우에는 정말 가고 싶은 회사거나, 자신에게 약점이 있어서 그것이 마음 한편에 자리 잡고 있어서 이런 현상이 생길 수 있다.

보통 지원자들보다 나이가 많은 경우, 입사는 하고 싶은데 준비된 스펙이나 역량, 경험 등이 남보다 못할 경우, 지방대학을 졸업했다는 콤플렉스를 생각하는 경우다. 이외 다양한 원인이 있겠지만 중요한 사실은 면접을 잘 봐야 취업에 성공할 수 있다는 것이다. 마음에 평안을 찾고 긴장을 줄여야 한다. 약점을 생각하면 할수록 말은 더 더듬어진다. 할 수 있다고 확신하라. 아랫배에 힘을 주고, 눈을 크게 뜨고 면접관을 응시하라.

■ 남의 말에 살을 붙이는 경우

하나의 질문을 여러 사람에게 계속해서 물어보는 경우가 있다. 이런 경우 옆 사람이 답한 것을 다시 말하는 경우 좋은 평가를 받지 못한다. 그것은 옆 사람이 한 답변이다. 본인의 생각을 말해야 한다.

■ 손을 사용하지 않으면서 말하는 경우

보통 대화를 할 때 손을 편안하게 사용하면서 말한다. 면접장에서도 유연하고 부드럽게 보이기 위해서는 편하게 손짓을 하면서 말할 수 있어야 한다. 어떤 경우에는 부동자세로 머리나 눈빛만으로 이야기하는 경우가 있는데 어색하고 무겁게 보인다. 답변할 때 편하게 손짓을 하는 것이 좋다.

■ 얼굴표정이 수시로 바뀌는 경우

요즘 압박 면접이 대세다. 왜 압박 면접을 할까?

면접관들은 면접자들의 진실을 밝히려고 계속 꼬리를 물고 압박해 가면서 강도를 높인다. 진실과 거짓을 밝히려는 것도 있고, 면접자들의 태도를 보려고 하는 경우도 있다.

경우에 따라서는 감정을 건드리는 경우도 있다. 이럴 때 어떻게 응대하는지 태도를 보려고 하는 것이다.

스펙이나 경험한 사실들, 답변에 꼬리를 물고 계속 압박해 가거나 감정을 건드릴 때 얼굴표정이 수시로 변하게 되면 좋은 평가를 얻지 못한다.

압박 면접을 한다는 것은 그만큼 채용될 확률이 높아진다는 사실을 알고 긴장을 늦추지 말고 적당히 즐기면서 답변하면 된다. 채용할 가치가 없는 사람에게 압박까지 해가면서 시간을 낭비하지는 않기 때문이다.

표정관리는 면접 준비가 완벽할수록 좋아진다. 기업의 입장에서 무엇을 물을 것인지 미리 예상 질문에 대비하여 관계되는 정보와 자료를 모아서 준비를 철저히 하는 수밖에 없다.

■ 면접관과 눈을 마주치지 못하는 경우

면접관과 눈을 마주치지 못하는 면접자들이 의외로 많다. 습관적인 사람도 있고, 고도의 불안감을 느낄 때 생기는 현상이기도 하다.

이런 경우 면접관들은 거짓을 말하거나 말을 만들고 있다고 판단해서 좋은 평가를 하지 않는다. 이런 현상은 회사 업무를 수행하는데 부적합하다고 판단하기 때문이다.

평소 거울을 보고 많은 연습을 해야 하며, 동료나 면접 동아리를 만들어서 주변 지인을 통해 수정하는 연습을 하기 바란다. 상대방의 눈을 쳐다보지 못하는 것은 사회생활에 치명적일 수 있다.

금융기관에서 사용하는
면접 평가서와 항목별 점수 배당

　면접 평가표를 미리 알고 있다는 것은 큰 행운이다. 마치 시험을 볼 때 문제를 미리 알게 되는 것과 같지 않을까.

　금융권의 면접은 대부분 전문성과 인성 분야를 집중적으로 보는 경향이 있다. 돈과 관련된 업무를 하기 때문에 무엇보다도 윤리와 도덕성이 뛰어나야 한다. 외적으로 보여지는 이미지도 중요하다. 신뢰를 줄 수 있어야 하고, 안정적인 이미지를 주어야 한다.

조번호		대상자		생년월일	
평가항목	평가요소			면접평가	종합의견
목표달성의지 문제해결능력	업무에 대한 열정, 준비성, 프로의식, 창의력, 분석력, 종합적인 판단능력			[S, A, B, C, D]	
은 행 적 응 력 성 장 가 능 성	지원 동기, 사유, 대인관계, 은행 이해도			[S, A, B, C, D]	
표　　현　　력	말투, 자신감, 정확성, 논리력, 설득력			[S, A, B, C, D]	
기 본 소 양 윤 리 의 식	성격, 가치관, 품성, 예절, 인상, 태도, 일반상식, 윤리의식, 봉사활동 등			[S, A, B, C, D]	
종합평가	착안사항			Check	추천분야
반드시 채용(S)	나의 부하직원으로 꼭 함께 일하고 싶다				
채용추천 (A)	함께 일한다면 성과창출과 부서발전에 기 여할 것이다				○영업점( ) 　- 개인금융
채용가능 (B)	결점이 뚜렷하게 보이지 않으며 자기 역할 을 무난히 수행할 것으로 기대된다				- 기업금융 　- PB
채용유보 (C)	결정적인 단점은 보이지 않으나 나의 부하 직원으로 받아들이고 싶지 않다				○본　점 (직무 :)
채용불가 (D)	결격 사유가 보이며 반드시 불합격시켜야 한다				
면접위원	직			성명	(서명)

233

목표 달성 의지

은행이나 증권회사 또는 보험회사들도 모두 영업을 해야 먹고산다. 그러므로 직원들의 역량 중에 열정과 도전정신은 가장 기본이다.

예를 들면 이런 질문을 하기도 한다.

> 학창시절 했던 경험 중에 목표를 세워서 달성한 사례를 말해보고, 본인은 어떤 역할을 했으며 목표를 달성하는데 어떤 기여를 했는지 말해보시오.

답변의 사례를 선택할 때는 학점을 올리기 위해 노력했던 것, 토익 점수를 올리기 위해 했던 경험들을 많이 드는데, 그런 것보다는 사회 경험을 통해 얻은 결과를 선택하는 것이 좋다. 스펙이나 토익점수는 누구나 하기 때문에 중요시 여기지 않는다. 독특한 경험이나 기발한 발상을 통해서 얻은 결과를 더 중요시 여긴다. 열정과 도전정신을 갖고 있으면서 창의적인 발상을 할 수 있는 인재를 선호하기 때문에 많이 물어보는 질문이다.

문제 해결력

회사생활에 절반이상은 문제를 해결하는데 시간을 투입한다고 봐도 과언이 아니다.

회사는 성공을 위해서 항상 프로젝트가 진행되며 진행되는 과정에서 다양한 문제가 생길 수 있다. 그런 문제를 지혜롭게 해결할 수 있는 사람이 필요하다. 명문대학을 졸업하고 학점이 높은 사람이라고 해서 문제를 잘 해결하는 것은 아니다. 많은 경험과 지혜가 있어야 해결할 수 있고, 때에 따라서는 전문성이 있어야 해결하는 문제도 있다.

은행에서 있었던 사례다.

> 은행이 판매한 BRIC'S 펀드에 가입했던 고객이 깡통계좌가 되었다고 객장에 찾아와서 소란을 피우고 있다. 업무 시간이어서 많은 사람들이 객장에 있다고 가정한다면 당신은 소란을 피우는 고객을 어떻게 해결하겠습니까?

있을 수 있는 문제다. 이런 경우 당신은 어떻게 문제를 해결하겠는가?

'일단 소란을 피우는 고객을 객장에서 일반고객과 분류시키는데 가능한 VIP룸이나 은행 내에 가장 시설이 잘된 공간으로 모시겠습니다.'

'그런 다음 어떻게 하겠습니까?'

'소란을 피우는 원인을 듣고 상세한 정보를 팀장이나 최고 경영자에게 말씀드려서 해결하겠습니다.'

회사는 문제를 해결할 수 있는 사람이 필요하다. 문제 해결의 프로세스를 익혀서 명쾌하게 답변할 수 있어야 한다. 문제 해결의 키워드는 문제의 원인을 파악하고 그 원인을 제거하는 것이 중요하다. 문제의 원인이 무엇인지 알아야 문제를 해결할 수 있다.

다른 산업에도 문제 해결력은 중요하다. 면접할 때 꼭 한두 가지의 문제 해결력에 관한 질문을 한다.

건설회사의 경우에는

> 현장에 추락사가 생겼다. 당신은 이 문제를 어떻게 처리하겠습니까?

모 항공사에서는

> 비행기가 이륙했습니다. 기내에 세 살배기 어린아이가 울기 시작했습니다. 여기저기서 손님들이 시끄럽다고 항의하고 있습니다. 당신은 어떻게 하시겠습니까?

이처럼 산업별로 일어났거나 일어날 수 있는 문제들을 제시하면서 문제 해결력을 지닌 인재를 찾기 위해 많은 노력들을 하고 있다. 여러분도 지원하는 회사나 산업에서 일어날 수 있는 예상 문제를 만들어서 답변하는 방법을 연구해야 할 것이다.

은행적응력

은행이나 금융권은 고도의 서비스 제공과 잦은 야근에 돈을 다루는 곳이라서 스트레스를 많이 받는 곳이다.

부모나 가족 중에 누군가가 은행에 근무하고 있을 경우 은행에 대한 사전 정보가 많아서 적응력이 빠를 것으로 판단한다. 또는 은행에 인턴을 해본 경험이 있는 사람도 적응력이 빠르다고 본다.

은행은 차분하고 이성적인 성향의 소유자를 좋아하고 남을 위해 배려할 줄 아는 서비스 마인드를 갖춘 인재를 선호한다.

성장가능성

지원 동기와 미래 포부를 중심으로 질문을 하면서 성장가능성을 확인한다.

은행을 많이 이해하고 경험한 적이 있다면 다른 사람들보다 좋은 평가를 받을 것이다. 또는 시장에 금융상품을 분석하고 상품에 대한 해박한 지식을 지니고 있는 것도 높은 가능성으로 평가받는다. 동종 산업의 상품개발 공모전에 입상한 경력들은 성장가능성에 많은 도움이 되고 채용에 직접적인 영향을 줄 수 있다.

표현력

말하는 방법이자 설득의 기술이라고 할 수 있다.

짧고 간결하게 전달하는 것이 좋다. 금융기관의 임원들은 다른 기업에 비해 나이가 많은 편이다. 그런 분들은 인내심이 부족하다. 서론, 본론, 결론식으로 이야기할 경우 답하는 중에 자르고 다른 사람으로 질문이 넘어가게 된다.

질문에 대한 답할 내용을 개조 문화시켜서 가능한 간결하게 하라. 질문에 대한 첫 번째 답은 결론을 말하고 기다려야 한다. 궁금하면 면접관이 물어올 수 있도록 답하는 것이 기술이다.

기본 소양과 윤리의식

기본 소양은 은행에 대한 업무 이해와 매너, 예의범절 같은 태도를 보는 경우가 많고, 윤리의식은 돈에 대한 가치관과 부정한 일에 대한 정의를 묻는 질문이 많다.

상사가 부당한 거래를 지시한다면 당신은 어떻게 하겠는가?

성공적인 면접을 위한 준비

면접은 더 과학적이고 복잡해지며 전문화되고 있다.

시장경쟁이 치열해질수록 적합한 인재를 채용하기 위해 면접 방법은 맞춤식으로 개선되고 지원자들을 테스트하는 과정들도 세분화될 것이다.

모 벤처회사는 면접 과정을 5단계로 구성하고 3개월 동안 면접을 직무별로 세분화해서 치렀으며 최종 5명을 채용했다.

1단계 : 지원 직무에 대한 이해

2단계 : 회사의 비즈니스 모델에 대한 이해

3단계 : 업무 수행력 점검(컴퓨터 활용 능력, 문서작성 능력, 프레젠테이션 작성 및 발표 능력, 문제 해결력)

4단계 : 프로젝트 수행(5명씩 1개조로 구성하여 주제를 설정하고 조원의 역할분담 및 시간계획, 토의, 결론도출을 통한 최종 산출물 보고서 작성)

5단계 : 미래 비전 선포 및 임원 면접

미래 면접은 비즈니스를 수행할 수 있는 역량들을 평가하고 팀원들과 프로젝트를 수행하면서 개인의 성향과 구성원으로서의 역할 수행력을 충분한 시간을 통해 검토하는 방식으로 변해갈 것이다.

면접은 함께 일할 사람을 선택하기 위해 치르는 과정이다.

회사란 곳에서 비즈니스를 할 수 있는 능력을 갖춰야 하고, 여러 사람들과 함께 어울리고 소통할 수 있어야 하며, 회사의 성장에 기여할 수 있는 인재를 선호한다.

면접은 언제부터 시작되는가?

'서류가 합격한 순간부터 면접은 시작된다.'

모 은행 상무께서 서류 합격자에게 일일이 전화를 하면서 메모를 하였다. 인사팀 대리가 전화해서 면접 일정을 통보하면 될 일이다. 그런데 임원이 직접 하루 종일 전화기를 붙들고 서류 합격자들에게 전화하는 이유는 뭘까?

'지원자들의 상태를 점검하기 위해서다.'

비록 모습은 보지 못하더라도 목소리를 통해서 상대방의 됨됨이를 알 수 있고, 전화를 하면서 느낀 감정을 면접에 반영한다.

■ 전화 받는 목소리를 통해서 적합한 인재임을 확인할 수 있다

전화 음성으로 상대방의 기분이나 태도, 성격 등을 알 수 있다. 낯선 전화가 걸려 왔을 때 당신은 어떻게 받는가?

무표정한 목소리로 '여보세요 어디세요' 마치 귀찮거나 화난 목소리를 내지는 않는가? 여러분들도 전화상으로 전해지는 목소리를 듣고 대략 상대방의 태도나 반응상태를 느낄 수 있지 않은가?

'감사합니다. ○○○입니다'라고 상냥하게 말하면 상대방은 어떻게 생각할까?

은행에 적합한 사람이란 느낌을 받는다. 전화를 하면서 느낀 것들을 각자 기록해 두었다가 면접장에서 확인한다.

놀라운 사실은 전화를 했을 때 친절하고 상냥하게 전화를 받았던 사람들 대부분이 채용되었고, 회사생활에도 역시 좋은 성과를 내고 선배들로부터 인정받고 있다는 사실이다.

지원한 회사의 대표전화와 인사팀 전화번호는 반드시 휴대전화에 저장해 두어라.

■ 인간관계나 사람 수준을 파악할 수 있다

서류 합격자들에게 전화를 하면서 3가지로 구분해서 기록한다.

첫 번째는 전화가 오면 전화를 받는데 여러 유형이 있다.

- 감사합니다. ○○○입니다.

- 누구세요? 어디세요?

- 네.

세 가지 유형 중에 어느 것이 좋을까?

'감사합니다. ○○○입니다'가 가장 좋다.

이런 경우 미리 휴대전화에 지원회사의 대표번호와 인사팀 번호를 저장해 두지 않으면 답하기 어렵다. 평소 전화 받을 때 습관을 들이는 것이 가장 좋다. 전화를 했을 때 얼마나 친절하게 전화를 받느냐를 등급으로 ○표시해두고 면접 때 가산점을 주기도 하고 60~70% 질문을 한다.

두 번째는 전화를 걸었는데 받지 않는 경우다.

낯선 번호가 찍히면 귀찮아서 받지 않는 사람도 있다. 주변 관계가 복잡한 사람으로 간주한다. 등급은 □로 표시해 둔다.

회사에서 전화는 다시 하지 않는다. 인터넷으로 서류가 합격했다는 것은 확인할 수 있다. 그러나 면접장에 오면 질문을 하지 않는다. 예의상 간단한 것 한 가지 정도 물어본다.

세 번째는 전화를 못 받았다고 전화를 해오는 경우다.

사정상 전화를 못 받을 수 있다. 전화가 온 것을 확인하고 그 번호로 전화를 걸어오는 사람이 있다. 그럴 경우에는 등급으로 △표시를 해둔다. 이런 사람은 면접장에서 확인을 한다. ○표한 사람보다는 못하지만 30~40%의 질문을 한다.

회사를 지원했다면 그 회사의 대표번화와 인사팀 번호를 반드시 저장해 두었다가 전화가 오면 '감사합니다. ○○○입니다'로 명쾌하게 인사할 수 있어야 한다.

■ 열정과 채용의지를 확인할 수 있다

전화 목소리를 통해서 상대방이 얼마나 좋아하는지 알 수 있다. 목소리에 힘이 실려 있다는 것도 알 수 있고, 감사한 표현을 하는 것에서도 채용의지를 확인할 수 있다.

밝고 건강한 목소리로 감사의 표시를 할 수 있어야 한다.

면접 준비와 범위

자기소개서를 작성할 때 시장분석과 경쟁관계, 직무수행 능력 등을 모두 분석하고 자기소개서에 적어서 보내면 면접 볼 때는 자기소개서를 기반으로 생각만 정리해 두면 된다.

■ 면접 준비

필자는 모 그룹에서 인사팀 과장을 담당했었다. 채용공고를 비롯하여 면접 평가표를 만들어서 직접 면접을 진행했다. 그래서 실무진과 임원들이 어떤 사람을 원하는지, 면접 볼 때 좋은 평가를 받는 사람들의 태도와 답변기술은 어떻게 해야 좋은 점수를 받는지를 잘 파악하고 있다. 그 노하우를 알려주고자 한다.

❶ 1차 면접(실무진 면접)

팀장급 면접이다. 1차 면접은 인력 충원요청을 한 팀에서 서류를 검토해서 1차 선발된 인원을 채용인원 5배수 정도 면접장에 불러서 입사지원서에 기록한 사실들을 확인하는 절차이다. 이들이 가장 중요하게 생각하는 것은 지원한 직무를 수행할 수 있느냐에 대해 세심하게 파악하는 것이다.

팀장들은 크게 두 가지를 본다.

첫째, 지원한 직무를 수행할 수 있어야 한다. 직무를 수행하지 못하면 팀 내 누군가가 붙어서 가르쳐야 한다. 팀원들 각자 자신이 할 일들이 정해져 있어서 신입사원을 가르치는데 투입될 사람이 없다.

둘째, 팀원들과 함께 생활할 수 있는 좋은 성향을 지니고 소통이 가능한가를 본다.

1차 실무진 면접에서는 지원하는 직무를 수행할 수 있는 역량을 준비해야 하고, 소통할 수 있는 역량을 지녀야 한다. 소통할 수 있는 역량은 유연하고 부드러워야 하며, 간단명료하게 답하는 기술을 갖춰야 한다. 말이 많은 사람과 일하고 싶은 사람은 없다. 모르는 것을 아는 체하는 사람과도 일하고 싶지 않다. 옆 사람이 말할 때 귀 기울이지 않는 사람도 싫어한다. 다른 사람의 이야기를 함께 공감하는 사람을 좋아한다.

명문대학을 졸업하고 높은 스펙을 지닌 인재라서 채용하지는 않는다. 영어를 너무 잘해서 채용하는 것도 아니다. 일단 팀원들과 잘 어울릴 수 있는 사람이어야 하고, 직무는 스스로가 해결할 수 있어야 된다. 영어는 영어를 사용하는 부서에서 필요하다. 영어실력이 좋지 않다고 해서 지레 겁을 먹지는 마라. 영어성적이 채용 조건의 전부는 아니다.

❷ 2차 임원진 면접

임원들은 1차 실무진에서 좋은 평가를 받은 사람들을 대상으로 면접을 보는데 채용인원의 2~3배수 정도 인원을 면접한다. 임원들은 실무진에서 직무와 관련해서 평가했기 때문에 주로 인성과 관련된 질문을 많이 한다.

인생관, 직업관, 회사에 대한 가치관, 미래 포부, 학교생활, 팀원으로서의 역할과 기여도, 충성심 등을 확인한다.

■ 면접 범위

면접 범위는 10여 가지 정도 된다.

❶ 시사적인 문제

최근 이슈가 되고 있는 내용들을 신문자료나 인터넷을 통해 정리해 둔다. 임원 면접 때 많이 물어본다.

❷ 경쟁관계분석

시사와 경쟁사간의 장·단점을 분석하고 경쟁에서 이길 수 있는 전략을 준비하거나, 제품이나 디자인, 소비자들의 반응, 양사의 마케팅 전략 등을 분석해 두는 것은 필수이다. 자사와 경쟁사의 제품을 파악해 두는 것도 중요하다.

❸ 직무 수행 능력

지원한 직무가 어떤 일을 하는지 알고 있어야 하며, 업무를 수행할 수 있는 근거를 준비해야 한다. 직무 수행에 필요한 경험이나 자격증, 수료증 등을 정리해 두는 것이 좋다. 직무를 수행해본 경험을 간략하게 정리해 두는 것도 필요하다.

❹ 인생관, 직장관, 직업관

임원들이 주로 묻는 질문에 해당되며, 간단명료하게 답할 수 있도록 정리해 두는 것이 좋다. 회사가 당신에게 어떤 의미가 있는지도 생각해 두어라.

❺ 문제 해결력

지원하는 회사와 관련된 산업에서 일어났던 일이나 일어날 수 있을 것 같은 문제를 예상해 보고 어떻게 문제를 해결할 것인가를 미리 생각해 두는 것이 좋다.

❻ 시험형, 충성도

'지방으로 발령이 나면 어떻게 하시겠습니까? 야근도 많고 가끔은 주말에도 일할 경우가 있는데 가능합니까? 기획부보다는 영업부에서 일하는것은 어떨까요? 상사가 부당한 업무를 지시한다면 어떻게 하시겠습니까? 당신의 성과를 상사가 가로챘다면 어떻게 하시겠습니까?' 이런 질문으로 시험 또는 충성도를 확인한다.

❼ 직장생활의 로드맵

5, 10년 후 당신은 우리 회사에서 어떤 일을 하고 있을까요? 입사 3년차, 5년차, 10년차 최종 목표 정도는 정리해 둬야 된다.

❽ 결혼관계

여자에게 주로 묻는 질문이다. '결혼은 언제 하실 겁니까? 자녀계획은? 출산 이후 회사생활은? 아이는 누가 키울 겁니까?' 여자들은 결혼관에 대해 구체적인 계획을 세우고 있어야 한다. '결혼은 입사 후 5~7년이 적합하고, 자녀계획은 1~2명, 출산 이후 계속 근무할 생각이며, 시어머니께서 키워주신다고 했다' 정도로 생각을 정리하면 된다.

❾ 전공 관련

전공과 관련해서는 전문성을 요하는 직무일 경우 많이 물어본다. 기술개발직군·연구직군·생산직군 등이며, 주로 이공계 분야라 할 수 있다.

❿ 자기소개

자기소개는 주로 영어로 30초 가량 한다. 최근에는 자기소개 범위가 넓어져서 지원 직무 수행력에 대해 말하는 경우도 있다.

면접 범위가 넓어지고 영어 면접이 확대되는 추세에 있다. 큰 기업 입사를 희망하는 사람들은 영어 면접을 미리 대비해 두도록 한다.

이력서와 자기소개서에서의 50% 질문과 사례

필자는 입사지원서를 쓸 때 지원사의 갈증요인을 해결할 수 있는 아이디어를 적거나, 경험한 사실을 기반으로 지원하는 직무를 수행할 수 있다는 내용을 반드시 적도록 한다.

이런 경우에는 면접볼 때 주로 자기소개서 내용을 중점적으로 확인하게 되며, 제안한 아이디어나 구체화시킨 직무 수행력이 적합하다고 판단될 경우 채용될 확률이 높다.

다음은 모 기업에 1차 합격한 서류를 기반으로 면접 예상질문을 카운슬링해준 사례다.

【지원 동기】
최상의 기술력과 경험으로 전력사업의 선진화와 해외로 진출하는 글로벌 전력 IT 기업인 한전 KDN에 힘을 보태며, 한전 KDN에서 전력 IT의 전문가가 되기 위해 지원하였습니다.

【최상의 기술력】
1. 원자력기기수리수행능력 품질인증 'Q - Class 인증' 취득
2. ISO / IEC 27001 인증
3. CMMI Level 3 S / W 개발 및 서비스 분야 세계 최초 동시 인증 글로벌 전력 IT 기업
4. 3,000억 원 규모 미 태양광발전소 건설 프로젝트 수주

5. 인도 전력현대화 IT 사업 600억 원 수주

질문 1. 본인이 지원한 동기에 대해 말해 보세요.
질문 2. 업무 수행 능력에 대해 말해 보세요.
질문 3. 우리 회사에서 무엇을 할 것이며, 할 수 있는 당신의 역량을 말해 보세요.
질문 4. 전력 IT 전문가란 어떤 것입니까?

【희망 업무】 전력통신 IT
대학교에서 배운 전공을 살리고 전문적인 기술을 배움으로써 정보통신기술사가 되고 싶습니다. 또한 저의 통신에 관련한 경험들은 전력통신 IT를 수행하는데 도움이 될 것입니다.
1. 통신공학을 전공한 학생으로서 정보통신기술사가 되기 위해 노력하겠습니다.
2. 전력통신 IT 분야는 저의 RF 및 광섬유에 대한 경험을 활용할 수 있을 것이라고 생각했습니다.
3. 광섬유복합가공지선(OPGW) 설계, 구축, 유지보수와 초고속광전송망 구축, TETRA 전파품질 측정 시스템(TETRA QMS) 등 전력통신 IT 분야는 실질적인 기술을 다루는 분야라고 생각했고, 그 기술을 배우고 싶습니다.

질문 1. 전공과 관련해서 지원한 직무와 연관되는 분야를 설명해 보세요.
질문 2. 통신정보기술사는 취득했나요?
질문 3. RF 및 광섬유에 대한 경험이란 게 뭔가요?
질문 4. 입사 후 자기계발 계획에 대해 설명해 보세요.
질문 5. 자기의 강점을 영어로 소개해 보세요.
질문 6. 본인의 미래 비전에 대해 설명해 보세요.

질문 7. 동아리 활동이나 특별히 대학에서 했던 경험 중에 한 가지를
        설명해 보세요.

답변은
1. 짧고 간결하게 한다.
2. 눈빛이 총명해야 한다.
3. 모르면 모른다고 답해야 한다.
4. 진실되게 답한다.
5. 머리에 무스 바르는 것은 기본예의다.
6. 구두도 잘 닦아서 간다.
7. 표정관리와 시선처리를 잘한다.
8. 힘있고 자신감 있게 말해야 한다.

서류가 합격하면 면접을 준비해야 한다.

면접은 회사에 제출했던 자기소개서나 이력서를 기반으로 예상 질문을 만들고 간결하게 답할 수 있도록 연구하면서 준비해야 한다.

PT 면접과 토론 면접 사례

회사에서는 PT와 토론을 많이 하지만 학교에서는 제대로 가르치지 않기 때문에 면접을 통해서라도 역량을 확인하고자 기업이 계획한 면접 과정이다.

● PT 면접

PT 면접은 2가지로 구분할 수 있다.

첫 번째는 지원한 직무에 대해 논하는 경우다.

주제 1 : 지원 직무에 대해 작성한 후 발표
작성시간 : 20분
발표시간 : 5분

지원하는 직무에 대해 20분 동안 A4용지에 작성해서 5분 발표한다. 이런 경우에는 지원 직무에 대해 업무 정의를 내리고, 수행하는 업무에 대해 구체적으로 기술하여 발표한다.

다음은 S그룹의 상품기획 MD 업무에 대한 발표 사례다.

지원 직무 : 상품기획 MD
업무 정의 : 패션을 사랑하는 열정과 기회를 파악하는 빠른 판단력이 상품기획 MD의 요건입니다.

수행 업무는 다음과 같습니다.
1. 시장 트렌드 분석을 통한 디자인 개발에 대한 정보제공
2. 시장 판세와 경쟁관계 분석을 통한 자사 방향 설정
3. 정해진 예산 범위에서 제품개발 및 생산 업무
4. 원단, 실, 단추, 액세서리 등 업체선정과 공정파악 업무
5. 잠재고객 발굴과 신규고객 창출
6. 정해진 예산으로 최대의 효율 창출

두 번째는 경쟁관계를 분석하고 대안을 만들어 발표하는 경우도 있다.

주제 2 : 경쟁관계를 분석한 후 발표

작성시간 : 40분

발표시간 : 40분

이런 경우에는 SWOT를 활용하거나 블루오션 프레임워크를 활용하는 경우가 있는데 SWOT 사례만 살펴 보자.

자사의 강점을 기회와 접목해서 어떻게 더 강화시킬 것인가와 약점은 기회를 활용하여 어떻게 보완할 것인가를 발표하고, 위협은 강점을 활용하여 어떻게 극소화할 것인가를, 약점과 위협일 경우 어떻게 회피할 것인가를 설명하면 된다.

내부환경 / 외부환경	자사의 강점 (Strenghts)	자사의 약점 (Weaknesses)
	· 우수한 제품 경쟁력 · 경쟁 제품을 수용하는 Plug - in 제품 · 특화된 기술에 대한 특허 출원 · 슬림한 전문 기술인력으로 조직 구성	· 경영 관리 · 마케팅 조직 취약 · 자금력 취약 SAMPLE
시장의 기회 (Opportunities) · CRM, 1 : 1 마케팅 시장의 급성장 · e - mail 마케팅에 대한 관심 증대 · 경쟁제품의 한계성 노출 · e - mail 사용인구의 증가	SO 전략 · e - CRM, 1 : 1 마케팅 원천 기술 개발로 제품 경쟁력 강화 · 경쟁제품에 한계성을 느끼는 업체에 대한 영업 강화 (Plug - in 제품) · 적극적인 홍보	WO 전략 · 핵심인력충원 · SI, CRM 업체, Web Agency 등과의 적극적 전략적 제휴를 통한 마케팅력 강화
시장의 위협 (Threats) · 시장 진입 장벽이 비교적 낮음 · 강한 고객 협상력 · 해외 e - mail 마케팅 업체의 국내 시장 진출 · 경제환경의 악화	ST 전략 · 특허 획득을 통한 진입장벽 구축 · 연관 제품군 개발로 추가 수익원 개발 · 고객 니즈에 맞는 커스터마이징 능력, e - mail 마케팅 전략 컨설팅 강화 · 경쟁력 가격전략 구사	WT 전략 · 전략적 제휴를 통한 경쟁력 강화 · 조직의 슬림화

● 토론 면접

토론 면접은 왜 하는 걸까?

회사는 프로젝트가 진행되기 위해서는 관련 팀원들이 모여서 항상 아이디어를 교환하고 직원들의 의견을 수렴하여 결정한다. 소수의 의견을 무시하고 다수의 의견으로 결정된 사안이라면 의견이 무시된 소수는 그 프로젝트에 적극적으로 참여하지 않는다. 그들의 의견이 전혀 반영되지 않았기 때문이다.

토론을 통해서 구성원들의 의견을 조합해서 결정하고 결정된 사안에 대해 구성원 전체가 적극적으로 참여함으로써 좋은 성과를 거둘 수 있다.

> 주　　제 : 초과이익 공유제에 대해 논하라
> 토론시간 : 120분
> 발표시간 : 30분

팀 구성은 주로 홀수로 해서 찬성과 반대의 숫자가 다르게 나타나게 한다. 구성원이 5명일 경우 찬성하는 사람이 4명, 반대하는 사람이 1명이라고 가정했을 때, 1명의 의견을 찬성하는 4명의 의견에 어떻게 수렴해서 결과물을 도출하느냐가 토론 면접의 키포인트다.

대기업과 협력회사가 공동으로 기술개발을 하고 특허를 상호 공유함으로써 계속적인 관계형성이 가능하며, 대기업들이 사용하는 연수원을 이용하여 협력회사들도 직원교육에 활용할 수 있게 하고, 직원교육비를 지원하는 것도 좋은 방안이다.

찬성하는 사람 4명	반대하는 사람 1명
1. 목표를 초과한 이익을 협력회사와 공유해야 한다. 2. 대기업이 성장하려면 협력회사가 건실해야 함께 동반 성장할 수 있다. 3. 글로벌 경쟁에 대응하기 위해 상호 협조가 필요하다. 4. 협력회사가 없는 대기업이란 있을 수 없다. 5. 초과이익의 일부를 지원해야 한다.	1. 대기업에서 벌었으니 대기업이 투자하는데 써야 한다. 2. 이익을 내기 위해 노력한 직원들에게 보너스를 줘야 한다. 3. 협력회사는 물건을 납품할 때 이미 이익금이 포함된 견적을 제출했다. 4. 이익을 나눠줄 것 같으면 대기업은 목표를 상향해서 잡으면 된다.

결 과 물

1. 꼭 돈으로 주는 것보다는 공동으로 기술개발을 하는데 투자하고 특허를 공유하자.
2. 대기업 직원들에게 편의를 제공한 그룹 연수원, 놀이시설 등을 협력회사 직원들도 사용하게 함으로써 상호 공유가치를 갖게 하자. (중략)

고수의 면접 스킬과 노하우 사례

고수 면접 스킬이란 무엇인가?

자기소개서에 기업의 갈등요인을 해결할 수 있는 '가치'를 담아서 제출함으로써 1차 서류에 합격한 후 면접 시 그 가치에 대해 물어보게 만드는 것이 고수 기법이다. 지원 목적과 지원 동기를 묻는 항목에 지원 회사의 갈등요인을 해결하겠다는 내용을 타이틀로 적었다. 회사 관계자들의 눈을 확 뜨이게 만드는 타이틀이다. 다음 자기소개서의 지원 목적 내용을 보면 분유시장의 판세를 훤하게 읽고 있다. 그런 결과 지원 목적의 타당성을 지원 동기에서 명쾌하게 제안했다.

■ 시장확대 전략이란?

당사를 지원한 목적과 동기에 대해 기술하시오.

【지원 목적】 'NY 분유의 갈증요인 해결'
신생아 출산율 감소로 인해 NY 분유에 대한 막대한 매출손실을 예상할 수 있었습니다. 이는 회사의 제품이나 직원들의 문제가 아니라 출생률 감소에 따른 영향으로 사료됩니다. 이런 현상은 계속적이고 장기화할 전망이며, 이를 극복하기 위해서는 새로운 제품 및 판로를 개척해야 합니다.

1. 신생아 출산율 감소에 따른 매출 저조 극복

2. 제품 - 시장 매트릭스를 활용한 전략 연구

3. 매출확대를 위한 아이디어 제안

【지원 동기】 '시장확대 전략으로 중국 진입'
중국 신생아 출산은 4천만 명에 이르고 있으나 최근 중국산 분유를 먹은 아이들이 사망하는 사고가 발생했으며, 중국산 분유에 대한 불매운동이 일고 있습니다. 한국시장의 100배에 달하는 중국시장으로 진입할 것을 제안드리며 진입 방법은 다음과 같습니다.

1. M & A

2. 중국 A사에 기술이전을 통한 지분확보 방법

3. MOU를 통한 시장선점

4. 중국 A사와 50 : 50 합작

5. 직영

이들 중 기술이전과 MOU 체결 방법을 제안합니다.

기존 제품을 새로운 신시장으로 끌고 들어가는 전략을 말한다. 중국은 한국에 비해 출산율이 100배에 달한다. 중국에서 생산된 분유를 먹고 중국 아이들이 이상현상이 생겨서 사망하는 사건이 있었다. 따라서 중국에서 생산된 분유를 소비자들이 외면하는 사태에 이르렀다. 이럴 때 한국에서 생산하는 분유를 중국시장으로 진출시키자는 의견을 제시하면서 중국으로 진입하는 방법을 구체적으로 기술하고 그중에서 오너가 선택할 수 있는 방법 2가지를 제안했다.

기술이전과 MOU 체결 방식이다. 이런 경우 면접 때 무엇을 물어볼까?

'당신은 기술이전과 MOU 체결 중에 어떤 것을 선택하겠습니까?'

'저는 MOU 방식을 선택하겠습니다.'

'이유가 뭔가요?'

'기술이전은 중국기업에 기술을 빼앗길 수 있지만 MOU 체결은 중국에 유통과 판매 조직을 가지고 있는 A사와 전략적 제휴를 통해서 30% 이익을 보장해 주고 수출만 하면 되므로 A사의 유통망을 통해 조기에 중국시장을 선점할 것으로 사료됩니다.'

이런 자기소개서를 작성할 줄 알고 기업의 갈증요인을 해결할 수 있는 전략이나 아이디어를 제안하는 경우 고수라 할 수 있다.

여러분도 자기 PR에만 급급해 하지 말고, 기업의 갈증요인을 찾고 그 문제를 해결할 수 있는 전략이나 방법을 연구해서 제안하는 것이 성공의 키워드이다.

결론, 근거, 방법 순으로 답변해야 하는 이유

기업에서 근무하는 사람들은 업무 보고를 할 때 결론부터 이야기하고 상사가 또 질문하면 세부적인 내용을 말한다. 그들은 장황하게 서론, 본론, 결론식으로 이야기하는 것을 싫어하고 익숙해 있지 않다.

반면에 학생들은 학교에서 서론, 본론, 결론으로 글을 쓰는 것을 배웠고, 말을 할 때도 같은 형식으로 전개하는 것이 습관화되어 있다.

면접관의 질문에 장황한 서론을 늘어놓기 시작하면 중간에 잘라버리고 다른 사람에게 질문이 넘어간다. 이때 면접자들은 무슨 영문인지도 모르고 당황해 한다. 면접관들의 스타일과 그들이 좋아하는 것을 모르기 때문에 면접자 중심의 답변기술로는 좋은 결과를 얻기란 힘들다.

예를 들면 다음과 같다.

A반도체 회사의 면접에 '반도체 매출이 줄어들고 있다. 향후 매출을 올릴 수 있는 방법은 무엇이라 생각합니까?'라는 질문을 받았다.

답변 1 : A사는 자원 불모지인 대한민국에서 지식자원만으로 탄생시킨 반도체를 세계 최고의 기술력으로 반도체 강국을 건설한 주인공이라고 생각합니다. 또한 국내에서는 최초로 반도체 산업에 뛰어들어 다양한 산업에 영향을 미쳤습니다.

답변 2 : 제품확장 전략으로 CIT(Convergence+IT)로 이동해야 합니다.

위 두 가지 답변 중에 면접관들은 어떤 답변에 귀를 기울일까?

답변 1이 주로 면접자들이 답하는 스타일인데 장황한 서론을 말한다는 예이기도 하다. 답변 2는 결론부터 말하는 예다. 면접관들은 답변 2에 귀를 기울이고 계속해서 질문을 해갈 것이다.

'제품확장 전략이란 무엇인가요?'

'기존 A사 기술을 기반으로 신상품을 만들어서 시장에 내놓는 전략을 말합니다.'

'그렇다면 어떤 신상품을 개발해야 된다고 생각하십니까?'

'기존제품과 IT 반도체 기술이 접목되는 신상품을 만들어야 됩니다.'

'간단한 사례를 들 수 있겠습니까?'

'나이키는 신발에 MP3 플레이어(IT 기술)를 내장했습니다. 말하는 자동차를 만들 수 있고, 침대와 결합해서 잠자리에서 일어나면서 건강상태를 확인할 수 있는 제품을 만들 수 있습니다.'

'CIT란 무엇인가요?'

'기존제품(Convergence) + IT가 결합되어 융복합화 상품을 만들어 내는 것을 말합니다.'

어떤 학생들은 면접 이후에 짧고 간결하게 답변했더니 너무 성의 없는 것 아니냐는 말을 면접관들에게 들었다고 한다. 회사에서 사용하는 전문용어나 면접관들이 솔깃한 내용으로 전개하지 못했기 때문이다.

결론 : 제품확장 전략이 CIT 산업으로 이동해야 합니다.

근거 : 반도체 산업이 포화상태로 한계에 도달했다고 판단하기 때문입니다.

방법 : CIT 산업으로 기존 제품과 IT가 결합되는 시장을 선점해야 매출이 상승할 수 있습니다.

감초 같은 질문과 답변 스킬 (사례 10건)

실무진 면접에서는 지원 직무와 연관된 질문을 많이 하지만 임원 면접에서는 인성을 보는 관계로 유사한 질문을 묻는 경우가 많다. 주로 많이 하는 내용기술하고 어떻게 답하는 게 좋은지 살펴보자.

질문 1 : 저희 회사에 왜 지원했습니까?

질문 포인트 : 회사가 속해있는 산업이나 주력 아이템이 갖고 있는 비전과 연관시켜서 기여할 수 있는 부분을 찾아서 답하는 것이다.

답변 : ○○한 산업은 미래 발전 가능성이 높으며, 저는 ○○한 것을 공부했기 때문에 ○○한 직무에 기여할 수 있으며, 회사의 공유가치를 함께 키워가고자 지원했습니다.

질문 2 : 전공도 아닌데 왜 이 부서에 지원했나요?

질문 포인트 : 직무를 수행할 수 있다는 역량을 확인하고자 한다.

답변 1 : ○○곳에서 지원한 직무를 수행한 경험이 있으며, 적성에 잘 맞고 좋은 성과를 낼 수 있다고 확신합니다.

답변 2 : '직무적성검사 결과 ○○한 직무가 1순위로 나왔으며, 저의 잠재력에 따라 지원하게 되었습니다'로 답하는 것도 좋다.

직무적성검사를 기업에서는 중요시 여긴다. 직무적성검사에서 1순위로 나온 직무가 가장 잠재력이 높은 것이고, 1순위의 직무를 수행할 경우 전공은 다르지만 가장 좋은 성과를 낼 수 있다고 면접관들은 알고 있기 때문이다. 전공이 경영학이라 해서 마케팅을 지원했는데 직무 적합도 순위가 15위라면 마케팅을 공부했더라도 마케팅 업무를 하게 되면 폭발적인 에너지를 내지 못한다는 것이다.

질문 3 : 기획 업무보다 영업 부서에서 일하는 것은 어떻습니까?

질문 포인트 : 경험이 많은 상사들 입장에서 탈락시키기는 아까운 인재라고 판단해서 적합한 직무를 제안하는 것으로 해석하고 긍정적인 답변을 하는 것이 좋다.

답변 : 필드를 알아야 기획 업무를 수행할 수 있다고 생각합니다. 영업을 하면서 고객의 니즈와 경쟁관계에 대해 경험할 수 있는 좋은 기회라 생각하고 열심히 하겠습니다.

질문 4 : 이번에 채용하지 않으면 어떻게 하시겠습니까?

질문 포인트 : 50%의 당락을 결정한 상태에서 묻는 질문이며 '부족한 역량을 키워서 다시 도전하겠습니다'로 답하는 것이 최악이다.

답변 : '1차 서류가 합격한 ○○회사로 지원할 생각입니다'로 답한다.

지원자는 많고 채용할 사람은 한정돼 있다. 자기 입으로 다시 도전하겠다면 다시 지원할 때 보면 된다. 그러나 다른 회사 또는 경쟁사로 간다면 면접관 입장에서는 적극 고려하게 된다. 괘씸죄에 해당하지 않냐는 질문을 많이 하는데 그렇지 않다. 여러분의 가치를 믿고 같은 산업군에 경쟁관계사를 지목하는 것이 면접관의 결정에 도움을 줄 수 있다.

질문 5 : 당신을 우리가 채용해야 될 이유 2가지만 말해 보세요.

질문 포인트 : 밥 값할 수 있는 것이 뭔가를 알려고 묻는 질문이다.

답변 : ○○에서 ○○한 직무를 경험한 바 있습니다.

기업의 갈증요인을 해결할 수 있는 아이디어를 말하거나, 경쟁관계에서 이길 수 있는 전략을 말하는 것이 좋다.

질문 6 : 자기소개를 영어로 외운 것 말고 해보세요.

질문 포인트 : 어학수준을 평가하고 회사 근무환경에 적합한지를 확인하려는 것이다.

답변 : 획일적으로 답하는 방식을 벗어나야 한다.

이름, 학교, 전공, 취업, 특기 등으로 구성하는데 너무 식상해서 듣지 않는다. 이런 것도 결론, 근거, 방법 순으로 말하라.

결론 : 직무수행이 가능한 인재

근거 : ○○에서 ○○한 경험을 했으며, ○○전공했고 ○○한 프로젝트를 해본 경험이 있다.

방법 : 회사에 ○○한 부분을 기여해서 성과를 내는데 앞장서겠다.

이런 순으로 생각을 정리해서 준비하면 좋다.

질문 7 : 우리 회사보다 더 좋은 회사에 합격되었다면 어떻게 하시겠습니까?

질문 포인트 : 지원자의 의지를 보고자 함이다. 현재 면접 보는 회사에 지원하겠다는 긍정적인 답변을 준비하는 것이 좋다. '검토해 보겠습니다'로 답하는 것이 최악이다.

답변 : ○○한 분야에 전문가가 되기 위해서는 ○○회사가 최적의 조건이라 판단되므로 ○○에 합격하더라도 ○○회사에 출근하겠습니다.

질문 8 : 상사가 불법적인 업무를 지시한다면 어떻게 하시겠습니까?

질문 포인트 : 충성도와 도덕성을 확인하고자 묻는 질문이다.

답변 : 피해를 제가 감수할 수 있다면 상사의 지시를 따르겠지만, 회사에 피해를 끼치는 일이라면 상사를 설득하는 방법을 연구하겠습니다.

질문 9 : 상사가 당신의 성과를 가로채서 자기 성과처럼 보고 했습니다. 당신은 어떻게 하시겠습니까?

질문 포인트 : 재치 있는 처세술을 보고자 함이다. '상사를 따로 만나서 사실여부를 확인시키고 다음부터는 그러지 못하도록 말씀드리겠습니다'로 답하면 최악이 된다.

답변 : 계속 성과를 내서 상사를 지원하도록 하겠습니다. 제 상사를 잘 되게 만들면 그 상사가 저를 이끌어 줄 것이라 확신합니다.

질문 10 : 개선문의 높이는 3m이다. 개선문을 통과하려는 2층 버스 높이는 3m 20cm다. 어떻게 하면 버스가 개선문을 통과할 수 있을까?

여러분이 이 문제를 풀어보라.

그리고 방법에 대해 필자와 연락해서 확인해 보기 바란다.

취업은 해야 하는데 무엇부터 준비해야 하는가?

딸랑 학점만 있는데 취업할 수 있을까?

영어는 죽어도 못하겠는데 취업은 해야 한다?

전공과 다른 직무를 지원하는데 가능할까?

학교레벨 때문에 떨어지는 것이 아니다?

4학년 2학기에 취업 준비를 해도 될까?

내가 과연 삼성그룹에 취업할 수 있을까?

적성검사에서 떨어졌다?

어떤 회사가 좋은 회사일까?

휴학, 편입을 하려는데 어떻게 해야 할까?

5학년으로 학교에 남는 것은 어떨까?

어학연수 필수인가?

제6장

취업 준비생들의 고민과
문제 해결

취업은 해야 하는데
무엇부터 준비해야 하는가?

당신의 잠재력을 파악하라

가장 많은 학생들에게 들었던 이야기이다.

- 때가 되면 어떻게 되겠지?
- 취업해야 하는데 기업이 뭘 원하는지 모르겠다?
- 마치 기업은 인생에 굴곡이 심한 사람만 선호하는 것 같다?
- 일단 학점과 토익점수, 관련 자격증 하나 따면 되지 않을까?
- 인턴, 봉사활동, 자격증, 해외 어학연수, 토익점수는 필수라고 하던데?

취업을 준비하는 학생들과 이야기 하다보면 그들이 얼마나 많은 스트레스를 받고 있는지 알 수 있었고, 간단한 해결책을 몰라서 안절부절하는 모습이 안타까웠다. 역지사지(易地思之)로 입장 바꿔서 생각해 봐라. 당신 같으면 어떤 사람을 채용하겠는가?

❶ 지원 업무는 몰라도 일명 스카이라 하는 명문대 졸업생?

❷ 학점이 높아서 성실하다고 판단되는 사람?

❸ 봉사활동과 헌혈을 많이 한 인성이 높을 것 같은 사람?

❹ 인턴(아르바이트)경험을 통해 지원한 부서에 일을 경험한, 즉시 현업에 활용 가능한 사람

아마도 ❹번에 해당되는 인재를 선택하는데 망설이지 않을 것이다. 결론은 지원하는 부서의 업무를 수행할 수 있는 역량을 갖추는 일이다.

그런데 지원 부서를 어떻게 결정하면 되는지를 모른다. 다음에 제시하는 프로세스에 따라서 준비하면 된다.

순서	준비 프로세스
1	직무적성검사를 통해 본인의 잠재력을 파악한다.
2	잠재력이 높은 1~5 이내에 들어있는 업무 중에 하나를 선택하라(전공과 무관해도 상관없다).
3	좋아하는 산업군을 결정한다(유통, 항공사, 은행, 금융권, 서비스, 전자, 기계, 자동차, 제약 등).
4	관련 회사를 3~5단계 레벨로 구분한 후 눈높이에 맞게 선정한다.

프로세스 해석

순서 1 : 직무적성검사를 통해 본인의 잠재력을 파악한다

직무적성검사는 말 그대로 지원한 직무에 적합한 사람인가를 평가하는 검사다. 회사 입장은 대학에서 공부한 전공보다 더 중요한 것이 직무적합성이다. 성적순에 의해 전공을 선택할 수도 있고, 또 전공을

공부했다고 해서 그 분야에 전문성을 지녔다고는 판단하기 어렵다. 따라서 기업은 직무적성검사의 결과를 더 신뢰한다. 직무적성검사의 신뢰도는 97%의 적중률을 나타내고 있기 때문이다. 취업한 사람들의 85%가 전공과 무관한 업무에 취업했다는 보도가 이를 입증한다.

대학에서 직무적성검사를 무료로 제공하기도 하고, 필요에 따라 본인이 직무적성검사 기관을 인터넷으로 찾아서 간단하게 검사를 받을 수 있다.

순서 2 : 잠재력이 높은 1~5 이내에 들어있는 업무 중에 하나를 선택하라

잠재력이 높다는 것은 업무 성과를 높일 수 있는 것으로 해석된다. 검사 결과물을 보면 1~17개 업무 사이즈(검사 기관에 따라 다를 수 있으며, 우수한 잠재력 분야만 나오는 경우도 있다) 가 나온다. 1에 해당되는 분야가 가장 높은 잠재력을 나타내며, 17에 해당되는 분야가 가장 잠재력이 낮은 분야다.

1~5 이내에 들어 있는 업무 사이즈 중에 전공을 감안하거나, 가장 좋아하고 잘할 수 있는 업무를 선택한다.

순서 3 : 좋아하는 산업군을 결정하라

좋아하는 산업군을 결정하는 이유는 업무 성과를 높이고 일을 즐겁게 하기 위해서다. 좋아하거나 관심이 있는 산업, 즉 의류 산업, 전자 반도체 산업, 음악 & 영화 산업, 서비스 산업, 항공 산업, 생산(공장) & 유통 산업(백화점, 대형할인점 등), 식음료 산업, 건설 산업 등 매우 다양하다.

공장에 기계 돌아가는 소리가 클래식과 같이 들린다면 선택해도 좋지만, 기계 돌아가는 소리가 스트레스라면 출근이 곤욕스럽고, 모든 것이 부정적으로 해석될 수 있으므로 좋은 성과를 낼 수 없다.

의류에 관심이 많아서 시장 트렌드를 읽을 수 있거나, 사람의 체형과 성향에 따라서 코디할 수 있거나, 의류 산업의 경쟁관계를 파악해서 대안을 제시할 수 있다면 의류 산업 분야로 진로를 선택해야 한다. 그래야 업무 성과도 높일 수 있으며, 즐겁게 일하면서 다양한 아이디어를 개발할 수 있어 기여도를 높일 수 있다.

회사를 퇴직, 이직한 이유 중에 회사가 취급하는 상품에 매력을 느끼지 못하거나, 산업이 맞지 않아서 중도 하차하는 경우가 입사 이후 1년 사이에 30%나 된다.

순서 4 : 관련 회사를 3~5단계 레벨로 구분한 후 눈높이에 맞게 선정한다

이름만 들으면 알 수 있는 회사로 취업생들이 대거 몰린다. 그런 회사를 선호하기 때문이다. 그러나 합격하는 사람은 극소수에 불과하다. 필자는 50개 이상의 회사에 또는 100개 이상의 회사에 서류를 제출했다가 탈락한 학생을 만난 적이 있다. 그나마 면접까지 가본 회사는 방판 영업을 하는 한두 개 회사에 불과했다. 이유가 뭘까?

시장을 형성하는 회사의 구조를 모르고 있기 때문이다.

의류 산업을 예로 분석해 보자.

순위	레벨로 형성된 기업의 구조	지원가능자
1	영캐주얼을 취급하는 의류 회사	10%
2	아동 의류 회사	40%
3	마담 의류 회사	50%

■ 회사 선택의 3단계 구조 해석

순위 1 : 영캐주얼을 취급하는 의류 회사

영캐주얼은 기술적 수준이 가장 높으며, 시장 규모도 가장 크다. 또 경쟁도 가장 치열하며, 높은 마케팅 비용이 요구된다. 시장의 유행과 패션 트렌드를 선도하며, 신상품 개발에 집중하고 있다. 직원들 급여수준도 가장 높다. 따라서 지원자 수준은 상위 10%에 해당되는 사람들이 지원할 수 있다.

순위 2 : 아동 의류 회사

자녀가 많지 않은 관계로 아이들에게 좋은 옷을 입히려는 부모가 늘고 있다. 아이들의 옷은 신소재나 디자인이 놀랍게 발전하고 있으며, 출산율 저하로 판매량은 줄어든 반면 시장 규모는 늘어나는 추세다. 영캐주얼 시장보다는 작은 규모지만 아동 의류는 고급화로 전환되고 있다. 지원자 수준은 이하 40%에 해당되는 자들이 지원 가능하다.

순위 3 : 마담 의류 회사

50대 이후 세대를 마담 세대라 한다. 따라서 마담 세대는 큰 비용을 들이지 않거나, 판매 회전율도 오래 걸린다. 변화가 거의 없는 관계로 기술적 수준이 가장 낮다. 하위 50%에 해당되는 자들이 지원하게 된다.

의류 공부를 했거나, 의류 산업을 선택하는 지원자를 감안해서 본인의 포지션을 냉정하게 파악한 후 회사를 선택해야 한다. 마담 의류 회사에 입사했다고 그곳에 평생 근무하는 것은 아니다. 경력을 쌓은 뒤 상위 그룹으로 얼마든지 옮겨갈 수 있다. 경력자가 되면 회사를 옮기는 것은 수월해진다. 그때는 성과를 가지고 이동하는데, 마담 의류에서 근무한 사람은 아동 의류로 이동하고, 아동 의류에서 근무한 후에 영캐주얼로 이동하면 된다.

소매 유통분야를 선택할 경우에는 1순위가 백화점, 2순위가 대형 할인점, 3순위가 편의점, 마트 순이다.

아무런 생각 없이 공부만 했거나, 취업에 대해 막연하게 생각하고 있었던 학생들에게 도움이 되었으면 한다.

딸랑 학점만 있는데
취업할 수 있을까?

취업할 수 있다 · 다만 전략적으로 준비해야 성공한다

취업상담을 요청했던 학생들 중 상당수가 이에 해당된다. 이런 학생들의 대부분은 소극적으로 자신을 표현했으며 자신감이 없어보였다. 그러나 학점이 높다고 취업에 성공하고, 낮다고 떨어지는 것은 아니다. 또한 토익성적이 높다고 채용하고 낮다고 떨어뜨리는 것도 아니다. 중요한 것은 사람 됨됨이와 역할 수행력이다. 자신감을 갖고 전략적으로 역량과 가치를 만들어 가면 취업에 성공할 수 있다.

유연하고 부드러운 인간성

채용은 결국 함께 일하고 싶은 사람을 선택하는 것이다. 따라서 유연하고 부드러운 성향을 지닌 사람이 좋은 이미지를 전달할 수 있다. 자신의 성향을 파악하고 개선하려는 노력이 필요하다. 표정과 태도를 바꾸는 것이 하루아침에 연습한다고 해서 바꾸기가 쉽지는 않겠지만 의식적으로라도 개선하려는 노력이 필요하다.

- 목소리가 날카롭다는 지적을 받는 사람
- 남을 배려할 줄 모르고 이기적인 행동을 하는 사람
- 사소한 일에도 쉽게 흥분하고, 감정조절이 어려운 사람
- 훈련을 통해 형식의 틀에 갇혀서 표현하는 사람

이외도 많지만 이런 성향의 사람들은 지원서류가 통과되더라도 면접에서 걸러지게 된다. 함께 일하고 싶지 않거나 불편함을 느끼기 때문이다. 이런 사람들은 나름대로 이미지 개선을 위해 특별한 노력을 해야 한다.

거울을 통해 웃는 표정을 지으면서 훈련해 보자. 말하는 방법도 또렷한 표현으로 천천히 하는 훈련과 명상을 통해 마음의 평안을 유지하는 것도 도움이 된다. 여자의 경우 화장기법을 통해서 이미지를 바꿀 수도 있다. 또한 남을 돕는 일을 하면서 마음의 수양을 쌓는 것도 좋다.

성적이 우수한 사람보다도 호감 가는 이미지를 느낄 수 있을 때 다른 부분까지도(성적, 어학실력 외) 영향이 미친다. 물론 이미지만 좋다고 채용하지는 않는다. 최소한 채용할 가치는 있어야 한다. 그것이 업무 수행력이다.

역할 수행력을 갖춰라

역할 수행력이란 지원하는 업무에 대해 경험이나 학습을 통해 이미 알고 있는 능력을 말한다. 다시 표현하면 급여를 받는 만큼 최소한의 업무는 할 수 있다는 능력을 보여줘야 한다.

4학년이면서 학점만 있는 학생은 학점을 높이려고 올인하면 취업하기 어렵다. 인턴이나 아르바이트를 통해서 사회와 기업을 이해하고 조직 속에서 일하는 방법을 배워가는 것이 취업할 수 있는 하나의 방법이다.

- 인턴, 아르바이트를 통해서 업무 경험을 쌓아라.
- 지원할 분야와 관련된 업무를 쌓아라.
- 경험하는 일들을 구체적으로 메모해 두어라.
- 일하면서 발생한 문제를 해결했던 방법을 적어 두어라.

■ 사례 소개

부산 D대학에 재학 중이던 J양은 필자가 주관한 취업 캠프에 수강함으로써 알게 된 학생이다. J양은 학점은 높았으나 어학은 전혀 준비된 것이 없었다. 경영학을 전공했으며 교육 분야에서 일하고 싶다고 했다. 캠프 이후 부산 내에 있는 K교육센터에 인턴으로 입사를 했으며, 인턴 기간 동안 수행했던 업무들을 꼼꼼히 챙겨서 B제약회사 인사 교육담당자로 현재 근무하고 있다.

J양이 K교육센터에서 했던 업무는 다음과 같았다.

- 센터 연중교육 계획수립
- 월 진행 프로그램 선정 및 시간계획
- 수강자 선정 및 홍보, 수강생 접수 업무
- 강사 섭외 및 교재 개발

- 교육 준비 및 교육장 시스템 점검
- 교육 과정 진행 및 지원 업무
- 과정 이수 설문조사 및 과정 평가 보고서 작성
- 평가 결과를 기반으로 차기 교육 반영 항목 작성
- 강사 피드백 및 차기 교육 요구사항 전달

　3개월간 인턴 생활을 통해서 얻은 결과물들을 B제약회사 입사지원서 지원 동기란에 구체적으로 기술함으로써 취업에 성공했다. 회사 내 교육을 담당하는 사람들의 업무 사이즈를 미리 경험함으로써 최소한 교육 업무는 수행할 수 있다는 신뢰를 얻음으로써 취업에 성공한 것이다.

　면접 때도 K교육센터에서 했던 일 중심으로 질문을 받았으며, 경험했던 사례를 답변했기 때문에 큰 어려움이 없었다. 반면에 옆에 함께 면접을 보던 학생들에게는 심한 압박 면접이 이뤄졌다고 한다.

- 지원한 업무도 모르면서 왜 지원했습니까?
- 채용할 가치가 없는 듯한데 어떻게 생각합니까?
- 할 줄 아는 게 뭔가요?

　다시 말하지만 학점과 토익점수보다 더 중요한 것이 업무 수행력이다. 높은 학점과 토익점수를 취득한 사람들도 지원 업무에 대해 수행할 수 있는 능력을 지니지 못하면 떨어지고 만다.

　학점만 있는 사람이 취업할 수 있는 확실한 카드는 지원할 회사의 갈증요인을 찾아서 아이디어를 제안하는 것이다.

지원사의 갈증요인을 해결하라

기업은 성장과 생존을 매일 고민하고 있는 집단이다. 늘 경쟁에서 이겨야 하고, 새로운 것을 만들어 내야 한다. 현존해 있는 것들도 효율성을 높이기 위해 리모델링, 다운사이징을 외치며 슬림화시키는 데 혈안이 되어 있다. 이런 것들은 비용을 줄이고 성과를 높이기 위한 것에 목적을 두고 있다.

따라서 기업은 창의적이고 신선한 아이디어를 항상 그리워하고 찾아내려 노력한다. 설령 여러분이 제시하는 아이디어가 황당하거나 엉뚱할 수 있다. 정답에 가깝거나 틀린 답이라도 상관없다. 그들은 그런 제안을 한 사람을 관찰하기 시작하고 관심을 갖고 소통하기를 원한다.

기업은 다음과 같은 고민을 매일 반복하고 있다.
- 자사의 가치를 활용해서 창의적인 신상품을 만들어 낼 수 없을까?
- 자사 제품에 문제는 무엇이며, 어떤 점을 개선하면 성공할 수 있을까?
- 제품의 경쟁관계에서 소비자들의 진실은 무엇일까?
- 경쟁사를 앞지르기 위해서 판매 전략을 어떻게 하면 좋을까?
- 신상품을 시장에 알릴 수 있는 가장 저렴하고 신속한 방법은 무엇일까?
- 미래 우리 산업에는 어떤 제품이 출시될까?
- 새로운 시장을 열 수 있는 블루오션 전략은 없을까?
- 융복합화 상품, CIT 제품으로 이동하기 위해 무엇을 해야 할까?

● 조직원 스스로가 주인처럼 일할 수 있는 방법은 없을까?

● 업무효율을 높이기 위한 방법은 무엇일까?

이러한 기업의 갈증요인 중에 하나라도 해결할 수 있는 아이디어를 제공할 경우 학교 레벨과 성적, 토익점수를 뛰어 넘어 채용할 수 있다.

■ 사례 소개

한국외국어대학교 경영학부를 졸업한 Y군은 현재 에스콰이어 마케팅 팀에서 근무하고 있다. Y군은 경쟁사로 K제화를 선정하고 시장 경쟁관계를 분석하여 에스콰이어가 시장을 선점할 수 있는 아이디어를 제공해서 취업에 성공했다.

Y군은 학점 3.16뿐이었다. 토익시험 한 번 본적이 없다. 그렇다고 관련 업무에 관해 인턴이나 다른 경험을 해본 적도 없었다.

위에 제시한 취업할 수 있는 방법 중에 하나를 선택해서 나름대로 프레임워크를 활용하여 시장경쟁관계를 분석했으며, 면접장까지 갈 수 있는 기회를 만들었다. 함께 면접을 받았던 한양대, 서강대, 경원대 학생들도 있었지만 유독 Y군에게 집중해서 질문을 했다. 이유는 간단하다. 에스콰이어가 늘 고민하고 있는 K제화와의 경쟁관계를 분석했으며, 시장을 선점할 수 있는 아이디어를 제공함으로써 임원들이 관심을 보였다. 결국 참신한 아이디어는 Y군을 채용할 수밖에 없는 가치로 평가하였다.

학점뿐인 사람은 업무 수행 능력 즉 역량과 가치를 지닌 인재로 거듭나는 것이 취업할 수 있는 유일한 방법이다.

업무 수행력을 갖춰라

학점만 있는 사람은 주변 지인들이 취업을 알선하려 해도 쉽지 않다. 최소한 직장을 소개하더라도 업무 수행력을 갖춰야 가능하기 때문이다. 업무 수행력이 높은 학점과 어학실력보다 더 중요하다는 사실을 깨우치고 인턴, 아르바이트를 통하여 지원할 업무를 사전에 반드시 경험하길 바란다.

영어는 죽어도 못하겠는데
취업은 해야 한다?

영어공부 하지 말고 지원할 회사로 놀러 다녀라

　영어 못한다고 취업 못하는 것은 아니다. 다만 선택의 폭이 좁아질 뿐이다. 영어성적이 우수해야 취업하는 것은 아니다. 영어보다 더 중요한 것들이 많기 때문이다. 현실에서 영어를 못하는 것은 좀 불편할 뿐이지 취업에 필수적인 요건은 아니다. 영어를 사용하지 않는 부서를 선택하면 된다. 토익점수를 보지 않는 기업들도 많다.

　토익점수 취득을 위해 공부하지 마라. 배낭 메고 해외 여행을 떠나서 여기저기 소문난 볼거리를 찾아다니고 전통 음식점을 찾아가서 먹어도 보고, 친구도 사귀고 추억할 수 있는 꺼리를 만들 정도면 족하다. 그 정도만 공부해라.

　취업을 해야 한다면 취업할 기업을 찾아가서 놀아라. 점심도 그 회사 근처에서 먹고, 친구들과 맥주를 마신다면 그 회사 근처 맥주집에 들러 마셔라. 이런 노력은 취업을 위한 전략적 접근을 위한 것이다.

　지원할 회사의 직원들이 내가 먹는 자리 옆에 앉으면 더 좋다. 맥주를 마실 때 그들 옆에 자리를 잡는 것도 행운일 수 있다. 그들은 회사 이야기를 하고, 최근 이슈를 이야기할 것이다.

지원사의 정보를 수집할 수 있는 것은 취업의 판세를 바꿀 수 있다. 식당에서 또는 술자리에서 들었던 내용 중에 내가 해결할 수 있는 일이 있다면 큰 성공을 가져올 것이다.

■ 사례 소개

M군은 현재 S백화점에서 근무하고 있다. M군은 수업시간에 필자가 이야기한 내용을 실천에 옮기기로 했다. 시간이 나면 S백화점 근처에서 식사를 했고, 쇼핑도 그곳에서 했으며, 놀러 가는 곳도 S백화점이었다. S백화점은 최근 영등포에 오픈했으며 백화점 활성화를 위해 전사적인 노력을 기울인다는 정보를 입수했다.

신입사원 채용공고가 뜨자 접수 첫날 서류를 지원했다. 물론 영등포 S백화점의 활성화 방안을 제안했다. 4차 면접을 치루면서 영어성적에 대해서는 누구 한 사람 이야기하지 않았다. 영어성적보다 더 중요한 내용을 다루고 있었기 때문이다.

토익점수가 없다고 기죽지 마라. 취업에 필수요건은 아니다. 다만 멋진 해외여행을 위해 조금은 준비해 둬라. 영어를 못해서 볼거리 많은 넓은 세상을 경험하지 못한다면 안타까운 일이기 때문이다. 영어공부에 흥미를 느낄 때까지 그저 즐기면서 흥얼거러라. 계속해서 들어라. 그래야 귀가 열린다. 귀가 열려야 말을 할 수 있다. 그 다음에 쓰기 시작한다.

아기가 태어나서 엄마란 말을 할 때까지 1만 번을 듣는다. 1만 번을 듣고 난 후에 비로소 엄마라고 한마디 하는 것처럼, 1만 번 듣고

난 후에 말문이 열리니 그때까지 욕심내지 말고 들어라. 엄마라 말하기 시작하면 아이는 급속도로 다른 말을 하기 시작한다. 그런 다음 글을 쓴다. 영어도 그와 같은 원리로 진행된다. 욕심을 버리고 즐기면서 들어라. 그러면 말하게 되고 쓰게 될 것이다.

전공과 다른 직무를
지원하는데 가능할까?

가능하다. 취업자 85%가 전공과 무관한 직무를 수행한다

전공과 다른 직무를 선택하려는 학생들이 상당히 많다. 이런 고민을 하는 학생들은 복수전공을 통해서 취업 문제를 해결하려고 한다. 그것도 좋은 방법 중 하나다. 가능한 전공과 다른 직무를 선택하려면 결정 시기가 빠를수록 좋다. 방향성을 잡고 다음에 올바른 선택을 위해서라도 가능한 빨리 결정하는 것이 좋다. 복수전공을 했다고 해서 취업이 되는 것은 아니다.

기업이 생각하고 있는 채용기준은 학생들 생각과는 다르다. S그룹을 비롯한 5대 그룹의 커트라인 학점이 3.0이다. 학점 3.0이 안 되는 사람은 하위 10% 정도다. 학부에서 공부한 전공이 현업에 큰 영향을 미치지 않는다는 결론을 내릴 수 있다.

물론 연구개발 분야는 전공을 중시하고 석·박사까지 공부한 인재를 원하기도 한다. 연구개발의 특수성 때문에 전공을 중요하게 여긴다.

이외는 회사가 재교육을 시킬 준비가 되어 있다는 말이다. 입사하고 나면 기업은 연수나 인턴 기간을 통해서 신입사원을 대상으로 강도 높은 교육을 시킨다.

S그룹의 신입사원 교육 과정의 일부를 소개한다

- **기본 자질 교육**
  - 비즈니스 예절(에티켓)
  - 비즈니스 스킬
  - 창의력 · 아이디어 개발
  - 리더십(팔로우십)
  - 문서작성(엑셀, 파워포인트 등)
  - 프레젠테이션
  - 사업장 견학

- **국제화 과정**
  - 강의 : 상생의 국제화
  - 토의 : 국제화 포럼
  - 실습 / 토의 : 이문화 퀴즈
  - 강의 : 이문화 이해와 글로벌 인재상

- **Crepiad**
  - 실습 : Crepiad 신상품 개발
  - 강의 : 디지털과 경영환경 변화
  - 3min. Speech in English

■ 경영교육 3개월

　- 회사 / 사업 경영환경 및 전략소개

　- 회사 공정 / 제품소개

　- 마케팅 교육

　- 매니지먼트 게임

　- 패기훈련

　- 창의적 사고와 문제 해결

　- 인력관리 제도 소개

　- 경력개발

　- IT 기본 과정

대기업과 중소기업은 직원 교육 자체도 차이가 있다. 대기업은 미래 비전을 지니는 인재로 성장시키려 하지만, 중소기업은 현업의 성과중심으로 과정들이 개발된다.

위 교육 과정을 보더라도 함께 일할 수 있는 기본 자질과 마인드를 교육하는 것이지 전공에 관해서는 언급하지 않고 있다.

앞에서도 언급한 바 있지만 기업은 잠재력을 기반으로 인재를 선택하고, 선택 후에는 회사의 문화와 인재상에 맞도록 재교육이 이루어지기 때문에 연구개발 같은 특수 분야를 제외하고는 잠재력 중심으로 채용하고 인력배치를 한다.

잠재력은 직무 적성의 적합성을 의미하는데, 이것이 왜 중요한가?

어렵게 취업에 성공한 사람들이 근무한 지 1년 만에 30% 정도가 회사를 그만두거나 다른 직군으로 이동했다는 보도가 있었다. 퇴사를 했거나 이직한 사람을 인터뷰한 결과 놀라운 사실을 발견했다. 퇴사한 사람 중에 70%는 직무가 적성에 맞지 않아서 퇴사를 결심했다고 한다. 회사는 그런 실수를 반복하지 않으려 한다.

성적순에 의해서 전공을 선택했거나, 전공을 공부하면서 매력을 느끼지 못했다면 과감하게 다른 선택을 하라. 그 선택은 취업을 하기 용이하거나, 돈을 많이 벌 수 있거나, 힘들지 않고 편하게 일할 수 있는 부서가 되어서는 안 된다.

많은 경험을 해라. 한국 학생들은 몇 되지 않는 업무 또는 직업을 놓고 선택한다. 업무 부서만 해도 인사, 기획, 영업, 마케팅을 가장 많이 선호한다. 알고 있는 부서나 업무가 없기 때문이다. 금융권으로 지원하는 사람들 대부분은 은행으로 지원한다. K은행은 200명 채용하는데 5만 명이 몰리기도 했다. 학교 밖에서 많은 경험을 하라.

경험을 통해서 잘할 수 있고, 좋아할 수 있고, 매력과 보람을 느낄 수 있고, 다시 태어나도 선택할 수 있는 일이라면, 당장 눈에 보이는 급여가 중요하지 않다. 한 분야에 전문가의 명성을 얻게 되면 돈은 그때 충분히 벌 수 있기 때문이다. 마치 산 위에서 눈덩이가 아래를 향해 굴러 내려오듯이 말이다.

학교 레벨 때문에 떨어지는 것이 아니다?

내가 만든 변명의 덫에 걸리지 마라

학교 레벨을 보는 회사가 있다. 그렇다고 해서 대한민국 내 사업하는 기업 중에 1군이라는 졸업생만 모아둔 회사는 없지 않은가? 기업에서 말하는 1군은 서울대, 연세대, 고려대, 포항공대, 카이스트를 말한다. 이런 기업은 13군까지 학교 레벨을 구분해서 가산점으로 처리한다. 1군이 200점의 가산점을 받는다면 2군은 190점을 받는다. 13군까지 들지 못하는 학교는 기타군으로 처리한다. 기타군에 해당되면 가산점이 없다. 기타군에 해당되면서도 삼성증권에 입사한 사람도 있다.

삼성증권을 목표로 역량과 가치를 만들어 내기 위해 대학 2학년 때부터 계획을 세워서 준비했다. 미래에셋 공모전에 응시해서 대상을 받기도 했고, 미국에 교환학생으로 1년 다녀오면서 어학실력을 키웠고, 시장의 판세를 좌우하는 상품개발에 많은 연구를 했다. 그런 결과 기타군에 해당되는 대학을 졸업했어도 4개 기업에 동시에 합격했다. 합격했던 회사를 살펴보면 특징이 있다. 미래에셋, 기업은행, 삼성증권, 현대증권이다. 모두 금융권으로 집중해서 공략했다.

기업은 시장경쟁에서 이기기 위해 적합한 인재를 찾아내려고 노력한다. 명문대학을 졸업했다고 해서 모든 조건이 충족되는 것은 아니다. 회사는 많은 사람이 모여서 일을 하고 성과를 만들어 간다. 따라서 업무와 조직의 특성에 맞는 적합한 인재를 선발한다.

학교 레벨을 보더라도 가산점으로 등급의 혜택을 주고 있다. 등급에서 잃어버린 점수는 다른 것으로 충분히 커버할 수 있다. 예를 든다면 관련 자격증을 취득하면 가산점을 받는다. 컴퓨터 자격증을 취득해도 가산점을 받고, 봉사활동이나 인턴, 아르바이트도 가산점을 받는다. 특히 공모전은 상당히 매력있는 기회를 제공할 것이다.

4학년 2학기에 취업
준비를 해도 될까?

열심히 공부만 하다 보니 어느덧 4학년 2학기가 되었고, 취업을 위해 준비한 것도 없는데 걱정이 많다. 상담했던 학생들의 이야기다. 일자리가 많이 줄어드는 현실에서 늦은 감이 있지만 강점을 더 강화하는 전략으로 접근하면 성공할 수 있다.

강점이 뭔지를 발견하라

'절대 남에게 뒤지지 않은 것은 뭐가 있을까? 남들보다 잘하는 게 뭐가 있을까?' 가장 잘할 수 있는 것을 발견하는 것이 중요하다. 그것을 발견한 후에는 더 강화시킬 수 있는 전략을 접목하면 된다.

■ 사례 1

커뮤니케이션 능력이 뛰어나고 사람 사귀고 만나는 것을 좋아한다고 가정해 보자. 이런 사람은 영업을 지원하면 좋다. 커뮤니케이션 능력과 사람 만나는 것을 좋아한다고 해서 끝나는 것이 아니다. 여기에 전략을 접목시켜야 한다. 전략은 영업 스킬을 접목시켜서 더 강한 퍼포먼스를 이끌어 내는 것이다.

커뮤니케이션 능력 + 대인관계 + 영업 스킬
= 영업에 적합한 성향을 지닌 인재

커뮤니케이션 능력과 대인관계 능력은 영업하는데 필요한 역량이기 때문에 영업 분야를 지원하기 위해서는 영업 스킬을 익혀서 접목시키면 더 좋은 평가를 받는다

■ 사례 2

패션 감각이 뛰어난 사람이라면 코디네이터가 되는 것도 좋다. 코디네이터는 사람의 체형과 생김새에 맞춰서 의상을 코디하는 기술이 필요하다. 코디에 대한 지식과 판매 스킬을 익혀서 접목한다면 좋은 결과를 얻을 수 있다.

강점은 패션 감각이 뛰어나다는 것이며, 접목시킬 전략은 코디기술과 판매 스킬을 익혀서 코디네이터로 지원하면 성공할 수 있다.

패션 감각 + 코디 기술 + 판매 스킬
= 코디네이터로 적합한 성향을 지닌 인재

단순화시키고 집중하라

생각이 많고 복잡해지면 결정적 선택을 하기 어렵다. 단순하게 생각을 정리해야 한다. 지원 부서도 하나로 정하고, 회사도 하나의 산업군으로 한정하고 회사를 선택하는 것이 바람직하다. 가장 잘할 수 있거나 즐기면서 즐겁게 할 수 있는 것을 빨리 찾아서 결정하고 생각과 역량을 좁고 깊게 집중시켜야 한다. 좁고 깊게 집중시킨다는 말은 업무 수행력 중심으로 구체적인 역량을 기술하는 것을 말한다.

내가 과연 삼성그룹에
취업할 수 있을까?

출근하는 것이 구름을 밟고 가는 것 같습니다

S대학에 출강했을 때 만났던 제자가 첫 출근을 하면서 내게 휴대폰 문자로 보냈던 메시지다. L양은 4학년 2학기 때 학점 3.3, 토익점수 656점으로 진로를 결정하지 못하고 있을 때 필자의 수업을 듣게 되었다.

Q 지원하고 싶은 회사는 어디인가요?

A 저는 학점도 낮고 토익점수도 500점대라서 아직 결정하지 못하고 있습니다.

Q 전공은 뭘 하고 있나요?

A 메카트로닉스 학과로 자동차 관련해서 공부를 하고 있으며, 복수전공으로 경영학을 하고 있습니다.

Q 인턴이나 아르바이트 한 경험은 있습니까?

A 아르바이트는 구청 민원 보조일을 1년간 했고, 학교 응원부를 만들어서 대외적인 행사 때 열심히 응원하러 다닌 경험밖에 없습니다.

특별한 경험을 한 것은 좋고, 토익점수를 650점대로 올려서 삼성전자로 가면 어떨까요? 학생 정도의 성적은 오히려 삼성이나 LG같은 대기업으로 지원하는 게 훨씬 유리하고 경력란에 인턴한 것을 구체적으로 기술하고 컴퓨터 자격증 2개 정도 적을 수 있으면 됩니다.

Q 컴퓨터 자격증은 MOS와 검색사를 땄습니다만, 학점도 낮고 토익점수도 낮은데 삼성전자에 지원이 가능한가요?

A 삼성 커트라인은 학점 3.0 이상, 토익점수 이공계 650점, 인문계 730점 이상이면 통과입니다. 토익공부를 좀 해서 650점만 넘기면 가능하니 2~3개월만 열심히 하면 650점 이상은 될 거에요.

Q 토익성적은 어떻게 하면 올릴수 있을까요?

A 교내 토익 공부하는 학생들과 스터디를 해도 좋고, 근처 학원에 나가는 것도 방법이 됩니다.

10월에 토익점수를 656점으로 올려 삼성전자에 지원하였고 맥킨지식 3단 프레임워크를 활용해서 자기소개서를 명쾌하게 작성하였다. 이력서 경력란에 3칸을 메우고, 컴퓨터 자격증에 2칸을 메워서 제출했으며, 그 결과 삼성전자에 출근하고 있다.

학점이 3.0에 가깝고, 토익점수가 이공계 650점, 인문계 730점에 가까우면 삼성그룹으로 지원해도 되며, LG그룹은 이공계 600점, 인문계 700점이다. 이런 정도의 성적에 있는 학생들은 30대 이내 대기업을 지원해야 한다. 오히려 중견기업이 학점이나 토익점수 요구가 더 높기 때문이다.

적성검사에서
떨어졌다?

신뢰도 80% 이하, 잠재력 1~5번외 해당, 40점 이하 과락

직무적성검사는 지원한 부서 또는 업무와 적합한가를 판단하기 위해 하는 검사다. 기업은 전문성을 요하는 부서(R & D, 기술개발, IT 분야 등)외 일반부서는 전공보다도 직무적합성을 더 중요시 여긴다. 물론 전문성을 요하는 부서나 업무에도 직무적성검사는 성적이나 토익점수보다도 우선한다.

직무적성검사는 다음의 항목으로 구성되어 있다.

신뢰도에 대한 이해

직무적성검사를 분석해 보면 인성검사는 개개인의 성격, 인격을 가늠할 수 있는 검사로 감정적 요인, 사회적 요인, 도덕적 요인으로 구분되며, 이 부분에 대한 질문항목에 답한 결과가 신뢰도로 나타난다.

신뢰도를 높이기 위해서는 일단 본인의 정체성과 가치관을 명확하게 정한 다음 문제를 풀어야 높은 점수를 얻을 수 있다.

【예시 1】

■ **본인의 정체성과 가치관을 정립한 후 일관성 유지**

질문에 본인의 생각을 표기하시오.

	내가 쓴다	경찰서에 신고한다
21. 길을 가다가 현금 1만 원을 주웠다.	◯	
• • •		
38. 길을 가다가 현금 10만 원을 주웠다.	◯	
• • •		
55. 길을 가다가 아무도 보지 않는 곳에서 현금 1억 원을 주웠다.		◯

상황에 따라서 달라짐
'신뢰도 낮게 나옴'

• • •

예시 1은 유사한 질문이 여러 번 반복되어 출제되는데 21, 38번 항목에는 '내가 쓴다'고 표기하고, 55번 항목에는 '경찰서에 신고한다'에 표기했다. 이런 경우에 신뢰도가 낮게 나온다.

직무적성검사는 오랜기간 저장해 놓은 자료에 의한 수학적 통계 수치다. 개발자들이 말하는 정확도는 ± 2.7%의 신뢰도라 하니 상당히 높은 신뢰도를 보인다.

이런 경우는 누가 보더라도 솔직하게 답했다고 본다. 그러나 기계가 누적된 정보들을 조합해서 만들어 내는 결과는 이렇게 표현해서 내보낸다.

이 사람은 경우에 따라서 이랬다, 저랬다 하는 사람이라 신뢰할 수 없다.

■ 본인의 정체성과 가치관을 정립한 후 일관성 유지

질문에 본인의 생각을 표기하시오.　　　　　　내가 쓴다　경찰서에 신고한다

21. 길을 가다가 현금 1만 원을 주웠다.

• • •

38. 길을 가다가 현금 10만 원을 주웠다.

• • •

55. 길을 가다가 아무도 보지 않는 곳에서

현금 1억원 을 주웠다.　　　　　나쁜 사람! 솔직한 사람
　　　　　　　　　　　　　　　　　　'신뢰도 높게 나옴'

• • •

　　예시 2에 해당하는 경우에는 아주 나쁜 사람이지만 신뢰도 부분에서는 상당히 높은 점수를 얻는다. 일관성을 유지하고 있기 때문이다. 일관성을 앞줄에 모두 표기했기 때문이 아니다. 자신의 생각을 처음부터 끝까지 같은 생각으로 일관했다는 말을 하는 것이다. 경우에 따라서는 1만 원에서 1억 원까지 모두 '경찰서에 신고한다'에 답하는 경우도 있다. 그런 사람도 신뢰도는 높게 나온다. 예시 2의 경우에는 기계가 누적된 정보들을 조합해서 만들어 내는 결과는 이렇게 표현해서 내보낸다.

> **나쁜 사람이지만 가르치면 우리 사람이 될 인재다.**

예를 들어 보자. 스테이크를 전문으로 체인을 하는 사업체가 사람을 채용한다면 예시 2에 해당하는 사람을 채용한다. 예시 2에 해당하는 사람은 일단 신뢰도가 높다. 이런 사람을 채용해서 회사가 잘 만들어 놓은 매뉴얼에 의해 교육을 시킨다.

'손님이 원하면 스테이크를 10번이라도 바꿔서 주십시오'라고 교육을 시켰다고 가정해 보자.
고객이 스테이크를 1/3쯤 남겨놓고 고기가 질기거나, 좀 더 구워달라는 주문을 하면서 계속 직원을 불러 새로운 스테이크를 요구하고 있다.

예시 1에 해당되는 사람은 처음에는 매뉴얼에 의해 배웠던 대로 스테이크를 새롭게 구워서 내놓을 것이다. 그러나 3번 정도가 반복되다 보면 신경질적으로 서비스를 하게 된다. 직원 입장에서 봤을 때 부당한 요구를 고객이 계속하고 있다고 판단해서 본인의 성향이 겉으로 드러나기 시작하는 것이다. 결국 고객과 실랑이가 벌어질 수 있다.

예시 2에 해당되는 사람은 회사 매뉴얼을 통해 학습한 데로 고객이 원하면 10번이라도 서비스를 한다. 성향 자체가 시키는 대로, 배운 대로 하기 때문이다.

이런 회사는 박사학위를 땄거나, 높은 학점을 받았거나, 영어를 잘하거나, 명문대를 졸업한 사람보다도 우선하는 것이 서비스 마인드로 성향이 형성된 인재이다.

예시 2에 해당되는 사람을 불러다 회사 매뉴얼로 교육을 시켰을 때 회사가 원하는 일과 행동을 하는 적합한 사람이면 된다는 뜻이다.

잠재력에 대한 이해

잠재력이란 몸속에 존재하는 우수한 인자를 말한다. 학교와 전공 학과는 성적순에 의해 선택할 수 있다. 그러나 잠재력을 확인한다는 것은 성적순에 의한 것이 아니라 몸속에 존재하는 가장 우수한 인자를 발견해 내는 것이다. 잠재력은 전공한 것보다 우선시 된다.

잠재력 평가 결과에 따르면 적응순위가 1~17번 항목까지 나온다. 서류를 제출하고 합격한 사람에 한해서 직무적성검사를 보는데, 직무적성검사 결과 적응순위가 1~5 이내에 지원한 부서가 들어 있어야 통과가 된다. 즉 전공보다도 잠재력을 기반으로 우수한 인자를 지니고 있는 분야를 지원해야 업무에 기여도가 높아지고 폭발적인 에너지를 발산할 수 있다고 판단한다.

경영학과를 공부하고 마케팅 분야를 지원할 수 있다. 그러나 마케팅 분야의 적응순위가 15번에 해당된다면, 경영학을 공부했지만 마케팅 업무를 했을 경우 크게 기여하지 못하고 에너지도 발산하지 못한다고 판단하기 때문에 직무적성검사에서 탈락시킨다.

전공 분야로 지원하더라도 직무적성검사를 반드시 해보기를 권한다. 몸속에 잠재력이 다른 우수 인자를 지니고 있을지 모르기 때문이다. 필자의 경우 학부 때는 기계공학을 전공했다. 그러나 당시 직무적성검사를 했을 때 기획 업무가 1순위로 나왔다. 기계공학을 공부한 사람에게 기획 업무는 있을 수 없다고 생각했고, 그 평가에 대한 결과를 믿지 않았다. 직장생활을 하는 동안 깨우친 것은 문서를 작성하거나 창의적인 아이디어를 만들고 다른 사람들에게 브리핑할 때 정말 탁월하다는 소리를 많이 들었다. 결국 컨설팅 회사를 국내에서 최초로 설립했고 그 일을 지금까지 해오고 있다. 나는 이 일이 즐겁고 행복하다. 여러 날 밤을 새우더라도 지치지 않는다. 내가 잘하고 좋아하는 일을 하고 있기 때문에 다시 태어나도 이 일을 하고 싶다. 여러분도 전공보다 우선하는 것이 잠재력이란 사실을 깨닫고 과학적 근거에 의해 자신을 정확하게 알아볼 수 있는 직무적성검사를 통해서 진로를 설정하기 바란다.

어떤 회사가 좋은 회사일까?

학생들에게 좋은 회사에 대해 설문조사를 했다. 다음은 학생들이 답한 것 중에 가장 많이 답한 내용들을 정리한 것이다.

- 봉급 많이 주는 회사가 좋은 회사다.
- 인간적인 대접을 해주는 회사가 좋은 회사다.
- 회사 이름만 말해도 남들이 알아주는 회사가 나의 자존심을 챙겨주기 때문에 좋은 회사다.
- 근무시간에 적당히 쉬어도 누가 뭐라 하지 않는 회사가 좋은 회사다.
- 야근이나 휴일에 절대로 일 시키지 않는 회사가 좋은 회사다.
- 휴일은 당연히 쉬게 하고 월차도 쉬게 하는 회사가 좋은 회사다.

어떤 회사가 좋은 회사일까?

돈 많이 주고, 일 조금하고, 인간적 대접도 받아가며, 복리후생까지 잘 갖춰져 있어서 매달 야외로 나들이 다닐 수 있는 회사가 좋은가?

꼬집어서 정답을 말하기에는 견해 차이가 있어서 결론내리기는 쉽지 않다. 다만 필자가 생각하는 회사가 여러분에게 어떤 역할과 의미가 있는지에 대한 이야기로 대신하고자 한다.

회사의 역할

회사는 여러분에게 사회생활을 시작하면서 한 조직의 구성원으로 참여시켜 사회생활을 할 수 있는 기회를 제공한다. 구성원들이 모여서 어떤 목적을 향해 가느냐에 따라서 회사의 역할이 정해진다.

건설회사는 집을 지었고 다리를 놓았으며, 도로를 만들어 사회에 기여하고 있고, 식음료 산업에 해당하는 기업은 음식과 음료를 만들어 사람들의 삶에 에너지를 제공했고, 정유사는 기름을 제공해서 산업 기계를 돌리게 하고 자동차를 움직이게 하며, 집집마다 온기를 제공해 준다. 항공사는 우리를 태우고 신속하게 이동시켜주는 역할을 한다. 이처럼 회사는 서로가 추구하는 목적이 있고 같은 목적을 추구하는 기업끼리 하나의 산업을 이루고 경쟁을 하면서 성장해 간다.

시장경쟁에서 명확한 비전을 제시하고 정도경영을 실천해 가는 회사의 일원으로 일하면서 사회적 책임을 다하고 사람들의 생활에 윤택한 편의를 제공하는 기업이 좋은 기업이라 생각한다.

여러분이 선택하는 기업이 회사의 이익만 생각하는 기업이 아니라 사람들의 풍요로운 삶을 위해 헌신적인 노력과 사회적 책임을 다하는 기업이었으면 한다.

회사란 곳의 의미

회사는 조직원들에게 급여를 제공함으로써 풍요로운 삶을 살아가는데 필요한 경제적 문제 해결의 도움을 준다. 급여를 많이 주고, 적게 주는 것은 사실 중요하지 않다. 적게 받으면 적게 쓰면 된다.

직장생활을 하면서 큰돈을 모으는 사람은 많지 않다. 가정을 꾸리고, 아이들이 커가고, 상급학교로 진학을 하면서 그만큼 돈이 들어가기 때문에 실제로 가계부에 잔고는 늘 비슷할 것이다.

회사에 봉급쟁이는 많은데 일쟁이는 많지 않다. 봉급은 한 달에 한 번씩 받기로 한 금액이 정한 날짜에 통장으로 들어온다. 쟁이란 말은 장인이나 전문가란 말로 대신할 수 있다. 봉급쟁이를 다시 표현해 보면 한 달에 한 번 받는 봉급에 전문가라 해석할 수 있다. 봉급쟁이보다는 일쟁이가 돼야 한다. 일쟁이는 어떤 환경이 오더라도 살아남고 성장할 수 있다. 분명한 것은 일자리는 계속해서 줄어들 것이고, 조직은 슬림화되고, 전문가만이 남게 될 것이다.

회사에서 받는 급여만큼 일하겠다는 사람들이 많다. 미래 비전이 보이지 않는 사람들이다. 회사가 정해둔 급여를 받는 것에만 연연해하지 마라. 학생들이 선호하는 회사들을 보면 이미 시장에서 자리를 잡았고, 남들에게 회사 이름만 말해도 알 수 있는 회사들만 선호한다. 그것은 봉급을 안정적으로 받을 수 있다는 생각과 회사 이름을 공유하면 본인의 가치가 높아진다는 사실을 함께 공유하고 싶기 때문이다.

회사에 대한 의미를 새롭게 정립시키기 위해 두 가지만 알아보자.

첫째는 전문성을 배울 수 있는 기회의 장으로 활용하라.

- 미래 기업의 구조는 어떻게 변할까?
- 지금처럼 회사가 모든 것을 소유하고 제공하면서 직원들을 채용해서 일을 할까?
- 내 책상이 있어야 하고, 아침에 당연히 출근해야 하고, 회사가 일하는 컴퓨터를 사줄까?
- 상사가 일을 지시하는 지금의 라인구조는 존속될까?

둘째는 도전정신과 열정으로 창조적인 생각을 하라.

준비된 사람은 기회를 발견할 수 있으며, 그 기회를 잡을 수 있다. 위기 속에 기회가 있다. 위기 속에서 기회를 잡으려면 남들과 다른 가치를 지닌 사람만이 기회를 잡을 수 있으며 성공도 할 수 있다.

■ 가치를 지닌 사람이란?

시장경쟁을 읽어내고, 경쟁우위를 선점하기 위한 특별한 발상을 해야 하며, 다른 기업보다 우월한 제품개발에 창의적인 아이디어를 제공하는 사람이다. 요즘은 신상품 출시의 홍수시대다. 따라서 전통적 비즈니스 시대에 출시되었던 단순 기능만으로는 시장에서의 생존은 불가능하다. 지금은 융복합화 상품이 시장의 판세를 좌우하기 때문이다.

■ 융복합화 상품이란?

하나의 제품에 다양한 기능과 콘텐츠가 결합된 상품을 말한다.

휴대전화는 그 좋은 예다. 휴대전화의 기능을 살펴보면 다음과 같다.

전화통화 기능, 문자서비스 기능, 게임 기능, 계산기 기능, MP3 플레이어 기능, 캠코더 기능, TV 기능, 화상전화 기능, 컴퓨터 기능, 내비게이션 기능, 미래는 무인 경비 시스템 기능도 추가될 것이다.

단순한 기능을 지닌 상품은 경쟁력이 없다. 조직 내 누군가는 탁월하고 창조적인 발상을 해서 지금의 상품에 기능을 추가해 주기를 바라고 있다. 항상 일하면서 문제점을 발견하고 새롭게 개선해서 효과와 효율성을 높일 수 있도록 노력하는 사람이 성공한다.

항상 창의적이며 가치 있는 생각을 매일매일 하기 바란다.

휴학, 편입을 하려는데
어떻게 해야 할까?

휴 학

직무 체험을 위해 휴학하라

남들이 한다고 해서 따라서 하지는 마라. 중요한 시간을 낭비할 수 있기 때문이다. 특별한 경험을 위해 필요하다면 권하고 싶다.

스펙을 더 쌓기 위해 휴학하는 학생이 많다. 물론 토익점수를 높이고 영어실력이 향상된 학생들도 있지만, 대부분의 학생들은 휴학을 하고 한두 달 지난 뒤에 후회하는 학생들도 많다. 목표가 명확하지 않았기 때문에 실패했다고 본다.

스펙을 높이기 위해 휴학을 한다면 말리고 싶다. 이유는 두 가지인데, 하나는 스펙이 취업하는데 그렇게 중요하지 않기 때문이고, 또 하나는 휴학할 용단을 내릴 용기라면 학교 다니면서도 충분히 할 수 있기 때문이다.

■ 채용에 필요한 스펙

기업에 따라서 요구하는 스펙 기준은 다르다. 커트라인만 넘긴다면 다른 경험과 역량을 쌓기를 권한다. 앞에서 소개한 바 있지만 삼성과 LG그룹의 커트라인은 기본을 요구하고 있다. 스펙보다 더 중요한 것이 지원하는 업무를 수행할 수 있는 능력을 갖추는 것이기 때문이다.

회사에서 직무를 체험할 목적으로 휴학을 한다면 권하고 싶다. 필자의 생각에는 채용에 가장 우선하는 것은 '직무 수행 능력'이라 판단한다. 인턴, 아르바이트, 비정규직으로 회사생활을 하면서 익힌 업무를 입사지원서에 구체적으로 기술하는 것이 스펙보다 더 중요하고 우선시 되기 때문이다.

편 입

1군 대학으로 갈 수 있으면 하라

학교 레벨을 보는 기업이 있다. 그런 기업에서 1군으로 지명하는 학교는 다음과 같다.

서울대 · 연세대 · 고려대 · 포항공대 · 카이스트 · 성균관대 · 서강대학교 정도이다.

1군 대학으로 편입할 수 있으면 하라. 그렇지 못하다면 지금 다니는 학교에서 최선을 다하는 것이 훌륭한 선택일 것이다.

기업은 명문대학을 졸업한 사람이 필요한 것은 아니다. 머리가 좋은 사람만 필요한 것도 아니다. 다양한 부서에 적합한 성향을 지닌 인재가 필요하다. 명문대와 높은 성적보다 우선하는 것이 '유연하고 부드러운 적합한 인재'라 생각된다.

조직원들과 잘 어울릴 수 있고, 시켜서 일하기보다는 자발적으로 일하는 사람이 좋고, 성실한 자세로 직무에 충실한 사람이 좋다.

1군이라는 대학을 졸업한 인재만을 채용하는 기업은 없다. 지금 있는 학교에서 기업이 원하는 역량을 갖추고, 지원할 회사의 갈증요인을 발견하고 대안을 연구하는 것이 더 좋은 결과를 얻게 될 것이라 확신한다.

입사해서 회사 생활을 하다가 더 공부해야겠다는 생각이 들면 그때 명문대학원으로 진학하는 것이 좋다. 석사를 시작했으면 박사까지 공부 해라. 석사란 학위를 활용하거나 인정하는 기업은 없다. 박사까지 공부해 두면 선택의 폭이 넓어지고 지금보다 더 좋은 여건을 만들 수 있을 것이다. 어쩌면 직장경력 10년 이상에 박사 학위를 갖게 되면 대학 강단에 서서 강의할 수 있는 교수가 될 수 있다. 공부만 잘한 사람을 교수로 임용하던 시절은 지났다. 이제는 직장경험과 학위를 갖춘 사람이 교수임용에 유리하다.

휴학이나 편입할 목적이 분명하지 않으면 함부로 결정하지 마라. 그럴 용기가 있으면 현재 위치에서 더 열심히 노력할 것을 권한다.

5학년으로 학교에 남는 것은 어떨까?

경력자들과 경쟁하는 취업시장

졸업을 유예시켜가면서 학생의 신분으로 남으려는 학생들이 늘고 있다. 이런 학생들을 5학년이라 칭한다. 기업과 취업시장을 이해하면 이 문제가 해결된다.

기업의 채용 프로세스는 다음과 같다.

팀 내 인원충원 협의 ⇒ 충원 인력의 업무 사이즈 결정 ⇒ 충원 인력의 업무 역량 결정 ⇒ 충원요청서 작성 ⇒ 인사팀 제출 ⇒ 채용공고 ⇒ 충원요청에 적합한 인재 선발 ⇒ 충원요청팀에 지원자 서류 제공 ⇒ 충원요청팀 서류 검토 및 면접 대상자 선정 후 인사팀 제출 ⇒ 인사팀 면접자 통보 ⇒ 실무자(팀장) 면접 ⇒ 임원 면접 ⇒ 최종합격자 통보

충원요청팀 내 협의사항

인력 충원이 필요한 팀은 내부적으로 팀원들과 인력 충원에 대한 협의를 한다. 협의내용은 채용기준을 정하는 것인데 다음과 같은 내

용이다.

　채용인원, 학력, 자격증, 직무적합성, 신입사원이 맡을 업무 사이즈, 기타 부가적으로 필요한 역량 등을 협의하게 된다.

팀원들이 요구하는 인재

　함께 일할 새로운 후배를 선택하는 선배들 입장에서 팀장에게 요구하는 내용은 다음과 같이 2가지로 압축할 수 있다.

　■ 맡을 업무 사이즈를 수행할 수 있는 인재

　입사하는 후배 사원이 맡을 업무 사이즈에 대해 입사와 동시에 할 줄 아는 인재를 팀장에게 건의한다. 팀원들은 각자의 업무 사이즈를 가지고 있다. 본인에게 맡겨진 업무는 본인이 해결해야 한다. 다른 사람이 도와주지 않는다. 신입사원으로 입사하는 후배가 업무 수행이 어렵다면 선배들이 붙어서 가르쳐야 한다. 이럴 경우 곧 손실로 판단한다.

　더 자세히 설명하면, 요즘 기업은 팀제로 자금을 운영한다. 팀에 예산이 집행되고 집행된 범위에서 예산을 운영한다. 조직원들의 급여를 지급하는 것도 예산 운영에 포함된다. 한 사람을 채용하면 그만큼 예산을 쓰게 되고, 한 사람 몫의 성과를 더 벌어들여야 한다. 그렇지 못할 경우 결산 평가에 좋은 성과를 내지 못하고, 성과에 따라 받기로 한 성과급도 줄어들거나 받지 못할 경우가 생긴다.

　팀에서 사람을 한 명 채용할 때는 잘생기고 명문대를 졸업했고, 학점과 토익점수가 높은 인재를 선호하는 것이 아니라, 맡겨지는 업무

사이즈를 해결할 수 있어야 하며, 팀 성과에도 기여할 수 있는 멀티플레이어를 선호하게 된다. 공부만 잘한 사람들이 취업을 못하는 경우가 많은데 이런 이유 때문이다.

■ 함께 일하는데 적합한 인재

팀원들은 같은 고민을 하고, 함께 많은 시간을 보낸다. 그런 과정들을 반복하면서 팀 내에는 보이지 않는 문화가 만들어진다. 하나의 예로 밤늦게까지 토론하고 산출물을 만드는 홍보팀을 가정해 보자. 홍보팀에 적합한 인재는 어떤 인재일까?

우선 늦은 밤까지 토론을 하려면 체력이 좋아야 하고, 밤에 일하는 습관이 강해야 한다. 또 토론에 필요한 잘 듣고, 말하는 기술이 있어야 하고, 밤 시간 일을 즐길 줄 아는 긍정적인 마인드도 필요하며, 홍보를 하기 위해서는 다양한 경험과 아이디어가 있어야 한다. 이러한 성향을 지닌 인재가 홍보팀에 적합한 인재인 것이다.

반면에 체력도 약하고, 저녁에 일하는 것을 즐기지 않으며, 자기주장이 강해서 남들과 토론하기 어렵고, 퇴근시간 이후에 일하는 것을 싫어하며, 기존의 방식만을 고집하는 스타일이라면 홍보팀에서 일하기 부적합한 인재인 것이다.

팀원들과 성격도 비슷해서 잘 어울리는 사람을 좋아한다. 팀 분위기를 깰 수 있거나, 원칙과 규정을 앞세워 이기적인 생각과 융통성이 부족하다면 함께 일하기 곤란하다. 자기 자랑을 너무 하는 사람도 싫어한다. 말이 많은 사람도 싫어한다. 표정이 어둡거나, 날카로운 사람도 싫어한다. 편한 미소와 긍정적인 답변, 자연스런 태도를 지닌 유연하고 부드러운 인재를 선호한다.

실무자(팀장) 면접

입사지원 서류가 통과되면 직무적성검사를 하거나 실무자 면접을 한다. 인사팀에서는 충원요청서의 조건에 부합되는 인재들을 선발해서 지원 부서로 서류를 보낸다. 팀원들이 모여서 서류를 검토한 후 실무자 면접에 참석할 지원자를 선별한다.

팀원들이 보는 것은 맡을 업무 사이즈의 수행 능력을 서류를 통해서 확인하고, 이력서에 붙은 사진을 통해 팀원이 될 후배들의 얼굴을 첫 대면한다. 사진을 통해 지원자의 전부를 보여주지는 못하겠지만 중요한 사실은 함께 일하고 싶은 호감을 줘야 한다는 것이다. 호감을 주기 위해서는 밝게 웃으면서 마음이 열린 사진을 붙여야 한다. 사진이 마음의 문을 열어야 보는 사람도 마음의 문이 열리기 때문이다. 또한 이력서와 자기소개서에는 지원한 업무 수행력에 대해서는 반드시 구체적으로 기술되어 있어야 한다.

실무진 면접의 포인트는 서류에 기술한 사항에 대한 사실 확인과 직무적합성과 전문성을 지니고 있는가이다. 5학년에 머물면서 학점을 높이고 토익점수를 높였다는 설명만으로는 절대적으로 부족하다. 따라서 5학년으로 유예해서 학교에 남아 스펙을 쌓고 기회를 엿보기보다는 사회생활에 직접 부딪치면서 경험을 하는 쪽을 권하고 싶다.

스펙보다 더 중요한 것이 업무 수행력이고 직무적합성이다. 학교 밖으로 나가서 세상 경험을 하면서 기업이 무엇을 원하는지 직접 체험해 보길 바란다.

어학연수
필수인가?

가산점은 받지만 필수는 아니다

같은 조건이라면 어학연수를 다녀온 사람을 채용할 수도 있다. 그러나 어학연수가 채용에 필수요건은 절대 아니다. 기업에 따라 다소 차이는 있지만 우대하는 요건은 맞다. 그러나 어학실력을 필요로 하는 부서가 있는가 하면 전혀 사용하지도 않는 부서나 회사가 있다. K은행에 근무하고 있는 제자의 말을 빌리면, 은행에 입사하기 위해 토익점수 930점대를 취득했으며, 캐나다 어학연수를 1년 다녀왔다. K은행에 입사해서 5년 근무하는 동안 단 한 번도 영어를 사용해본 적이 없다고 한다. 사용하지도 않는 영어성적을 왜 그렇게 보는 걸까?

소위 대기업이나 이름만 들어도 알 수 있는 회사들은 너무 많은 지원자들이 몰린다. 서류를 다 확인하기에는 역부족이기 때문에 적당한 수준의 학점과 토익점수, 스피킹레벨을 커트라인으로 정해놓고 1차 서류를 거르는 작업을 한다. 기업별로 정해둔 커트라인에 해당되지 않는 사람은 어학연수가 아무런 의미가 없을 수 있다. 서류에서 탈락되기 때문이다.

어학연수에 대해서는 두 가지의 의미를 염두에 두었으면 한다.

하나는 글로벌 시대에 최소한 외국어 하나 정도는 할 수 있어야 일하기 수월하다. 영어가 아니라도 좋다. 중국은 이미 세계 2위로 부상해 있으며, 우리나라가 가장 많은 수출을 하는 나라이기도 하다. 한국기업의 성장 키워드도 중국이 쥐고 있을지도 모른다. 따라서 중국어를 할 줄 아는 것은 큰 경쟁력을 갖는 것이다. 중국에 있는 한국기업에 입사하려면 영어는 필수이며, 중국어를 할 수 있어야 한다.

BRIC'S(브릭스 : 브라질, 러시아, 인도, 중국)를 중심으로 세상의 판세가 짜지고 있다. 러시아어를 공부하는 것도 좋고 스페인어도 필요할 것이다. 글로벌 시대를 대비해서 영어와 또 다른 하나의 언어정도 능숙하다면 경쟁력이 있는 인재가 될 수 있다.

다른 하나는 면접을 대비해서라도 어학실력을 갖춰야 한다.

예전에는 일반 생활영어 1분 가량의 자기 PR 정도만 준비해도 면접을 무사히 통과했었지만, 최근에 와서는 지원 분야의 전문성까지 유창하게 영어로 말할 수 있어야 된다.

그러나 외국을 한 번도 나갔다 오지 않고 집에서 혼자 독학한 학생이 인천국제공항 아나운서에 합격한 경우도 있다. 유창한 어학실력이 꼭 필요한 부서도 있겠지만 대부분은 그렇지 않다. 어학공부도 즐기면서 하라. 거창한 목표나 취업을 위해 한정짓지 않았으면 한다. 배낭하나 메고 홀로 세상의 오지를 돌면서 즐길 수 있는 정도면 충분하지 않겠는가?

어학연수를 무료로 할 수 있는 기회도 많다.

모 기업이 시행한 공모전에 나가서 수상을 받았더니 캐나다 1년 연수비용을 무료로 제공하는 사례가 있다. 영어권으로 봉사활동을 장기간 나가는 경우도 학생이 돌아왔을 때는 놀라울 정도로 영어 실력이 달라져 있었다. 학교 취업지원센터를 통하면 어학연수에 대한 많은 정보를 얻을 수 있을 것이다.

● 강점을 발견하고 회사를 선제공격해서 성공한

IBK기은신용정보 - 임광수

　　● 이랜드 기획실 - 박지혜

● LG전자 마케팅기획 - 이승아

　　● 우리캐피탈 영업부 - 이요한

● ING생명 FC - 김용희

성공한 사람들의
전략과 취업 노하우

강점을 발견하고 회사를 선제공격해서
성공한 IBK기은신용정보 - 임광수

구체적인 스펙 쌓기

대학교 4학년 동안 구체적인 스펙 쌓기는 ① 토익(780), ② OPIC (IL), ③ 인턴생활 3개월입니다. 인턴생활은 전공과 관련된 쪽으로 하였습니다.

구체적인 스펙을 쌓는 것에 관하여 양보다는 선택이라고 생각합니다. 물론 질 높은 자격증이 있다면 더할 나위 없지만, 그 또한 궁극적인 취업문제의 해결책은 아니기 때문에 선택이 가장 중요합니다. 즉, 무수한 자격증을 취득하는 것보다 자신이 하고 싶은 일을 선택하여 그와 연관된 스펙을 쌓는 것이 높은 확률로 취업난을 해결할 수 있는 방법입니다. 더 나아가 이는 자신이 선택한 업무의 만족도를 높일 수 있는 결과를 가져오게 됩니다.

자신의 성향 찾기

구체적인 스펙 쌓기와 더불어 가장 중요한 것은 자아 찾기입니다. 자아 찾기는 취업문제를 단시간에 해결할 수 있는 초석과 지속적인 직장생활의 동기를 제공합니다.

■ 취업문제 해결의 효율성 제공

취업은 단순히 연봉의 정도와 어떤 기업으로의 소속감이 아닙니다. 취업은 인생의 길을 선택하는 것입니다. 단순히 연봉이 높다고 대기업에 다닌다고 취업의 문제는 해결되지 않습니다. 자신이 선택한 길이 자신의 성향과 부합하여야 취업의 문제는 해결됩니다. 그리고 훗날에도 자신의 성향에 부합한 직업을 가진 사람들이 자연스럽게 높은 연봉과 좋은 직장에서 자신의 꿈을 펼칩니다. 결론적으로 자아의 성향을 빨리 찾을수록 개개인 취업문제에 대한 집중도와 해결방안이 생깁니다.

■ 지속적인 직장생활의 동기부여

자신의 성향을 발견하여 그와 부합하는 직업을 선택한 사람은 직장에 대한 만족도와 직업에 대한 자부심을 지니게 됩니다. 이는 직업, 직장선택에 대한 의구심을 사라지게 하고, 자기계발과 회사 발전에 관하여 몰두하는 모습으로 나타납니다.

현재 많은 수의 직장인들은 단순히 자신과 맞지 않은 일 때문에 이직을 고려한다고 합니다. 이러한 고민은 결코 회사입장에서 생산적이지 못하며, 개인적으로도 시간 낭비라는 결과를 가져옵니다. 반면 자신의 성향을 찾아 직업과 직장을 선택한 사람은 생산적인 생각과 아이디어로 개인과 회사의 발전에 기여를 합니다. 이는 사회적으로 인정받는 결과로 나타나고 지속적인 직장생활의 동기를 가져다 줍니다.

자기소개서 작성법

■ 생각의 간략화

삶의 요약이 아닌 생각의 요약

자기소개서는 약 20년간의 생각을 정리한 결과물입니다. 여기서 중요한 것은 20년간의 삶의 정리가 아닙니다. 자기소개서는 가족관계, 학교출신 등을 쓰는 것이 아닙니다. 20년간 고민의 흔적을 통해 사회 속에서의 자신을 제3자적 입장에서 서술하는 것이 자기소개서 입니다. 자기소개서에서만큼은 부모님과 형제들을 버리시기 바랍니다.

회사가 바라는 성향 언급

한 사람에게 있어 성향은 무궁무진합니다. 이러한 성향을 전부 언급한다면 쓸 공간도 없을뿐더러 좋은 이미지를 주지 못합니다. 무엇보다 회사가 자기소개서를 제출하라는 이유는 회사가 바라는 성향이 지원자에게 있는지 확인하기 위하여 묻는 것입니다. 따라서 지원자들은 회사가 바라는 자신의 모습을 언급하여야 합니다.

■ 글의 디자인

자기소개서는 기사입니다. 즉, 읽고 싶은 욕구를 불러일으켜야 합니다. 우리가 흔히 보는 기사의 헤드라인은 굉장히 원색적이며 자극적입니다. 이는 자신의 글을 독자들에게 읽히게 하기 위한 기자들의 기술입니다. 이러한 기술을 지원자들은 배워야 합니다. 수백 장의 자기소개서 안에서 자신의 자기소개서를 읽게 만들고 싶다면, 매력적인 헤드라인으로 작성하여야 합니다.

■ 깔끔한 보고서 양식

자기소개서는 사업보고서와 같습니다. 따라서 일반적으로 사람들이 읽는 책과는 다릅니다. 즉, 핵심적인 단어들로만 연결하여 자신을 보고하는 것입니다. 자신의 생각을 한 문장으로 언급하고, 그와 관련된 현실 및 문제 등 부연설명을 한 뒤, 자신의 경험담 또는 대안을 제시하는 형태로 작성하여야 합니다.

예 : 고객들의 성공적인 판단을 위한 정확한 정보제공

○○○는 ○○○기관으로서 기업 활동에 필요한 정보제공과 자산관리업무 노하우를 제공하여 건전한 ○○○을 기여하는 것을 이념으로 하고 있습니다. 구체적으로 ○○○ 등을 분석하여, ○○○를 제공함으로써 상거래 및 금융거래에 합리적인 판단을 내릴 수 있도록 정보를 제공합니다. 이러한 정보를 제공하기 위해서는 정확한 분석과 현실적인 실태를 중심으로 분석하는 것이 가장 중요합니다. 따라서 저는 다음과 같이 경험하고 공부한 것을 바탕으로 ○○○○에서 고객들을 위해 정확한 정보제공을 하고자 지원하였습니다.

① ○○○○○○에 대한 연구를 통해 ○○○○과정 및 방법 습득

② ○○○○○○에서 인턴

- 컨설팅 용역 시안작업, 내부계약 내용검토, 클라이언트와 계약범위 및 결제조건 협의

- 최종계약 완료, 프로젝트 진행과정 점검, 최종산출물 확인 후 납품업무

면접에는 무엇이 나왔고 어떻게 대답해서 성공했는지(pt. 토론 기타)

■ 자기소개서를 바탕으로 한 질문

자기소개서를 깔끔히 작성해야 하는 이유 중의 하나가 면접에 있습니다. 자기소개서를 앞에서와 같이 작성한다면, 모든 인사담당관들은 자기소개서를 바탕으로 질문을 할 수밖에 없습니다. 읽고, 보기 쉽게 쓰여진 글은 사람을 집중하게 만들기 때문입니다. 따라서 깔끔하지 않은 자기소개서에 비해, 깔끔한 자기소개서에서 질문이 많이 나오는 것이 사실입니다. 이는 준비된 질문을 유도하는 것으로 면접 초반의 긴장감을 풀어 주는 방법입니다.

■ 회사의 업무에 관한 질문

학생 때와 달리 회사는 돈을 받고 다니는 곳입니다. 따라서 회사 업무의 종류와 회사의 업무에 대해서는 당연히 공부하고 면접을 보아야 합니다. 공부와 연습의 정도는 인사담당관이 아닌 어느 누구에게나 지원한 회사의 업무를 이해하기 쉽게 눈을 보며 설명할 수 있는 정도가 되어야 합니다. 4년 동안 공부한 전공에 관하여 설명하듯이 친근하게 설명하여야 합니다.

■ 돌발적인 질문

제가 받은 돌발적인 질문은 다음과 같습니다.

질문 : 회사동료의 업무가 저녁 7시가 되어도 끝나지 않고 있다. 밖에서는 애인이 기다리고 있고 이러한 상황에서 어떻게 하겠는가?

답변 : ① 동료에게 간단하게 먹을 것을 사온다고 하고 애인을 만나 상황을 설명하여 집으로 돌려보냄

② 먹을 것을 사러 간 사이 애인과 같이 저녁을 간단히 해결하고 애인에게 상황을 설명하여 집으로 돌려보냄

해석 : 솔직히 이러한 질문처럼 실제로 발생하는 경우는 거의 없습니다. 그렇다면 이러한 질문에서 무엇을 확인하려고 하는지 생각하여야 합니다. 돌발적인 질문의 특징은 답이 정해져 있지 않습니다. 단, 모든 사람이 이해하고 인정할 수 있는 합리적인 대답을 제시해야 합니다.

■ 면접에서의 태도

아이컨텍

눈을 보면서 면접을 보는 것이 가장 중요합니다. 물론 긴장감과 초조함으로 인하여 이러한 태도가 나오기는 매우 어렵습니다. 따라서 눈을 바라보지 않고 미간을 보는 방법 등 극복하는 방법은 각 개개인이 찾아서 연습하여야 합니다. 인사담당관은 단순히 같이 일할 사람을 뽑는 사람입니다. 따라서 평소처럼 대화하듯이 눈을 마주보며 면접을 보는 것이 면접관들에게 좋은 인상을 심어줍니다.

미소와 제스처

가벼운 미소와 간단한 손동작은 자신의 생각을 상대방에게 이해시키는데 도움이 됩니다. 이러한 방법으로 자신의 생각을 상대방에게 이해시키고, 동조를 이끌어냈다면 면접관들에게 스마트한 이미지로 각인될 것입니다. 저 또한 이러한 방법으로 자연스러운 분위기를 연출하여 한 번의 면접으로 더 이상 면접을 안봐도 되는 결과를 얻었습니다.

후배들은 어떻게 준비하면 취업할 수 있는지에 대한 조언

■ 앞으로 취직 시장의 변화 예측

기존의 웹상에서의 신입사원 채용기회 감소 : 학력의 인플레가 심한 현재의 상황과 채용시장의 어려움과 결부되어 앞으로는 웹상에서의 채용공고가 경력직 위주의 전문 헤드헌팅사이트로 변화할 가능성이 농후합니다. 단, 대기업인 삼성, 현대, LG 등은 예외가 될 수 있습니다.

■ 현재의 스펙과 능력으로 할 수 있는 도전

① (일반적인 방법) 지속적인 원서 접수를 통한 무작위 회사 지원 : 취업시장은 일률적인 기준이 없기 때문에 산탄식 효과의 방법입니다.

② (공격적인 방법) 자신의 성향에 맞는 일을 검색한 후, 생각과 문화가 맞는 회사를 선택하여 다른 방식으로 취업 접근하는 방법입니다.

● 취업시장의 변화를 예측한 것을 토대로 모든 지원자들과 달리 미리 2~3개의 회사를 선정

● 미리 자체적인 자기소개서와 이력서를 작성하여 직접 서류를 들고 아침 일찍 회사를 방문함

● 모든 분들께(건물의 경비원, 청소원 등) 깍듯이 인사하여 좋은 인상을 남김

■ 도전 후 결과

① 무작위 회사 지원 : 50개의 서류 모두 불합격

② 공격적인 취업 접근 : 2개 선정하여 실행한 회사 모두 합격

결 론

저는 사실 사법시험을 준비하느라 자격증, 어학연수, 어학성적 어느 하나도 만족스럽지 못한 상황이었습니다. 그리고 어느 누구보다도 교과서적으로 살아왔습니다. 공식적인 절차를 통해서만 모든 일이 진행된다고 생각했기 때문입니다. 하지만 취업의 문은 그렇지 않았습니다. 모든 사람의 얼굴이 다르듯이 생각도 다르기에 기업이 바라는 인재상과 채용절차도 다 다릅니다. 무조건 아무 곳이나 가자는 생각보다는 가고 싶은 곳을 정하여 직접 문을 두드리는 것이 더욱 성공률이 높고 오랫동안 회사생활을 할 수 있는 동기가 될 것입니다.

다음은 제가 직장을 갖기 전에 하루도 빠짐없이 생각한 질문입니다.

① (무한한 자기성찰을 통하여) 나는 어떤 성향의 사람인가?

② 타인의 시선이 중요한가? 아니면, 스스로의 성취감이 중요한가?

③ 높은 연봉이 좋은가? 아니면, 내가 잘할 수 있는 일이 좋은가?

④ 어떤 직장이 아닌, 어떤 직업을 가질 것인가?

이랜드 기획실 - 박지혜

취업 준비 & 취업에 대한 생각

취업에서 가장 중요한 것은 자신의 크고 작은 성공경험을 모두 자신의 언어로 만들어 회사와 연결하는 것입니다.

■ 나를 알기(강점과 약점 파악)

저학년이라면 많은 준비를 할 수 있겠지만 이미 취업이 눈앞에 닥친 4학년이라면 무언가 새로운 것을 준비하기보다는 자신이 그동안 쌓아온 것들의 강점들을 정리하고 극대화하는 것이 중요할 것 같습니다. 찾아보면 크고 작은 성공경험들이 분명히 존재합니다. 이것을 리스트를 작성하고 스토리로 이야기 할 수 있으면 좋겠습니다(성공이유, 과정, 부족했던 점, 주체적·전략적으로 행동한 것들).

나는 취업에서 보면 약점이 많은 지원자였는데(낮은 토익, 어학연수 경험 무, 졸업 후 공백, 공모전 수상경험 무) 그 약점을 극복할 수 있는 강점들을 최대화해서 어필했던 것이 취업할 수 있었던 이유인 것 같습니다(영업력 : 판매 전국 1위 경험 , 수십 가지 상품 판매경험 / 학습력 : 장학금, 다독 / 적응력 : 수많은 아르바이트와 사람들을 내 사람으로 만든 경험 등).

- 회사 알기(회사의 비전, 지원 직무 알기)
  - 회사의 성장 역사, 현재 진행 중인 사업에 대해 알고, 앞으로의 비전에 대해서 샅샅이 조사하기
  - 성장과 비전 실현을 위한 강점이 무엇인지 파악하고 부족한 부분이 무엇인지 정리하기
  - 내가 지원한 직무에서의 주요 업무, 필요한 역량, 애로사항에 대해 정리하기(지원 관련 직무를 경험한다면 가장 좋을 것이고, 경험하지 못했다면 조사하고 관찰하기)

- 자신과 회사를 연결하기 : 회사의 성장과 비전 실현에 기여할 수 있는 사람

　자신의 강점과 약점에 대해 알고 회사에 대해 알았다면 가장 중요한 것은 그것을 연결하는 것이라고 생각합니다. 회사에서 찾는 사람은 자신이 무엇을 잘하는지 이야기하는 사람이 아니라, 잘하는 것들을 회사의 비전을 실행하는데 어떻게 활용할 수 있는지 이야기하는 사람인 것 같습니다.

　회사의 비전을 실현할 수 있는 영역의 전문가가 되겠다는 목표를 세우고, 그동안의 성공 경험을 그것과 연관시켜 스토리를 만들어 낼 수 있어야 하고, 취업은 그 중간과정이라는 태도로 열정을 다해 준비하고 간절함을 보인다면 반드시 좋은 결과를 낼 수 있을 것이라는 생각입니다.

자기소개서 작성

- 틀 : 상대를 배려하는 맥킨지식 프레임으로 글쓰기

처음에는 줄글로 이뤄진 자기소개서를 썼지만, 교수님의 맥킨지식 글쓰기 강의를 듣고 나서 읽는 상대를 배려하는 자기소개서를 다시 작성했습니다. 타이틀 - 결론 - 근거나열을 구조화하는 방법을 통해서 다른 사람과 차별화할 수 있도록 노력하였고 타이틀만 보아도 나의 강점을 파악할 수 있도록 한 것이 면접에 있어서도 도움이 되었다고 생각합니다.

- 용어 : 자기소개서를 2배 매력적으로 만드는 회사의 언어 사용하기

같은 경험을 쓰더라도 회사에서 직접 사용하는 용어로 작성하면 실제 업무를 알고 있다는 인상을 줄 수 있는 것 같습니다. 단순히 '판매 아르바이트를 했다'가 아닌 '재고관리, 입고 업무, 상품분석, 매출관리, 브랜드 포지셔닝, VMD' 등의 용어로 업무를 구체화해서 그 속에서 배운 것을 적용할 수 있도록 작성했습니다.

- 내용 : 회사의 비전을 이루는데 자신의 강점이 기여할 수 있는 부분에 대해 구체화하기

흔히 이야기하는 '지원 회사에 대한 관심'은 회사의 역사를 파악하고 사실들을 알고 있다는 것에서 끝나서는 안 된다고 생각합니다. 지원 회사의 비전을 파악하고 그 속에서 내가 가진 장점들을 통해서 어떤 전문가로 성장해서 기여할 수 있는지를 구체적으로 기술해야 할 것 같습니다. 나는 이랜드리테일의 성공 잠재력을 직매입 백화점과 편집매장의 성공으로 보았고, 그 속에서 소비자가 원하는 브랜드와 상품을 포지셔닝하는 리테일 전문가가 되어 비전을 실현하는데 기여하고 싶다는 것을 핵심적으로 작성했습니다(물론 내가 가진 경험과 장점들이 어떻게 도움이 될지를 근거하는 내용과 함께).

면접 과정

면접을 위해 인터넷을 통해서 스터디에 참가했었는데, 나의 자기소개서를 보고 제3자가 어떤 부분을 궁금해 하는지 알 수 있다는 점과 회사에 대한 정보파악, 실전 연습을 통해 다른 이들을 보고, 자신에 대해 피드백 할 수 있다는 점에서 추천하고 싶습니다.

■ 적성검사 : 수리, 언어 시험, 인성검사(컴스타일, MBTI, 비즈니스검사)
시중에 나와있는 문제집 3권을 풀었고, 시험 당일에는 내가 어떤 성향을 가진 사람인지를 생각하고 일관성 있게 풀어나갈 수 있도록 마음을 유지했습니다.

■ 1차 면접 : 다대다 인성 면접으로 자기소개서의 내용을 토대로 질문
공통질문으로는 자기소개, 유통점 방문경험과 개선할 점, 유통은 일요일이 가장 바쁜데 친구의 결혼식과 겹칠 때 어떻게 할 것인지 재치와 마인드를 묻는 질문이었습니다.

개별 질문에서 나에게 주어진 질문은 교육을 전공했는데 선생님이 되지 않고 지원한 이유에 대한 것이었는데, 아무리 열심히 해도 다른 이와 똑같은 대우를 받는 교직사회보다는 내가 최선을 다하고 그것에 대한 보상과 함께 높이 올라갈 수 있는 일이 나에게 더 매력적으로 느껴졌다고 솔직하게 대답했습니다.

또, 자기소개서 경험 중 선물 세트 판매 전국 TOP 5 안에 든 것에 대해 노하우가 무엇인지에 대한 질문이 있었는데 핵심 이유를 먼저 이야기하고 근거를 이야기 했습니다.

'판매 5위에 들 수 있었던 것은 타깃 고객을 예상하고 행동했기 때

문입니다. 낱개 판매도 중요하지만 대량 판매가 더 중요하기에 명절 20일 전부터 팀으로 잠복해서 양복 입은 고객님들만을 골라 팸플릿과 연락처를 드리며 100개, 200개, 500세트씩 한꺼번에 팔았던 것이 매출 상승에 큰 역할을 했습니다.'

'왜 양복 입은 사람들을 20일 전부터 공략했는지?'

'중소기업이나 자영업에서 자사 직원들을 위해 선물세트를 직접 보러 다닐 것이라 생각했고 팸플릿과 연락처를 드리면서 대량 구매시 가격절충이 가능하니 편하게 연락을 달라고 말씀 드렸습니다.'

면접 전에 교수님께서 간결하게 대답하되 궁금증이 생길 수 있도록 해야 한다는 말씀을 해주셨는데, 짧게 대답했을 때 '어떻게 했는지? 왜 했는지? 알게 된 방법은 무엇인지? 등등 질문이 연속적으로 이어졌고 지루하지 않게 면접을 마무리할 수 있었던 것 같습니다.

(그 외에 질문 : 졸업하고 무엇을 했는지, 백화점의 활성화 방안은? 직무에 필요한 가장 큰 역량은 무엇인지? 여자 관리자로서의 애로사항은? 등)

■ 2차 합숙 면접 : 합숙 면접은 1박 2일 동안 모든 행동을 관찰할 수 있도록 진행되기 때문에 긴장을 늦추지 않고 바르고 긍정적인 태도로 임하는 것이 가장 중요하다고 생각합니다.

개인 서술평가는 '페르미 추정'으로 지난해 팔린 스마트폰 대수, 한 해 동안 팔린 운동화 개수, 신라면의 개수 등을 구하는 것이었습니다. 답을 작성하는데 있어서 중요한 점은 답이 맞고 틀리고의 여부가 아닌, 스스로 가설들을 세우고 그것을 토대로 구체적인 숫자로 계산을 하고 답을 낼 수 있어야 합니다.

팀 과제는 '티니위니 브랜드의 점당매출 상승전략'에 대한 것으로 주어지는 여러 가지 이슈들을 기준을 가지고 구조적으로 분류하고 그 중 핵심 문제를 파악하여 솔루션을 도출하는 문제였습니다. 팀으로 하는 과제인 만큼 주도적으로 행동하되, 팀원들의 의견을 서로가 존중해서 의견을 모아야 합니다. 핵심문제를 명확히 하고 솔루션을 도출하되 면접관들 앞에서의 발표도 중요한 역할을 했던 것 같습니다.

■ 최종 면접 : 최종 면접에서는 질문을 거의 받지 않았는데 대부분의 질문은 그 동안의 경험을 통해 어떤 꿈을 가지고 있으며 회사에 어떻게 기여하는지에 대한 것과 이 사람이 얼마나 회사를 좋아하고 그 속에서 성장하고 싶어하는지에 대한 질문이었던 것 같습니다.

취업을 준비하면서

2011년 3월의 나는 세상에서 말하는 취업 준비가 되어있지 않은, 스펙으로 보면 하위권에 있는 사람이었습니다. 높은 토익점수나, 인턴경험, 어학연수나 공모전 수상경험도 없었기에 자신감도 없었고, 졸업 후 준비해서 9월에 지원해야겠다고 생각하고 있었습니다.

그런 내가 교수님의 강의를 듣고 용기가 생겼습니다. 스토리를 가진 사람이 되라고, 자기소개서의 스펙 한 줄을 더 채우기 위해서 시간을 쓰기보다, 지금 중요한 것은 내가 어떤 강점을 가졌고 어떤 기업에 가고 싶은지, 그 기업에서 갈증을 느끼는 것이 어떤 것인지 파악하는 일이라고 하셨습니다. 10군데 100군데 남들 따라 원서를 넣는 것이 아니라, 진정으로 가고 싶은 기업을 정해서 면접관이 매력적으로 느낄 수 있는 제안서 한 장, 아이디어 한 가지를 더 생각해 내는 것이 중요하다는 말씀에 조금 다르게 준비했던 것 같습니다. 내가 가고자 하는 기업에 대해 제대로 조사하고, 그 기업의 비전과 나의 꿈을 일치시킬 수 있는 방법에 대해서 끊임없이 생각했습니다.

　보잘것없는 나에게 취업할 수 있는 근본적인 방법, 자기소개서 작성과 면접 노하우를 알려주시고, 매순간 날카롭게 방향을 잡아주셨던 교수님 덕분에 자신을 돌아보며 취업준비를 해나갈 수 있었던 것 같습니다.

　항상 응원해 주시고 긍정적인 에너지를 나눠주시던 교수님께 감사드립니다.

LG전자 마케팅기획 - 이승아

취업을 준비했던 것들과 내용, 취업을 위해서 따로 준비했던 것들은 크게 세 가지가 있습니다.

첫 번째는 공인영어시험입니다.

대기업 사무직 입사지원 기준인 토익 850점, 토익스피킹 IM을 짧고 굵게 공부하여 취득하였습니다.

사무직의 경우 대기업, 중소기업을 막론하고 대부분이 공인영어시험 성적을 요구합니다. 그렇기 때문에 채용공고에 기술되어 있는 어학점수를 미리 취득하는 것이 좋습니다. 다만, 기업에서 요구하는 어학점수를 취득하고도, 불안감에 더 높은 점수를 취득하고자 시간을 투자하는 것은 바람직하지 않습니다. 오히려 그 시간을 남들과 차별화할 수 있는 나만의 무기를 만드는데 투자하기 바랍니다.

두 번째는 자격증입니다.

기업에서 가장 활용도가 높은 문서작성 프로그램인 엑셀과 품질혁신 도구인 6시그마 자격증을 취득하였습니다.

이공계열의 경우, 각 전공마다 연관된 기사자격증을 따는 것이 좋습니다. 특별한 전공 연계 자격증이 없는 인문계열은 문서작성 프로그램 자격증이 취업에 도움이 되며, 그외에 지원하고자 하는 산업군에 따라 금융 자격증, 물류 · SCM 자격증 등을 취득하면 좋습니다. 이러한 자격증으로 인사담당자에게 여러분들의 성실함과 관련 업무에 대한 관심도 및 배경지식을 객관적으로 보여줄 수 있을 것입니다.

세 번째는 과외활동입니다.

구글대학생 프로그램과 경영 컨설턴트 회사에서 인턴을 수행했으며, 동아리는 졸업할 때까지 꾸준하게 활동하였습니다.

동아리 활동에서부터 공모전, 인턴 등 다양한 경험을 하시기 바랍니다. 최근에는 많은 기업들이 대학생을 대상으로 하는 각종 프로그램을 진행하고 있습니다. 공인영어시험이나 자격증의 경우 노력에 따라 단기간에 할 수 있는 것들이지만, 과외활동의 경우 오랜 시간을 들여야 하기 때문에, 저학년 때부터 미리 알아보고 실행하시기 바랍니다.

자기소개서는 어떻게 작성했는지

대부분의 기업들은 자기소개서 양식이 따로 있습니다. 그러나 질문이나 분량에 차이가 있을 뿐, 그러한 양식들 속에서 여러분에게 묻고자 하는 핵심 키워드는 몇 가지로 압축됩니다. 성장배경, 성격, 경험, 지원 동기, 포부 등이 그것입니다. 이러한 키워드 속에 자신이 전달하고자 하는 말을 얼마나 객관적으로 기술하느냐가 자기소개서의 관건이라고 할 수 있습니다.

객관적으로 기술하라는 말은 구체적인 경험을 통해 적으라는 이야기입니다. 가령, '저는 이타적인 성격입니다'라고 하기보다는 '저는 복지단체에서 3년간 정기적으로 봉사활동을 해왔습니다'라고 말하는 것이 신뢰감이 더욱 좋을 것입니다.

자기소개서의 모든 항목은 기업 혹은 자신이 맡을 직무와 연관시켜 작성합니다. 저는 '성장배경 : 어릴 때 지원하는 직무에 관심이 많았는지', '성격 : 지원하는 직무에 얼마나 적합한 성격인지', '경험 : 지원하는 기업에서 일하기 위해 어떤 경험을 해왔는지', '지원 동기 : 지원하는 기업에 대해서 얼마나 잘 알고 있는지', '포부 : 지원하는 기업의 미래 성장전략' 이런 식으로 전달하고자 하는 목표를 설정하여 자기소개서를 썼습니다.

형식적인 부분도 내용만큼 중요합니다. 저는 소설 쓰듯이 길게 나열하여 쓰지 않고, 보고서 형식(맥킨지식 3단 프레임워크 형식으로 타이틀, 커버링메시지, 개조 문화된 내용 요약)으로 간단명료하게 자기소개서를 적었습니다. 기업에서 작성되는 모든 문서는 한눈에 바로 들어올 수 있도록, 간결하게 핵심만 적혀 있습니다. 이러한 문서에 익숙해져 있는 인사담당자에게 보고서처럼 쓰여진 자기소개서는 형식 자체만으로도 점수를 딸 수 있는 중요한 요소입니다. 아직 간결한 글쓰기에 익숙하지 않은 취업준비생들은 신문기사를 직접 작성해보는 연습이 도움이 될 것입니다.

면접에는 무엇이 나왔고 어떻게 대답해서 성공했는지(pt. 토론 기타)

면접은 1차 실무진 면접과 2차 임원 면접을 봤습니다.

■ 1차 실무진 면접

간단한 영어 면접과 전공 및 지원 직무 지식을 검증 받았습니다. 영어 면접은 채용지원 기준을 통과할 정도면 큰 무리가 없는 수준으로, 영어 실력 자체를 평가하는 목적도 있지만 지원자가 면접에 임하는 자세를 파악하려는 의도도 있습니다. 그러니 영어에 자신이 없다고 주눅들지 않고 모르더라도 당당하고 적극적으로 면접을 보시기 바랍니다.

전공 면접에서는 전공지식이나 실무 지식에 대하여 깊게 질문합니다. 'SCM 가장 잘하는 기업은 어디라고 생각하는가?', 'OTD를 효율적으로 하기 위한 방안에는 어떤 것들이 있는가?' 이런 식으로 개념을 모르면 전혀 대답할 수 없는 질문을 많이 받기 때문에, 자신의 전공에 있어서는 확실히 복습하고 면접에 임해야 좋은 평가를 받을 수 있습니다.

■ 2차 임원 면접

자기소개서를 바탕으로 한 질의응답과 대기시간에 주어진 발표주제에 대하여 3분 스피치를 했습니다. 질의응답의 경우, 자신이 쓴 자기소개서 내용을 충분히 사전에 숙지하고 있으면 어렵지 않게 대답할 수 있습니다.

3분 스피치에서 제게 주어진 주제는 '애플의 성공 포인트는 무엇인가' 였는데, 아웃소싱을 통한 생산 효율화와 아이튠즈를 기반으로 한 소프트웨어 생태계 구축이라고 답변하여 좋은 인상을 남겼습니다. 신문을 통해 관련 산업 분야 이슈에 대해 미리 파악하고, 스터디를 통해 실제로 발표연습을 했던 것이 큰 도움이 되었습니다.

추가적으로 면접 마무리 시점에 마지막으로 하고 싶은 말을 물어보는 경우가 많습니다. 저는 마지막에 '저는 굉장히 가치있는 사람입니다. 보석은 언젠가는 빛을 발하기 때문에, 채용에서 떨어진다고 낙심하지는 않을 것입니다. 그에 앞서, 제가 가진 가치를 놓치지 않을 면접관님들의 깊은 안목을 믿습니다. 인재를 놓치지 마세요'라고 말했습니다. 나중에 면접관님에게 물어보니, 마지막에 했던 말이 제가 합격할 수 있었던 마지막 열쇠였다고 들었습니다. 이렇듯 임팩트 강한 멘트 하나 정도 준비하면, 자신이 면접을 못 봤다고 생각될 때 역전의 기회를 제공해줄 것입니다.

후배들은 어떻게 준비하면 취업할 수 있는지(자신의 생각)

최근에 들어오는 신입생들은 1학년 때부터 취업 스펙을 높이기 위해 준비한다고 들었습니다. 그러나 맹목적으로 스펙을 준비하기보다는 자신이 가고자 하는 진로를 고민하는 것이 더욱 중요합니다. 단순히 대기업, 공무원이 아닌, 내가 평생을 하고 싶은 직업 혹은 직무를 생각합니다. 이 부분이 확실해져야 그에 맞춰 취업준비를 할 수 있기 때문에, 진로에 대한 고민은 반드시 필요한 부분입니다. 조급해하지 않고 먼저 자신의 나아갈 바를 확실히 찾는 것이 성공의 지름길입니다.

또한, 다양한 경험을 해보시기 바랍니다. 많은 대학생들이 그저 남들하는 만큼 경험하고, 남들하는 것을 원합니다. 이러한 한정된 울타리 속에서 속성으로 만들어진 장래희망은 신기루일 뿐입니다. 잡히지 않는 신기루가 아닌, 진정한 오아시스를 찾으려고 노력해야 합니다. 그러기 위해 가장 중요한 것은 다양한 경험을 하는 것입니다. 경험 속에서 세워진 인생의 방향은 반석 위에 지은 집과 같습니다.

진로에 대한 고민과 다양한 경험이 어떻게 보면 뜬구름 잡는 이야기처럼 들릴 수 있을 것입니다. 그러나 단언컨대 이것이 가장 빠른 길입니다. 10개의 돌을 던져 우연히 목표에 1개 맞추지 않고, 처음부터 목표를 주시하여 원샷 원킬하기 때문입니다. 핸드폰만 스마트폰 쓰지 마시고, 취업도 스마트하게 하기를 바랍니다. 미리 앞서 준비한 만큼, 좋은 결과가 있을 것입니다.

우리캐피탈 영업부 - 이요한

꼴등에서 수석졸업까지

전주대학교 음악학과를 졸업하는 이요한입니다. 신정수 교수님 수업 때 많은 학생들이 취업에 성공하고 자신 있게 사는 모습을 보고 너무 부럽기도 하고 자극도 되었습니다. 이렇게 저의 이야기를 책에 내주신다는 교수님께 감사드리고 이 글을 보는 한 사람이라도 자극 받고 변화되길 원합니다.

저는 환경이 어려워서 남들이 학교에 진학할 때 진학하지 못하고 사회에 먼저 첫발을 내딛었습니다. 아르바이트, 인력공사, 음식점 등 안 해본 일 없이 다 해보다가 군대를 대신해서 kcc 금강유리에 산업 기능요원으로 들어갔습니다. 3년의 직장생활을 하면서 많은 회의감에 빠져 들었습니다.

돈은 평생을 벌어야 하는 것이지만 공부는 때가 있는 것이기에 큰 마음을 먹고 스스로 돈을 벌어 학교에 진학하기로 마음먹었습니다. 하루 11시간씩 일하고 처음 받았던 월급이 68만 원이었습니다. 어떻게 보면 일한 노동에 비해 작은 돈이었지만 저에게는 너무나 소중한 돈이었습니다. 그렇게 악착같이 돈을 벌어가며 천만 원을 모았습니다. 그리고 여름휴가 3일을 아껴서 수능과 실기를 봤습니다. 고등학교 때는 제법 공부를 했었는데 5년이란 시간동안 머리를 썩히다 보니 사립 전주대학교에, 그야말로 꼴등으로 들어왔습니다. 그렇게 대학생활 첫걸음을 시작했고 열심히 공부했습니다.

남들과 다른 시작이었지만 첫 학기부터 우수성적으로 장학금을 받았고 4년 동안 열심히 노력해서 천오백만 원 이상의 장학금을 받았습니다. 집안에서 아무도 저를 도와줄 수 없기에 혼자서 바로 설 수밖에 없었습니다. 아무리 힘든 상황이라도 '항상 정신을 똑바로 차리고 눈빛은 흔들리지 않게 정면만 쳐다보자'라는 마음가짐으로 하루하루를 보냈습니다.

4학년이 되고서 취업을 준비하기 시작했습니다. 음악학과라는 과 특성에 취업이라는 것에 둔감해서 준비가 늦었습니다. 1월부터 취업 준비를 시작했고 영어를 공부하기 시작했습니다. 20살이 지나고부터 8년간 누구보다 치열하게 열심히 살아왔지만 너무나 준비가 부족했고 과연 할 수 있을까 두려웠습니다. 하지만 시간을 길게 보고 하나씩 차근차근 해갔습니다. 컴퓨터 자격증을 따기 위해 수업시간을 효율적으로 분할해서 수업 중간중간 학원을 다녔습니다. 방과 후에는 토익 사관학교를 통해 토익 점수를 차근차근 올렸습니다. 취업반과 토익반에서 음악과 학생은 유일하게 저뿐이었습니다. 제 전공은 피아노입니다. 전공을 물어볼 때 창피하기도 했지만 취업을 위해서 묵묵히 참석해서 금융반에 앉아 자리를 지키며 누구보다 열심히 공부했습니다. 그런 성실함 때문에 지금 이 글을 쓰고 있는 것 같습니다.

회사를 선택한 이유

저의 꿈은 어릴 적부터 평범한 회사원이었습니다. 남들이 보면 웃길지 모르지만 예술고등학교, 예술대학을 다니는 저로써는 그 삶이 정말 부러웠습니다. 방에 앉자마자 피아노만 치던 저로써는 그런 평범한 회사원이 꿈이었던 것입니다. 전 기획과 관리파트가 저의 적성에 맞는 부분이라 생각합니다. 하지만 저의 전공으로는 영업밖에 쓸 수 있는 곳이 없었습니다. 보험회사, 제약회사, 일반 유통업은 물론 그 곳에서도 열심히 하는 사람이 있지만 처음부터 너무 모르는 부분이 많은 곳에서 시작하기는 두려웠고 마음을 다치는 일이 많다고 들었습니다. 지인 분께서 하신 말씀이 있었습니다. '너무 성급해 하지 마. 분명 너에게 맞는 회사가 있다. 천천히 포기하기 말고 해봐' 저에게 큰 위안이 되었습니다. 그렇게 준비한 결과 좋은 기회가 있어 이렇게 취업을 하게 된 것 같습니다.

자기소개서 작성 포인트

회식자리에서 지점장님께서 해주신 말씀이었습니다. '요한이는 이력서 전체를 꽉 채우며 성실하게 대답해 줬다. 회사에서 필요한 것을 말해 주었고 고민해 주었다.'

자기소개서는 자신의 잘난 부분을 쓰지 말고 그 회사를 위해 준비한 것, 노력해온 것, 회사를 위해 해줄 수 있는 것, 미래성을 고민하고 분석하여 쓰는 것이 중요한 것 같습니다. 남들 다 아는 이야기보다는 한 가지 아이템을 생각해 말한다면 깊게 좋은 인상을 주지 않을까 생각합니다.

그러나 무엇보다도 교수님을 만난 것이 인생의 큰 기회를 얻을 수 있는 기회였다는 생각을 했습니다. 사람은 돈으로 만날 수도, 살 수도 없습니다. 인연이 있어야만 만날 수 있다고 생각합니다.

마지막 학기 취업을 위해 달릴 때 교수님과의 만남에 너무나 감사드립니다. 교수님 강의를 통해 많은 것을 깨우쳤고, 도움을 많이 받았습니다.

맥킨지식 3단 프레임워크를 활용해서 작성한 자기소개서는 예전에 편지글로 썼던 자기소개서와는 전혀 다른 느낌을 주었으며, 읽는 회사 관계자들에게 짧은 시간에 저의 역량과 가치를 전달할 수 있었다고 생각합니다.

면접 시 질문과 답변

면접의 시작은 용모와 첫 인상입니다. 저는 영업부분을 지원했기 때문에 깔끔함과 편안한 대화를 중점으로 준비했습니다.

- 자기소개 부탁합니다
저의 매력과 어필할 수 있는 부분을 작은 비유를 통해 대답했습니다.
- 지원 동기
저의 가능성과 회사에 필요한 인재라는 것을 어필해서 대답했습니다.
- 기본적인 질문들
평상시에 많이 생각했던 부분들을 준비하면서 조사했던 것들을 토대로 대답했습니다.

지방대학이지만 성공할 수 있었던 이유

지방대학이라도 자신이 열심히 준비하고 노력한 만큼 나아갈 수 있는 것 같습니다. 스펙은 성적과 라이센스뿐 아니라 자기가 살아온 삶 또한 훌륭한 스펙입니다. 어떻게 살아왔는지 어떤 마음가짐으로 살아왔는지가 중요합니다. 학교 홈페이지를 매일같이 접속하며 내가 참석할 수 있는 것이 무엇이 있는지, 내가 받을 수 있는 장학금은 무엇이 있는지 좋은 프로그램들을 리서치하며 항상 관심을 가지고 참여하였습니다. 그것이 쌓이다보니 학교에서도 인정받게 되고 좋은 관계를 맺게 되며 도움 또한 받게 되었습니다. 그 시작은 학교가 중요한 것이 아니라 자신의 마음가짐과 하루를 살아가도 최선을 다하는 것이 중요하다고 생각하고 저 또한 부끄럽지만 그렇게 살았습니다.

앞으로 포부

아직 회사생활에 적응하는 단계라 포부라고 하기는 우습지만 계획은 세웠습니다. 아무런 계획 없이 살아간다면 나이는 들고 아무것도 남지 않을 것 같아서 10년의 플랜을 짜서 차근히 준비하려 합니다. 제 삶의 비전은 도전을 주는 삶을 사는 것입니다. 많은 후배들이 제 삶을 통해 도전받고 할 수 있다는 꿈을 갖는 것, 그런 삶을 사는 것이 저의 포부이자 실행계획입니다.

후배들이 취업을 위해 어떻게 생각해야 하고, 무슨 준비를 해야 그런 회사에 입사할 수 있는지

우선 가장 하고 싶은 것이 무엇인지 결정하는 것이 중요합니다. 남들이 다 하는 대기업 취업도 중요하지만 자신이 잘할 수 있는 것을 찾는 것이 우선이라 생각합니다. 조금 돌아가더라도 늦더라도 하나씩 준비해가며 그 회사에서 필요로 하는 것이 무엇인지 인지하는 것이 중요합니다. 스펙은 누구다 다 가지고 있습니다. 그 중에 살아 남는 건 좋은 자기소개서와 남들이 생각하지 못하는 것을 생각하는 것, 그리고 매순간 삶을 열심히 사는 것, 이런 기본적인 것이 바탕이 된다면 기회가 주어졌을 때 그 기회를 잡을 수 있다고 생각합니다.

당부하고 싶은 말들

한순간에 절대 흔들리지 마십시오. 분명 취업은 너무나 힘든 길입니다. 하지만 혹여 조금 늦더라도 좌절하지 말고 자신을 의심하지 않았으면 합니다. 나를 믿지 못하면 다른 사람도 나를 믿지 못하기 때문입니다. 취업을 준비하는 후배님들 차분하게 오늘의 삶에 최선을 다했으면 합니다. 그럼 분명 좋은 결과가 있을 것으로 생각합니다. 여러분의 성공을 기원합니다.

ING생명 FC - 김용희

목표 수립

저는 대학교 때부터 직종과 직업에 대한 목표를 세우고 준비를 해왔습니다. 미국 등 금융 선진국에서 하는 재무상담 서비스를 제공하는 것이었습니다. 시간이 갈수록 종합금융서비스가 발달을 하고 있기 때문에 미국에서 나온 재무설계와 관련된 다양한 서적을 접하고, 신문기사들이나 한국 재무관리사들의 상담 수기들을 읽어보며 어떻게 우리의 삶에 재무설계를 적용할 수 있을지 장기간 연구했습니다. 그리고 공부를 하면 할수록 이것이 맞는 방향이라는 확신을 가질 수 있게 되었습니다. 현재 고객들을, 특히 젊은 고객들을 상대할수록 제가 준비했던 방향에 대한 확신을 가질 수 있게 되었습니다.

목표 수립을 위한 노력

관련 자격증들을 공부하고, 이런 업종이 있는 기업에 도전하기 위해 토익 준비를 했습니다. 공부는 병행하지 않고 따로 했습니다. 자격증 취득 후 영어공부였습니다. 지나간 시간은 되돌아오지 않기 때문에 자격증은 한 번에 무조건 붙는다는 생각으로 공부했습니다. 어럽게 나올 수도 있기 때문에 공부할 때 스스로와 타협을 하면 안 되는 것 같습니다. 영어공부는 시간을 들이더라도 가장 효과적인 학습법에 대해 연구해본 후 공부하는게 좋다고 생각합니다. 목표는 점수이기 때문입니다. 공부할 때, 특히 자격증 공부할 때는 잠자는 5~6시간을 빼고는 계속 공부만 했던 것 같습니다. 그 외에 정말 중요한 게 취업환경과 관련된 공부를 따로 해야 한다는 것입니다. 아무리 아름다운 보석도 빛없는 골방에선 진가를 발휘하기가 힘들듯이 우리의 진가를 보여주기 위한 환경조성도 스스로 해야 한다고 봅니다. 스터디 그룹을 만들고, 취업관련 특강을 들어서 선배들이 겪었던 시행착오를 최대한 줄이는 노력이 병행돼야 할 것입니다.

회사 선택

ING에서 일하게 된 것은 우연이었습니다. 인크루트에 올라온 이력서를 보고 지금 부지점장님께서 연락을 주셨습니다. 저와 생각하는 방향, 비전 등이 일치해서 이 분과 같이 일하고 싶다는 생각이 강하게 들었습니다. 그 자리에서 입사를 결정했습니다. 사실 현대 시대에서 회사의 상호는 중요한 요소가 아니라고 봅니다. 내가 무슨 일을 어떻게 할 수 있는지를 정확하게 파악하고 내가 일하는 곳이 이러한 나의 강점을 얼마나 잘 지원해줄 수 있느냐가 성공의 열쇠라고 생각합니다.

자기소개서 작성법

처음 자기소개서를 쓸 때는 저에 대해 알리기 위해 많은 시간을 들인 것 같았습니다. 누군가와 자기소개서에 대해 공개적인 대화를 나눈 적도 없었습니다. 아마도 스스로 만족스러운 자기소개서를 쓰고 있었던 것 같습니다. 하지만 취업교육을 들으며 기업이 원하는 것은 짧은 시간 안에 얼마나 그 조직과 잘 어울릴 수 있는 사람인지 어필하는 것이 자기소개서라는 사실을 깨달았습니다. 그래서 제가 실제로 취업을 하면 어떤 일을 어떻게 할 수 있고 어떠한 비전을 가지고 열정적으로 일할 수 있는지에 초점을 맞추었습니다. 물론 그 과정에서 기업 특유의 기업문화를 알기 위해 각 기업을 방문해서 설문조사하는 과정을 빼먹지 않았습니다. 열심히 조사하고 공들인 기업일수록 자기소개서 통과 확률이 높았습니다.

면접 시

솔직히 보험회사 면접은 그렇게 어렵지 않다고 생각합니다. 성과가 정말 중요한 조직체이기 때문인 듯합니다. 증권사나 은행 면접을 준비할 때는 스터디 그룹을 종종 이용했습니다. 좋은 점은 스스로 나태해지지 않고 긴장감을 유지할 수 있다는 것이었습니다. 저는 긴장하는 성격이 아니라서 면접이 특별히 어렵게 느껴지진 않았습니다. 단, 흔히들 알고 있는 매뉴얼적인 것은 안하는 것보다는 하는 것이 좋은 듯합니다. 특이한 점을 보여주는 것도 좋지만, 대부분의 지원자들이 자신의 특징에 대해 심각하게 고민해 본 적이 별로 없어 보였기 때문입니다. 자신의 개성을 보여주는 것은 긴 면접 시간 중 한두 번 정도면 충분하다고 생각합니다. 눈에 거슬리거나 면접 그룹의 분위기를 흐트러뜨리는 건 그다지 좋아보이지 않았습니다.

현재 일의 만족도

현재 일의 만족도는 매우 높습니다. 소득도 또래들에 비해 높은 편이고 다양한 고객들을 만나고 그들과 신뢰관계를 쌓으며 단기간에 튼튼한 사회적 인프라를 구축할 수 있다는 장점이 있습니다. 그리고 술과 담배도 필요 없다는 점, 불필요한 회식이나 직장 내 마찰이 거의 없다는 점, 개인의 창의성을 얼마든지 고객상담에 활용할 수 있다는 점 등이 정말 만족스러운 점이라고 생각합니다. 타 직업군과 달리 정년도 없기 때문에 시간이 지날수록 내 삶이 튼튼해지는 느낌을 받을 수 있습니다. 40세 전후에 퇴직당해서 할 것이 없는 미래를 걱정하는 다른 직업군에 비해 훨씬 안정적이라고 생각합니다.

미래의 포부

저의 미래 포부는 돈이라는 요소가 인류 공동선을 위해 가장 효율적인 방법으로 사용되는 것입니다. 우리의 꿈을 이루기 위해 돈을 활용할 수 있는 삶을 살게 만드는 것이 저와 같은 재무상담사가 하는 일이고, 사람들이 이러한 삶을 통해 삶의 여유를 되찾고, 주변을 돌아봄으로써 사람이라면 누구나 누려야 할 권리를 박탈당한 사람들에게 그들의 권리를 되찾아주려 노력하는 사회를 구축하는 것이 궁극적인 목표입니다. 세상을 변화시키는 근본적인 힘을 가장 천박한 물질이라 여겨지는 돈의 시장, 즉 금융시장에서 발생시켜보고자 합니다.

후배들에게 취업을 위한 조언

생명보험사에서 일하기 위해서는 사례 연구가 가장 중요하다고 생각합니다. 책을 읽어보고 매뉴얼적인 이야기를 보는 것이 아니라 주변에서 보험에 대해 생각하는 의견, 피해 사례, 불만인 점들에 귀기울여 봤으면 합니다. 우리는 자신이 다른 보험사 직원과 다르다고 생각하기 쉽지만 똑같은 교육시스템에 똑같은 영업환경에서 결국엔 똑같은 실수를 반복할 수밖에 없다는 것이 제 의견입니다. 고객의 소리에 귀를 기울이고 그러한 사람이 되지 않도록 노력하는 자세가 가장 필요합니다. 이러한 스토리가 경험이 되었을 때 진정 차별화되는 도덕성과 전문성을 겸비한 전문가가 될 수 있다고 생각합니다.

가림출판사 · 가림 M & B · 가림 Let's에서 나온 책들

4×6배판 변형 | 204쪽 | 13,000원
아름다운 몸, 건강한 몸을 위한 목욕 건강 30분
임하성 지음 | 대국전판 | 176쪽 | 9,500원
내가 만드는 한방생주스 60
김영섭 지음 | 국판 | 112쪽 | 7,000원
건강도 키우고 성적도 올리는 자녀 건강
김진돈 지음 신국판 | 304쪽 | 12,000원
알기 쉬운 간질환 119
이관식 지음 | 신국판 | 264쪽 | 11,000원
밥으로 병을 고친다
허봉수 지음 | 대국전판 | 352쪽 | 13,500원
알기 쉬운 신장병 119
김형규 지음 | 신국판 | 240쪽 | 10,000원
마음의 감기 치료법 우울증 119
이민수 지음 | 대국전판 | 232쪽 | 9,800원
관절염 119
송영욱 지음 | 대국전판 | 224쪽 | 9,800원
내 딸을 위한 미성년 클리닉
강병문 · 이향아 · 최정원 지음 | 국판
148쪽 | 8,000원
암을 다스리는 기적의 치유법
케이 세이헤이 감수 | 카와키 나리카즈 지음
민병주 옮김 | 신국판 | 256쪽 | 9,000원
스트레스 다스리기
대한불안장애학회
스트레스관리연구특별위원회 지음
신국판 | 304쪽 | 12,000원
천연 식초 건강법
건강식품연구회 엮음
신재용(해성한의원 원장) 감수
신국판 | 252쪽 | 9,000원
암에 대한 모든 것
서울아산병원 암센터 지음
신국판 | 360쪽 | 13,000원
알록달록 컬러 다이어트
이승남 지음 | 국판 | 248쪽 | 10,000원
불임부부의 희망 당신도 부모가 될 수 있다
정병준 지음 | 신국판 | 268쪽 | 9,500원
키 10cm 더 크는 키네스 성장법
김양수 · 이종균 · 최형규 · 표재환 · 김문희 지음
대국전판 | 312쪽 | 12,000원
당뇨병 백과
이현철 · 송영득 · 안철우 지음
4×6배판 변형 | 396쪽 | 16,000원
호흡기 클리닉 119
박성학 지음 | 신국판 | 256쪽 | 10,000원
키 쑥쑥 크는 롱다리 만들기
롱다리 성장클리닉 원장단 지음
대국전판 | 256쪽 | 11,000원
내 몸을 살리는 건강식품
백은희 지음 | 신국판 | 384쪽 | 12,000원
내 몸에 맞는 운동과 건강
하철수 지음 | 신국판 | 264쪽 | 11,000원
알기 쉬운 척추 질환 119
김수연 지음 | 신국판 변형 | 240쪽 | 11,000원
베스트 닥터 박승정 교수팀의 심장병 예방과 치료
박승정 외 5인 지음 | 신국판 | 264쪽 | 10,500원
암 전이 재발을 막아주는 한방 신치료 전략
조종관 · 유화승 지음 | 신국판 | 308쪽 | 12,000원
식탁 위의 위대한 혁명 사계절 웰빙 식품
김진돈 지음 | 신국판 | 284쪽 | 12,000원
우리 가족 건강을 위한 신종플루 대처법

우준희 · 김태형 · 정진원 지음
신국판 변형 | 172쪽 | 8,500원
스트레스가 내 몸을 살린다
대한불안의학회 스트레스관리특별위원회 지음
신국판 | 296쪽 | 13,000원
수술하지 않고도 나도 예뻐질 수 있다
김경모 지음 | 신국판 | 144쪽 | 9,000원

교 육

우리 교육의 창조적 백색혁명
원상기 지음 | 신국판 | 206쪽 | 6,000원
현대생활과 체육
조창남 외 5명 공저 | 신국판 | 340쪽 | 10,000원
퍼펙트 MBA
IAE유학네트 지음 | 신국판 | 400쪽 | 12,000원
유학길라잡이 I - 미국편
IAE유학네트 지음 | 4×6배판 372쪽 | 13,900원
유학길라잡이 II - 4개국편
IAE유학네트 지음 | 4×6배판 | 348쪽 | 13,900원
조기유학길라잡이.com
IAE유학네트 지음 | 4×6배판 | 428쪽 | 15,000원
현대인의 건강생활
박상호 외 5명 공저 | 4×6배판 | 268쪽 | 15,000원
천재아이로 키우는 두뇌훈련
나카마츠 요시로 지음 | 민병수 옮김
국판 | 288쪽 | 9,500원
두뇌혁명
나카마츠 요시로 지음 | 민병수 옮김
4×6판 양장본 | 288쪽 | 12,000원
테마별 고사성어로 익히는 한자
김경익 지음 | 4×6배판 변형 | 248쪽 | 9,800원
生생공부비법
이은승 지음 | 대국전판 | 272쪽 | 9,500원
자녀를 성공시키는 습관만들기
배은경 지음 | 대국전판 | 232쪽 | 9,500원
한자능력검정시험 1급
한자능력검정시험연구위원회 편저
4×6배판 | 568쪽 | 21,000원
한자능력검정시험 2급
한자능력검정시험연구위원회 편저
4×6배판 | 472쪽 | 18,000원
한자능력검정시험 3급(3급II)
한자능력검정시험연구위원회 편저
4×6배판 | 440쪽 | 17,000원
한자능력검정시험 4급(4급II)
한자능력검정시험연구위원회 편저
4×6배판 | 352쪽 | 15,000원
한자능력검정시험 5급
한자능력검정시험연구위원회 편저
4×6배판 | 264쪽 | 11,000원
한자능력검정시험 6급
한자능력검정시험연구위원회 편저
4×6배판 | 168쪽 | 8,500원
한자능력검정시험 7급
한자능력검정시험연구위원회 편저
4×6배판 | 152쪽 | 7,000원
한자능력검정시험 8급
한자능력검정시험연구위원회 편저
4×6배판 | 112쪽 | 6,000원
볼링의 이론과 실기
이택상 지음 | 신국판 | 192쪽 | 9,000원

고사성어로 끝내는 천자문
조준상 글 · 그림 | 4×6배판 | 216쪽 | 12,000원
내 아이 스타 만들기
김민성 지음 | 신국판 | 200쪽 | 9,000원
교육 1번지 강남 엄마들의 수험생 자녀 관리
황송주 지음 | 신국판 | 288쪽 | 9,500원
초등학생이 꼭 알아야 할 위대한 역사 상식
우진영 · 이양경 지음 | 4×6배판변형
228쪽 | 9,500원
초등학생이 꼭 알아야 할 행복한 경제 상식
우진영 · 전선심 지음 | 4×6배판변형
224쪽 | 9,500원
초등학생이 꼭 알아야 할 재미있는 과학상식
우진영 · 정경희 지음 | 4×6배판변형
220쪽 | 9,500원
한자능력검정시험 3급 · 3급II
한자능력검정시험연구위원회 편저
4×6판 | 380쪽 | 7,500원
교과서 속에 꼭꼭 숨어있는 이색박물관 체험
이신화 지음 | 4×6배판 | 248쪽 | 12,000원
초등학생 독서 논술(저학년)
책마루 독서교육연구회 지음 | 4×6배판 변형
244쪽 | 14,000원
초등학생 독서 논술(고학년)
책마루 독서교육연구회 지음 | 4×6배판 변형
236쪽 | 14,000원
놀면서 배우는 경제
김솔 지음 | 대국전판 | 196쪽 | 10,000원
건강생활과 레저스포츠 즐기기
강선회 외 11명 공저 | 4×6배판 | 324쪽 | 18,000원
아이의 미래를 바꿔주는 좋은 습관
배은경 지음 | 신국판 | 216쪽 | 9,500원
다중지능 아이의 미래를 바꾼다
이소영 외 6인 지음 | 신국판 | 232쪽 | 11,000원
체육학 자연과학 및 사회과학 분야의 석 · 박 사 학위 논문, 학술진흥재단 등재지, 등재후보지와 관련된 학회지 논문 작성법
하철수 · 김봉경 지음 | 신국판 | 336쪽 | 15,000원
공부가 제일 쉬운 공부 달인 되기
이은승 지음 | 신국판 | 256쪽 | 10,000원
글로벌 리더가 되려면 영어부터 정복하라
서재희 지음 | 신국판 | 276쪽 | 11,500원
중국현대30년사
정재일 지음 | 신국판 | 364쪽 | 20,000원
생활호신술 및 성폭력의 유형과 예방
신현무 지음 | 신국판 | 228쪽 | 13,000원
글로벌 리더가 되는 최강 속독법
권혁천 지음 | 신국판 변형 | 336쪽 | 15,000원
디지털 시대의 여가 및 레크리에이션
박세혁 지음 | 4×6배판 양장 | 404쪽 | 30,000원

취미 · 실용

김진국과 같이 배우는 와인의 세계
김진국 지음 | 국배판 변형양장본(올 컬러판)
208쪽 | 30,000원
배스낚시 테크닉
이종건 지음 | 4×6배판 | 440쪽 | 20,000원
나도 디지털 전문가 될 수 있다!!!
이승훈 지음 | 4×6배판 | 320쪽 | 19,200원
건강하고 아름다운 동양란 기르기

난마을 지음 | 4×6배판 변형 | 184쪽 | 12,000원
애완견114
황양원 엮음 | 4×6배판 변형 | 228쪽 | 13,000원

경제 · 경영

CEO가 될 수 있는 성공법칙 101가지
김승룡 편역 | 신국판 | 320쪽 | 9,500원
정보소프트
김승룡 지음 | 신국판 | 324쪽 | 6,000원
기획대사전
다카하시 겐코 지음 | 홍영의 옮김
신국판 | 552쪽 | 19,500원
맨손창업 · 맞춤창업 BEST 74
양혜숙 지음 | 신국판 | 416쪽 | 12,000원
무자본, 무점포 창업!FAX 한 대면 성공한다
다카시로 고시 지음 | 홍영의 옮김
신국판 | 226쪽 | 7,500원
성공하는 기업의 인간경영
중소기업 노무 연구회 편저 | 홍영의 옮김
신국판 | 368쪽 | 11,000원
21세기 IT가 세계를 지배한다
김광희 지음 | 신국판 | 380쪽 | 12,000원
경제기사로 부자아빠 만들기
김기태 · 신현태 · 박근수 공저 | 신국판
388쪽 | 12,000원
포스트 PC의 주역 정보가전과 무선인터넷
김광희 지음 | 신국판 | 356쪽 | 12,000원
성공하는 사람들의 마케팅 바이블
채수명 지음 | 신국판 | 328쪽 | 12,000원
느린 비즈니스로 돌아가라
사카모토 게이이치 지음 | 정성호 옮김
신국판 | 276쪽 | 9,000원
적은 돈으로 큰돈 벌 수 있는 부동산 재테크
이원재 지음 | 신국판 | 340쪽 | 12,000원
바이오혁명
이주영 지음 | 신국판 | 328쪽 | 12,000원
성공하는 사람들의 자기혁신 경영기술
채수명 지음 | 신국판 | 344쪽 | 12,000원
CFO
교ель 토요오 · 타하라 오키시 지음
민병수 옮김 | 신국판 | 312쪽 | 12,000원
네트워크시대 네트워크마케팅
임동학 지음 | 신국판 | 376쪽 | 12,000원
성공리더의 7가지 조건
다이앤 트레이시 · 윌리엄 모건 지음
지창영 옮김 | 신국판 | 360쪽 | 13,000원
김종결의 성공창업
김종결 지음 | 신국판 | 340쪽 | 12,000원
최적의 타이밍에 내 집 마련하는 기술
이원재 지음 | 신국판 | 248쪽 | 10,500원
컨설팅 세일즈 Consulting sales
임동학 지음 | 대국전판 | 336쪽 | 13,000원
연봉 10억 만들기
김농주 지음 | 신국판 | 216쪽 | 10,000원
주5일제 근무에 따른 한국형 주말창업
최효진 지음 | 신국판 변형 양장본
216쪽 | 10,000원
돈 되는 땅 돈 안되는 땅
김영준 지음 | 신국판 | 320쪽 | 13,000원
돈 버는 회사로 만들 수 있는 109가지
다카하시 도시노리 지음 | 민병수 옮김

신국판 | 344쪽 | 13,000원
프로는 디테일에 강하다
김미현 지음 | 신국판 | 248쪽 | 9,000원
머니투데이 송복규 기자의
부동산으로 주머니돈 100배 만들기
송복규 지음 | 신국판 | 328쪽 | 13,000원
성공하는 슈퍼마켓&편의점 창업
나명환 지음 | 4×6배판 변형 | 500쪽 | 28,000원
대한민국 성공 재테크 부동산 펀드와 리츠로
승부하라
김영준 지음 | 신국판 | 256쪽 | 12,000원
마일리지 200% 활용하기
박성희 지음 | 국판 변형 | 200쪽 | 8,000원
1%의 가능성에 도전, 성공 신화를 이룬 여성
CEO
김미현 지음 | 신국판 | 248쪽 | 9,500원
3천만 원으로 부동산 재벌 되기
최수길 · 이숙 · 조연희 지음
신국판 | 290쪽 | 12,000원
10년을 앞설 수 있는 재테크
노동규 지음 | 신국판 | 260쪽 | 10,000원
세계 최강을 추구하는 도요타 방식
나카야마 키요타카 지음 | 민병수 옮김
신국판 | 296쪽 | 12,000원
최고의 설득을 이끌어내는 프레젠테이션
조두환 지음 | 신국판 | 296쪽 | 11,000원
최고의 만족을 이끌어내는 창의적 협상
조강희 · 조원희 지음 | 신국판 | 248쪽 | 10,000원
New 세일즈 기법 물건을 팔지 말고 가치를
팔아라
조기선 지음 | 신국판 | 264쪽 | 9,500원
작은 회사는 전략이 달라야 산다
황문진 지음 | 신국판 | 312쪽 | 11,000원
돈되는 슈퍼마켓 & 편의점 창업전략(입지편)
나명환 지음 | 신국판 | 352쪽 | 13,000원
25 · 35 꼼꼼 여성 재테크
정원훈 지음 | 신국판 | 224쪽 | 11,000원
대한민국 2030 독특하게 창업하라
이상헌 · 이호 지음 | 신국판 | 288쪽 | 12,000원
왕초보 주택 경매로 돈 벌기
천관성 지음 | 신국판 | 268쪽 | 12,000원
New 마케팅 기법 《실전편》 물건을 팔지 말
고 가치를 팔아라 2
조기선 지음 | 신국판 | 240쪽 | 10,000원
퇴출 두려워 마라 홀로서기에 도전하라
신정수 지음 | 신국판 | 256쪽 | 11,500원
슈퍼마켓 & 편의점 창업 바이블
나명환 지음 | 신국판 | 280쪽 | 12,000원
위기의 한국 기업 재창조하라
신정수 지음 | 신국판 양장본 | 304쪽 | 15,000원
취업닥터
신정수 지음 | 신국판 | 272쪽 | 13,000원
합법적으로 확실하게 세금 줄이는 방법
최성호 · 김기근 지음 | 대국전판 | 372쪽 | 16,000원
선거수첩
김용한 지음 | 4×6판 | 184쪽 | 9,000원
소상공인 마케팅 실전 노하우
(사)한국소상공인마케팅협회 지음 | 황문진 감수
4×6배판 변형 | 22,000원
불황을 완벽하게 타개하는 법칙
오오카와 류우호오 지음 | 김지현 옮김
신국판변형 | 240쪽 | 11,000원
한국 이명박 대통령의 영적 메시지

오오카와 류우호오 지음 | 박재영 옮김
4×6판 | 140쪽 | 7,500원
세계 황제를 노리는 남자 시진핑의 본심에 다
가서다
오오카와 류우호오 지음 | 안미현 옮김
4×6판 | 144쪽 | 7,500원
북한 종말의 시작 영적 진실의 충격
오오카와 류우호오 지음 | 박재영 옮김
4×6판 | 194쪽 | 8,000원
러시아의 신임 대통령 푸틴과 제국의 미래
오오카와 류우호오 지음 | 안미현 옮김
4×6판 | 150쪽 | 7,500원

주 식

개미군단 대박맞이 주식투자
홍성걸(한양증권 투자분석팀 팀장) 지음
신국판 | 310쪽 | 9,500원
알고 하자! 돈 되는 주식투자
이길녕 외 2명 공저 | 신국판 | 388쪽 | 12,500원
항상 당하기만 하는 개미들의 매도 · 매수타
이밍 999% 적중 노하우
강경무 지음 | 신국판 | 336쪽 | 12,000원
부자 만들기 주식성공클리닉
이창희 지음 | 신국판 | 372쪽 | 11,500원
선물 · 옵션 이론과 실전매매
이창희 지음 | 신국판 | 372쪽 | 12,000원
너무나 쉬워 재미있는 주가차트
홍성무 지음 | 4×6배판 | 216쪽 | 15,000원
주식투자 직접 투자로 높은 수익을 올릴 수
있는 비결
김학균 지음 | 신국판 | 230쪽 | 11,000원
억대 연봉 증권맨이 말하는 슈퍼 개미의 수익
나는 원리
임정규 지음 | 신국판 | 248쪽 | 12,500원

역 학

역리종합 만세력
정도명 편저 | 신국판 | 532쪽 | 10,500원
작명대전
정보국 지음 | 신국판 | 460쪽 | 12,000원
하락이수 해설
이천교 편저 | 신국판 | 620쪽 | 27,000원
현대인의 창조적 관상과 수상
백운산 지음 | 신국판 | 344쪽 | 9,000원
대운용신영부적
정재원 지음 | 신국판 양장본 | 750쪽 | 39,000원
사주비결활용법
이세진 지음 | 신국판 | 392쪽 | 12,000원
컴퓨터세대를 위한 新 성명학대전
박용찬 지음 | 신국판 | 388쪽 | 11,000원
길흉화복 꿈풀이 비법
백운산 지음 | 신국판 | 410쪽 | 12,000원
새천년 작명컨설팅
정재원 지음 | 신국판 | 492쪽 | 13,900원
백운산의 신세대 궁합
백운산 지음 | 신국판 | 304쪽 | 9,500원
동자삼 작명학
남시모 지음 | 신국판 | 496쪽 | 15,000원
소울음소리

이건우 지음 | 신국판 | 314쪽 | 10,000원

알기 쉬운 명리학 총론
고순택 지음 | 신국판 양장본 | 652쪽 | 35,000원

법률일반

여성을 위한 성범죄 법률상식
조명원(변호사) 지음 | 신국판 | 248쪽 | 8,000원

아파트 난방비 75% 절감방법
고영근 지음 | 신국판 | 238쪽 | 8,000원

일반인이 꼭 알아야 할 절세전략 173선
최성호(공인회계사) 지음 | 신국판
392쪽 | 12,000원

변호사와 함께하는 부동산 경매
최환주(변호사) 지음 | 신국판 | 404쪽 | 13,000원

혼자서 쉽고 빠르게 할 수 있는 소액재판
김재용 · 김종철 공저 | 신국판 | 312쪽 | 9,500원

술 한 잔 사줬다는 말에서 찾아보는 채권 · 채무
변환철(변호사) 지음 | 신국판 | 408쪽 | 13,000원

알기쉬운 부동산 세무 길라잡이
이건우(세무사 재산계장) 지음 | 신국판
400쪽 | 13,000원

알기쉬운 어음, 수표 길라잡이
변환철(변호사) 지음 | 신국판 | 328쪽 | 11,000원

제조물책임법
강동근(변호사) · 윤종성(검사) 공저
신국판 | 368쪽 | 16,000원

알기 쉬운 주5일근무에 따른 임금 · 연봉제 실무
문강분(공인노무사) 지음 | 4×6배판 변형
544쪽 | 35,000원

변호사 없이 당당히 이길 수 있는 형사소송
김대환 지음 | 신국판 | 304쪽 | 13,000원

변호사 없이 당당히 이길 수 있는 민사소송
김대환 지음 | 신국판 | 412쪽 | 14,500원

혼자서 해결할 수 있는 교통사고 Q&A
조명원(변호사) 지음 | 신국판 | 336쪽 | 12,000원

알기 쉬운 개인회생 · 파산 신청법
최재구(법무사) 지음 | 신국판 | 352쪽 | 13,000원

부동산 조세론
정태식 · 김예기 지음 | 4×6배판 변형
408쪽 | 33,000원

생활법률

부동산 생활법률의 기본지식
대한법률연구회 지음 | 김원중(변호사) 감수
신국판 | 480쪽 | 12,000원

고소장 · 내용증명 생활법률의 기본지식
하태웅(변호사) 지음 | 신국판 | 440쪽 | 12,000원

노동 관련 생활법률의 기본지식
남동희(공인노무사) 지음
신국판 | 528쪽 | 14,000원

외국인 근로자 생활법률의 기본지식
남동희(공인노무사) 지음
신국판 | 400쪽 | 12,000원

계약작성 생활법률의 기본지식
이상도(변호사) 지음 | 신국판 | 560쪽 | 14,500원

지적재산 생활법률의 기본지식
이상도(변호사) · 조의제(변리사) 공저
신국판 | 496쪽 | 14,000원

부당노동행위와 부당해고 생활법률의 기본지식
박영수(공인노무사) 지음 | 신국판
432쪽 | 14,000원

주택 · 상가임대차 생활법률의 기본지식
김운용(변호사) 지음 | 신국판 | 480쪽 | 14,000원

하도급거래 생활법률의 기본지식
김진흥(변호사) 지음 | 신국판 | 440쪽 | 14,000원

이혼소송과 재산분할 생활법률의 기본지식
박동섭(변호사) 지음 | 신국판 | 460쪽 | 14,000원

부동산등기 생활법률의 기본지식
정상태(법무사) 지음 | 신국판 | 456쪽 | 14,000원

기업경영 생활법률의 기본지식
안동섭(단국대 교수) 지음 | 신국판
466쪽 | 14,000원

교통사고 생활법률의 기본지식
박정무(변호사) · 전병찬 공저 | 신국판
480쪽 | 14,000원

소송서식 생활법률의 기본지식
김대환 지음 | 신국판 | 480쪽 | 14,000원

호적 · 가사소송 생활법률의 기본지식
정주수(법무사) 지음 | 신국판 | 516쪽 | 14,000원

상속과 세금 생활법률의 기본지식
박동섭(변호사) 지음 | 신국판 | 480쪽 | 14,000원

담보 · 보증 생활법률의 기본지식
류창호(법학박사) 지음 | 신국판 | 436쪽 | 14,000원

소비자보호 생활법률의 기본지식
김성천(법학박사) 지음 | 신국판 | 504쪽 | 15,000원

판결 · 공정증서 생활법률의 기본지식
정상태(법무사) 지음 | 신국판 | 312쪽 | 13,000원

산업재해보상보험 생활법률의 기본지식
정유석(공인노무사) 지음 | 신국판
384쪽 | 14,000원

명 상

명상으로 얻는 깨달음
달라이 라마 지음 | 지창영 옮김
국판 | 320쪽 | 9,000원

처 세

성공적인 삶을 추구하는 여성들에게 우먼파워
조안 커너 · 모이라 레이너 공저 | 지창영 옮김
신국판 | 352쪽 | 8,800원

聽 이익이 되는 말 話 손해가 되는 말
우메시마 미요지 지음 | 정성호 옮김
신국판 | 304쪽 | 9,000원

성공하는 사람들의 화술테크닉
민영욱 지음 | 신국판 | 320쪽 | 9,500원

부자들의 생활습관 가난한 사람들의 생활습관
다케우치 야스오 지음 | 홍영의 옮김
신국판 | 320쪽 | 9,800원

코끼리 귀를 당긴 원숭이-히딩크식 창의력을 배우자
강충인 지음 | 신국판 | 208쪽 | 8,500원

성공하려면 유머와 위트로 무장하라
민영욱 지음 | 신국판 | 292쪽 | 9,500원

등소평의 오뚝이전략
조창남 편저 | 신국판 | 304쪽 | 9,500원

노무현 화술과 화법을 통한 이미지 변화

이현정 지음 신국판 | 320쪽 | 10,000원

성공하는 사람들의 토론의 법칙
민영욱 지음 | 신국판 | 280쪽 | 9,500원

사람은 칭찬을 먹고산다
민영욱 지음 | 신국판 | 268쪽 | 9,500원

사과의 기술
김농주 지음 | 국판 변형 양장본 | 200쪽 | 10,000원

취업 경쟁력을 높여라
김농주 지음 | 신국판 | 280쪽 | 12,000원

유비쿼터스시대의 블루오션 전략
최양진 지음 | 신국판 | 248쪽 | 10,000원

나만의 블루오션 전략 - 화술편
민영욱 지음 | 신국판 | 254쪽 | 10,000원

희망의 씨앗을 뿌리는 20대를 위하여
우광균 지음 | 신국판 | 172쪽 | 8,000원

끌리는 사람이 되기위한 이미지 컨설팅
홍순아 지음 | 대국전판 | 194쪽 | 10,000원

글로벌 리더의 소통을 위한 스피치
민영욱 지음 | 신국판 | 328쪽 | 10,000원

오바마처럼 꿈에 미쳐라
정영순 지음 | 신국판 | 208쪽 | 9,500원

여자 30대, 내 생애 최고의 인생을 만들어라
정영순 지음 | 신국판 | 256쪽 | 11,500원

인맥의 달인을 넘어 인맥의 神이 되라
서필환 · 봉은희 지음 | 신국판 | 304쪽 | 12,000원

아임 파인(I'm Fine!)
오오카와 류우호오 지음 | 4×6판 | 152쪽 | 8,000원

미셸 오바마처럼 사랑하고 성공하라
정영순 지음 | 신국판 | 224쪽 | 10,000원

용기의 법 오오카와 류우호오
지음 | 국판 | 208쪽 | 10,000원

긍정의 신
김태광 지음 | 신국판 변형 | 230쪽 | 9,500원

위대한 결단
이채윤 지음 | 신국판 | 316쪽 | 15,000원

한국을 일으킬 비전 리더십
안의정 지음 | 신국판 | 340쪽 | 14,000원

하우 어바웃 유?
오오카와 류우호오 지음 | 신국판 변형
140쪽 | 9,000원

셀프 리더십의 긍정적 힘
배은경 지음 | 신국판 | 178쪽 | 12,000원

천하라 정주영처럼
이채윤 지음 | 신국판 | 300쪽 | 12,000원

진실에 대한 깨달음
오오카와 류우호오 지음 | 신국판 변형
170쪽 | 9,500원

통하는 화술
민영욱 · 조영관 · 손이수 지음 | 신국판
264쪽 | 12,000원

마흔, 마음샘에서 찾은 논어
이이영 지음 | 신국판 | 294쪽 | 12,000원

어 학

2진법 영어
이상도 지음 | 4×6배판 변형 | 328쪽 | 13,000원

한 방으로 끝내는 영어
고제윤 지음 | 신국판 | 316쪽 | 9,800원

한 방으로 끝내는 영단어
김승엽 지음 | 김수경 · 카렌다 감수
4×6배판 변형 | 236쪽 | 9,800원

해도해도 안 되던 영어회화 하루에 30분씩
90일이면 끝낸다
Carrot Korea 편집부 지음 | 4×6배판 변형
260쪽 | 11,000원

바로 활용할 수 있는 기초생활영
김수경 지음 | 신국판 | 240쪽 | 10,000원

바로 활용할 수 있는 비즈니스영어
김수경 지음 | 신국판 | 252쪽 | 10,000원

생존영어55
홍일록 지음 | 신국판 | 224쪽 | 8,500원

필수 여행영어회화
한현숙 지음 | 4×6판 변형 | 328쪽 | 7,000원

필수 여행일어회화
윤영자 지음 | 4×6판 변형 | 264쪽 | 6,500원

필수 여행중국어회화
이은진 지음 | 4×6판 변형 | 256쪽 | 7,000원

영어로 배우는 중국어
김승엽 지음 | 신국판 | 216쪽 | 9,000원

필수 여행스페인어회화
유연창 지음 | 4×6판 변형 | 288쪽 | 7,000원

바로 활용할 수 있는 홈스테이 영어
김형주 지음 | 신국판 | 184쪽 | 9,000원

필수 여행러시아어회화
이은수 지음 | 4×6판 변형 | 248쪽 | 7,500원

바로 활용할 수 있는 홈스테이 영어
김형주 지음 | 신국판 | 184쪽 | 9,000원

필수 여행러시아어회화
이은수 지음 | 4×6판 변형 | 248쪽 | 7,500원

영어 먹는 고양이 1
권혁천 지음 | 4×6배판 변형(올컬러)
164쪽 | 9,500원

영어 먹는 고양이 2
권혁천 지음 | 4×6배판 변형(올컬러)
152쪽 | 9,500원

여 행

우리 땅 우리 문화가 살아 숨쉬는 옛터
이형권 지음 | 대국전판(올컬러)
208쪽 | 9,500원

아름다운 산사
이형권 지음 | 대국전판(올컬러) | 208쪽 | 9,500원

맛과 멋이 있는 낭만의 카페
박성찬 지음 | 대국전판(올컬러) | 168쪽 | 9,900원

한국의 숨어 있는 아름다운 풍경
이종원 지음 | 대국전판(올컬러) | 208쪽 | 9,900원

사람이 있고 자연이 있는 아름다운 명산
박기성 지음 | 대국전판(올컬러) | 176쪽 | 12,000원

마음의 고향을 찾아가는 여행 포구
김인자 지음 | 대국전판(올컬러) | 224쪽 | 14,000원

생명이 살아 숨쉬는 한국의 아름다운 강
민병준 지음 | 대국전판(올컬러) | 168쪽 | 12,000원

틈나는 대로 세계여행
김재관 지음 | 4×6배판 변형(올컬러)
368쪽 | 20,000원

풍경 속을 걷는 즐거움 명상 산책
김인자 지음 | 대국전판(올컬러) | 224쪽 | 14,000원

3.3.7 세계여행
김완수 지음 | 4×6배판 변형(올컬러)
280쪽 | 12,900원

법정 스님의 발자취가 남겨진 아름다운 산사
박성찬 · 최애정 · 이성준 지음

신국판 변형(올컬러) | 176쪽 | 12,000원

자유인 김완수의 세계 자연경관 후보지 21곳
탐방과 세계 7대 자연경관 견문록
김완수 지음 | 4×6배판(올컬러) | 368쪽 | 27,000원

레포츠

수열이의 브라질 축구 탐방 삼바 축구, 그들
은 강하다
이수열 지음 | 신국판 | 280쪽 | 8,500원

마라톤, 그 아름다운 도전을 향하여
빌 로저스 · 프리실라 웰치 · 조 헨더슨 공저
오인환 감수 | 지창양 옮김
4×6배판 | 320쪽 | 15,000원

인라인스케이팅 100%즐기기
임미숙 지음 | 4×6배판 변형 | 172쪽 | 11,000원

스키 100% 즐기기
김동환 지음 | 4×6배판 변형 | 184쪽 | 12,000원

태권도 총론
하웅의 지음 | 4×6배판 | 288쪽 | 15,000원

수영 100% 즐기기
김종만 지음 | 4×6배판 변형 | 248쪽 | 13,000원

건강을 위한 웰빙 걷기
이강옥 지음 | 대국전판 | 280쪽 | 10,000원

쉽고 즐겁게! 신나게! 배우는 재즈댄스
최재선 지음 | 4×6배판 변형 | 200쪽 | 12,000원

해양스포츠 카이트보딩
김남용 편저 | 신국판(올컬러) | 152쪽 | 18,000원

골 프

퍼팅 메커닉
이근택 지음 | 4×6배판 변형 | 192쪽 | 18,000원

아마골프 가이드
정영호 지음 | 4×6배판 변형 | 216쪽 | 12,000원

골프 100타 깨기
김준모 지음 | 4×6배판 변형 | 136쪽 | 10,000원

골프 90타 깨기
김광섭 지음 | 4×6배판 변형 | 148쪽 | 11,000원

KLPGA 최어진 프로의 센스 골프
최여진 지음 | 4×6배판 변형(올컬러)
192쪽 | 13,900원

KTPGA 김준모 프로의 파워 골프
김준모 지음 | 4×6배판 변형(올컬러)
192쪽 | 13,900원

골프 80타 깨기
오태훈 지음 | 4×6배판 변형 | 132쪽 | 10,000원

신나는 골프 세상
유응열 지음 | 4×6배판 변형(올컬러)
232쪽 | 16,000원

이신 프로의 더 퍼펙트
이신 지음 | 국배판 변형 | 336쪽 | 28,000원

주니어출신 박영진 프로의 주니어골프
박영진 지음 | 4×6배판 변형(올컬러)
164쪽 | 11,000원

골프손자병법
유응열 지음 | 4×6배판 변형(올컬러)
212쪽 | 16,000원

박영진 프로의 주말 골퍼 100타 깨기
박영진 지음 | 4×6배판 변형(올컬러)
160쪽 | 12,000원

10타 줄여주는 클럽 피팅
현세용 · 서주석 공저 | 4×6배판 변형
184쪽 | 15,000원

단기간에 싱글이 될 수 있는 원포인트 레슨
권용진 · 김준모 지음 | 4×6배판 변형(올컬러)
152쪽 | 12,500원

이신 프로의 더 퍼펙트 쇼트 게임
이신 지음 | 국배판 변형(올컬러) | 248쪽 | 20,000원

인체에 가장 잘 맞는 스킨 골프
박길석 지음 | 국배판 변형 양장본(올컬러)
312쪽 | 43,000원

여성 · 실용

결혼준비, 이제 놀이가 된다
김창규 · 김수경 · 김정철 지음
4×6배판 변형(올컬러) | 230쪽 | 13,000원

아 동

꿈도둑의 비밀
이소영 지음 | 신국판 | 136쪽 | 7,500원

바리온의 빛나는 돌
이소영 지음 | 신국판 | 144쪽 | 8,000원

취업
역량과 가치로
디자인하라

2012년 9월 20일 제1판 1쇄 발행

지은이 / 신정수
펴낸이 / 강선희
펴낸곳 / 가림출판사

등록 / 1992. 10. 6. 제 4-191호
주소 / 서울시 광진구 중곡2동 161-27 경남빌딩 5층
대표전화 / 02)458-6451 팩스 / 02)458-6450
홈페이지 / www.galim.co.kr
전자우편 / galim@galim.co.kr

값 15,000원

ISBN 978-89-7895-370 2 03320